*Institut Sociologique Ukrainien*

# ABRÉGÉ
# DE L'HISTOIRE
# DE L'UKRAINE

PAR

## MICHEL HRUCHEVSKY

professeur à l'Université

---

Paris,

### M. Giard et E. Brière
16, rue Soufflot.

Genève,                                    Prague,

Librairie A. Eggimann          Librairie ouvrière
rue du Marché 40.                Hybernská ulice 7.

1920

# ABRÉGÉ DE L' HISTOIRE
# DE L' UKRAINE

Institut Sociologique Ukrainien

# ABRÉGÉ
# DE L'HISTOIRE
# DE L'UKRAINE

PAR

## MICHEL HRUCHEVSKY

professeur à l'Université

Paris,

**M. Giard et E. Brière**
16, rue Soufflot.

Genève,

Librairie A. Eggimann
rue du Marché 40.

Prague,

Librairie ouvrière
Hybernská ulice 7.

1920

Imprimerie J. Skalák a spol., Prague II., Hybernská ulice 7.

# Avant propos.

Comme chez beaucoup des peuples revenus sur le
tard à la vie politique, l'histoire, cette gardienne du
passé, cette inspiratrice du présent, a joué dans la
renaissance ukrainienne un rôle qu'on ne saurait exa-
gérer. Dans tout le cours du XIX siècle, une pléiade
d'hommes de lettres et de savants ont consacré leurs
forces et leur temps à fouiller les annales de la nation; ils voulaient faire passer devant les yeux de
leurs compatriotes les luttes héroïques des ancêtres,
rechercher les idées qui les avaient soutenus dans
leurs peines, retrouver le fil conducteur qui relie la
mentalité d'aujourd'hui à celle d'autrefois, montrer
leurs précurseurs aux nouveaux apôtres. Beaucoup
de ces historiens, qu'ils se soient distingués par leurs
qualités littéraires ou par la solidité de leur science,
se sont fait connaître au monde lettré de l'Europe
surtout par leurs écrits en russe, en allemand ou en
polonais. Mais jamais un ouvrage qui prétendit exposer clairement l'histoire générale de l'Ukraine
n'a paru dans aucune des grandes langues européennes. Et cependant Voltaire avait été frappé des
traits originaux que présentait de son temps notre
nation. Déjà au XVII siècle nos grandes luttes nationales pour conquérir la liberté avaient excité l'intérêt du monde civilisé et fait l'objet d'une foule de
mémoires en latin, en français, en italien et en allemand. Nous ne citerons que ceux de Beauplan, de
Chevalier, de Vimina et de Grondski, qui fournirent
à leurs contemporains une idée assez juste de ce
qui se passait alors en Europe Orientale.

Il faut donc s'étonner que les savants ukrainiens
ne se soient pas préoccupés de rendre accessibles au
public le plus large les résultats de leurs travaux
sur l'histoire de notre nation, qui, au point de vue de
l'intérêt qu'elle peut inspirer, tant au sociologue, à
l'historien du droit et des moeurs, qu'au curieux de

V.

»documents humains« et au simple amateur de situations dramatiques et d'exploits glorieux, ne le cède en rien à celle des autres peuples. Malheureusement on ne la trouvait qu'à l'état fragmentaire et, en quelque sorte, en appendice de l'histoire de la Russie ou de celle de la Pologne.

C'est pour obvier à ce manque évident que l'Institut socioligique ukrainien, qui s'organise actuellement et dont l'objet est, entre autres choses, d'informer la société européenne sur le mouvement scientifique dans notre pays, a considéré comme l'un de ses devoirs les plus importants de publier cet abrégé de l'histoire de l'Ukraine, qui donnera l'occasion au lecteur européen de se faire une idée des résultats auxquels sont parvenues chez nous les études historiques.

L'auteur, qui a professé pendant vingt ans l'histoire nationale à l'université de Léopol, membre des Académies des sciences de Cracovie et de Prague, a publié plusieurs ouvrages sur ce sujet en ukrainien. Avant tout la grande »Histoire de l'Ukraine« qu'il avait pu mener, avant la guerre, jusqu'en 1650 et qui comprend déjà huit gros volumes in octavo, et des abrégés en ukrainien et en russe pour l'école et pour la population, dont les exemplaires ont été répandus à plusieurs centaines de mille. Il aurait pu se contenter de traduire un de ces ouvrages, mais, pour répondre plus exactement aux intentions de l'Institut sociologique, il a préféré mettre entre les mains du lecteur étranger un livre où celui-ci pourra trouver facilement une réponse aux questions qui pourraient l'intéresser. Il considérera sa tâche comme accomplie s'il a pu exciter dans le public le désir de se documenter davantage et il a placé en appendice un index de sa grande »Histoire de l'Ukraine« pour faciliter les recherches qui pourraient être jugées utiles.

Il sait que le public est peu familier avec le sujet de son livre et surtout avec les noms géographiques ou les noms propres de personnes, quoique les combats de ces dernières années en ont mis malheureusement beaucoup en vedette que la presse n'a pas manqué d'épeler avec une certaine fantaisie. On

VI.

s'est gardé ici de beaucoup changer à l'orthographe de
ceux qui sont depuis longtemps implantés en français.
Pour les autres on a tâché de se rapprocher le plus
possible de la prononciation ukrainienne, car, d'après
toutes les règles du bon sens, on ne voit pas pourquoi, avant d'aller frapper l'oreille étrangère, ils
auraient besoin d'être défigurés par la prononciation
russe, allemande ou polonaise.

Les fonds nécessaires à cette publication ont été
fournis par les organisations ukrainiennes des Etats-
Unis, du Brésil et du Canada. Nous les remercions
vivement de cet appui inspiré par le patriotisme le
plus éclairé.

I. S. U.

Genève le 31 Mars 1920.

# I.

## L'Ukraine.

Au point de vue géographique, le pays que nous appelons l'Ukraine* comprend la partie la plus orientale des contrées méditerranéennes. Rattachée par certaines particularités géologiques et climatiques, par certains traits de sa flore et de sa faune, d'un côté à l'Europe orientale, de l'autre à l'Asie occidentale, c'est néanmoins la seule contrée de cette énorme plaine, que d'aucuns ont nommée eurasique, qui soit soumise à l'influence du climat méditerranéen. Non seulement son climat, mais aussi sa géologie, sa flore et sa faune la relient à la Méditerranée. Ces immenses plaines, sorties de l'Asie entre les monts Ourals et la Caspienne, s'avancent dans l'Europe, se rétrécissent entre la zone des forêts et la mer, s'enfoncent dans la bassin du Danube, s'européanisent dans leur partie occidentale, perdent leur caractère purement asiatique et strictement continental, s'adoucissent sous l'influence du climat maritime, en un mot »se méditéranéïsent«. C'est ce qui constitue le caractère géographique dominant de l'Ukraine.

À la lumière de ces observations géographiques, examinons l'histoire du pays et nous constaterons que, grâce à sa situation, l'Ukraine a fourni le point de

---

* Les frontières politiques n'étant pas tracées, on donne le nom d'Ukraine au territoire ethnographique, habité en majeure partie par le peuple ukraïnien, cette branche méridionale des Slaves orientaux. On peut en tracer le contour approximatif au moyen de deux lignes: l'une, nord-sud, allant de la Mer Noire au Pripet — avec deux saillants vers le nord dans les régions du Bug et de la Desna — l'autre, de l'ouest à l'Est, partant du San (quoique dans les Carpathes le territoire ethnographique s'étende plus loin vers l'ouest) et aboutissant au Don moyen. Sur ce territoire la population est, d'après les statistiques, en majorité ukraïnienne. La contrée présente les marques d'une intégralité, d'une unité géographique, qui ont fourni les conditions nécessaires pour que les Slaves orientaux qui l'habitent, pussent former une branche ethnographique distincte et au cours de l'évolution historique développer les caractères distinctifs d'une nation.

contact entre l'Europe et l'Asie, où la civilisation
méditerranéenne a rencontré la civilisation de l'Asie
centrale et septentrionale. Les flots des grandes
invasions touraniennes, en traversant ces larges
steppes pour se déverser vers l'occident, prirent ici
contact avec la civilisation méditerranéenne, qui,
soumettant à mesure à son influence chaque nouvelle
vague de ces migrations asiatiques, arriva à se faire
sentir jusqu'aux contrées lointaines, d'où elles venaient. Ainsi l'Ukraine fut le théatre de luttes
extrêmement intéressantes entre les deux civilisations
et devint le témoin des conquêtes européennes. L'histoire n'a pu jusqu'ici noter que quelques-unes des
phases de ces rencontres ethniques si importantes
pour la civilisation; d'autres trouvent un éclaircisse-
ment dans les monuments archéologiques.

On trouve des traces de l'homme paléolithique sur
les rives du Dniéper, à Kiev (Kyiv)* et sur celles de
ses affluents la Desna et l'Oudaï; ces restes sont ana-
logues à ceux de l'Europe occidentale à l'époque de
la Madeleine et aux époques postérieures. Dans les
monuments néolithiques beaucoup plus nombreux, et
dans ceux de la période transitoire, où l'on commença
à se servir des métaux, on constate l'influence de
l'Asie. La période que l'on a appelée prémycéenne,
au commencement de l'usage des métaux, est très ins-
tructive à ce point de vue. Elle est caractérisée par
une céramique à peinture polychrome extrêmement
curieuse. Cette civilisation apparait subitement sur un
très vaste territoire — de l'est à l'ouest: dans le Turkestan, l'Ukraine, la Moldavie, les Balkans et disparaît
bientôt. Il est à remarquer encore que, dans la période
primitive de l'usage du fer, des ouvrages de bronze
de même style se répandent de l'Adriatique et du
Danube jusqu'aux bords de la Mer Noire, y compris
le Caucase et que du littoral des mers ils pénétrent à
l'intérieur du continent. L'art connu en Occident sous
le nom de »mérovingien« avant de s'y manifester se

---

* C'est la prononciation indigène du nom de Kiev — Kyïv en
deux syllabes.

revèle dans les fouilles de la Perse et sur le littoral
de la Mer Noire.

Si nous passons aux monuments historiques, nous
rencontrons la migration des Alains, qui nous
donne un exemple éclatant de cette poussée eurasique.
On en découvre les premières traces dans le voisinage
de la Chine, ils habitent ensuite pendant longtemps les
steppes de la Caspienne et de la Mer d'Azov, laissent
leurs vestiges dans les montagnes du Caucase et de la
Crimée, puis vont finir leur migration en Espagne. Les
Huns, quelques siècles plus tard, suivirent à peu près
le même chemin.

Pour l'histoire de la pénétration de la civilisation
européenne en Asie à travers l'Ukraine, le document
historique le plus ancien est fourni par le récit d'Aristée,
rapporté par Hérodote. D'après les meilleures interprétations, il nous donne des informations sur la route
des caravanes, partant des colonies grecques du littoral
septentrional de la Mer Noire et conduisant, à travers
le continent oriental de l'Europe, jusqu'au fond de l'Asie,
près des frontières de la Chine. Marco Polo, près dix-
huit siècles plus tard, part des colonies Vénitiennes du
littoral de la Mer Noire et suit le même itinéraire,
témoignant ainsi de la persistance des relations
commerciales et intellectuelles, qui, quoique inter-
mittentes, se renouaient à la premièr occasion. Les
récits des géographes arabes des IX. et X siècles,
parlant de marchands israélites d'Espagne qui traver-
saient l'Allemagne et passaient par les ports de la Mer
Noire pour pénétrer au fond de l'Europe orientale
et au centre de l'Asie, nous en apportent un nouveau
témoignage.

L'existence de ces voies commerciales, les passages
de marchands font naître des projets de conquête, qui
se renouvèleront de siècle en siècle. Quiconque s'est vu
maître des ports de la Mer Noire ou des steppes ukrainiennes n'a pu s'empêcher de diriger ses convoitises
vers l'Est. Les expéditions de Darius, de Néron
trouvent leur pendant dans les incursions des anciens
russes sur le littoral de la Caspienne, dans »l'Inde

riche«, dont les poèmes épiques du nord (bylines) nous ont conservé le souvenir. Puis ce sont les expéditions des cosaques au XVII siècle, et le rôle qu'ont joué les Indes dans les projets de Charles XII, de Pierre I, de Catherine II et de Napoléon.

Dans les temps modernes, l'expansion de la civilisation européenne en Europe orientale et dans l'Asie septentrionale n'est qu'une répétition des entreprises anciennes, qui ont fini par se réaliser au cours des siècles. Les colonies grecques du littoral de la Mer Noire sont le point de départ de ces conquêtes de la civilisation méditerranéenne. L'ancienne Chersonèse est la source d'où les princes de Kiev puisent les moyens intellectuels nécessaires pour consolider et organiser leur état. Puis, c'est par l'intermédiaire de Kiev, que la civilisation byzantine arrive dans les autres centres politiques de l'Europe orientale. Elle s'y affermit d'abord, ensuite elle se répand jusqu'aux frontières de l'est, passe les monts Ourals, pénètre dans l'Asie septentrionale et va se faire sentir jusque sur les rives du Pacifique. Les disciples de l'école de Kiev, aussitôt que l'union de l'Ukraine à la Moscovie fut scellée, propagèrent la civilisation, dans laquelle ils avaient été nourris, à Moscou et à Kazan, à Tobolsk aussi bien qu'à Irkoutsk, et même à Iakoutsk et à Vladivostok. Ce sont des originaires de l'Ukraine, qui colonisèrent avec d'autres peuples les immenses espaces du Turkestan et de la Sibérie jusqu'aux contrées de l'Amour et de l'Oussouri.

Ainsi au cours des fluctuations ethniques et sociales, dont l'Ukraine a été le théâtre, s'est formé le type spécialement ukrainien, que nous avons aujourd'hui.

Mais si l'on nous demandait de dire ce qu'est le peuple ukrainien, nous répondrions: c'est ce groupe de tribus des slaves orientaux, qui, s'appuyant sur la lisière méridionale de la zone boisée, s'est efforcé pendant des siècles à prendre pied sur le littoral de la Mer Noire, à s'ouvrir des voies vers les régions de la civilisation méditerranéenne, et qui y a réussi, en dépit de tous les obstacles, parce qu'il n'a reculé devant aucun sacrifice.

4

# II.

## Le peuple ukrainien.

L'Ukraine méridionale des steppes a donc été la grande voie par où les peuples asiatiques, non sans lutte et sans à coups, ont émigré vers l'occident. Les uns s'épuisèrent dans ces luttes, s'effritèrent et disparurent à jamais, d'autres plus heureux arrivèrent à se frayer un chemin vers l'ouest. Poussées par le besoin de s'étendre et invinciblement attirées par cette attraction que produit le sud et le soleil sur les peuples du nord, les tribus, en grande partie slaves, des régions boisées, essayaient aussi de se répandre dans la steppe. Là elles se heurtaient aux hordes nomades et devaient soit fléchir vers le nord, ou disparaître, ou bien se fondre dans les tribus errantes.

Aujourd'hui on penche à considérer l'Europe orientale comme le berceau des peuples indo-européens, que l'on plaçait autrefois sur les pentes de l'Himalaya. C'est une hypothèse, mais il a été prouvé audessus de toute discussion que les tribus indo-européennes de la branche lituo-slave, ces ancêtres des Slaves et des Baltes actuels, étaient établis au centre de l'Europe orientale depuis les temps les plus reculés, bien longtemps avant que Tacite et Ptolémée aient eu l'occasion de mentionner les Venedi et les Aestii. Mais nous ne savons rien de leur manière de vivre à cette époque. Ce n'est qu'en se basant sur des recherches linguistiques qu'il est possible d'en déduire que les Slaves possédaient à cette époque une civilisation assez avancée, qu'ils connaissaient déjà certains arts manuels et qu'ils vivaient sous le régime stable du patriarcat.

Pendant longtemps nous ne pouvons suivre les traces de leur expansion vers l'ouest et le midi. Ce n'est que vers la fin du quatrième siècle, après l'invasion des Huns, que nous arrivons à nous faire une idée plus claire. A partir de cette époque nous trouvons des indices de ces tribus méridionales des Slaves orientaux, qui ont fourni les ancêtres immédiats du peuple ukrainien. Ils apparaissent dès lors sur la scène historique, cherchant à s'établir sur les rives de la Mer Noire, s'efforçant de prendre pied sur le littoral dans le plus proche voisinage du monde méditerranéen, avec les mêmes aspirations, qui resteront pendant une longue suite de siècles le nerf de la vie politique du peuple ukrainien. Nous trouvons chez Jornandés le souvenir des combats que les Goths livrèrent au roi des Antes Boz et à ses chefs de tribus, lorsque ceux-ci, profitant des défaites infligées par les Huns à ces tribus germaniques, s'avancèrent vers le midi. Il semble que se soit grâce au soutien des Huns et en quelque sorte sous leur protection, que les Antes purent s'étendre vers le sud. Au moment où Byzance, régénérée par Justinien, prenait contact avec les colonies slaves de la Mer Noire, Procope dans son histoire de la guerre des Goths — et beaucoup d'autres écrivains de cette époque (VI siècle) — nous explique non seulement la signification de ce nom d'Antes, mais il nous fournit des renseignements sur leur façon de vivre, leur organisation politique et l'étendue de leur colonisation.

On donnait le nom d'Antes aux tribus slaves, qui avaient réussi à se rapprocher de la Mer Noire et de la Mer d'Azov. Le Dniéster les séparait des tribus, qui plus tard allèrent se fixer dans les Balkans et devinrent les ancêtres des Bulgares actuels. Ayant peuplé la steppe, les Antes se trouvaient obligés à des guerres incessantes avec tous les nomades qui passaient par là, surtout avec les Avares et les Bulgares. C'est pourquoi ces avant-postes de la colonisation des Slaves orienteaux, acquirent au milieu des combats quotidiens un esprit belliqueux, une grande habileté, qui se manifestait surtout dans la guerre d'escarmouches, enfin une grande force de résistance, qui leur permit de se maintenir dans la mélée confuse de la steppe. Comme plus tard les cosaques, dont ils furent le prototype, ils se souciaient peu des arts sédentaires, négligeaient l'agriculture et passaient leur vie dans les expéditions guerrières, tantôt s'associant aux Bulgares ou aux Avares, tantôt se mettant au service de Byzance pour combattre ses ennemis. Ils vivaient, dit Prokope, »en démocratie«, n'ayant pas d'organisation stable; ils ne s'unissaient que pour faire face à quelque danger plus formidable et délibéraient de toutes affaires intérieures dans les assemblées des tribus.

Telles sont les informations que nous a livré le VI siècle. Au VII siècle, Byzance affaiblie et diminuée perd contact avec les contrées de la Mer Noire; on ne parle plus des Antes. Géographiquement ou politiquement on ne trouve plus ce nom mentionné. Cependant les colonies auxquelles on donnait cette appellation avaient eu pendant ces deux siècles toutes les chances de se consolider et même de s'élargir. Après que les hordes des Bulgares se furent portées vers le Danube, ce furent les Khozares qui vinrent se camper dans les steppes de la Caspienne et barrèrent pour un temps les larges plaines de la Mer Noire aux flots des invasions nomades. Les Khozares, moins belliqueux et plus policés, tenaient en grande estime la paix, le bien-être et les relations commerciales, qui les enrichissaient dans les ports de la Caspienne et de la Mer d'Azov. Tout en imposant un tribut aux nations slaves, ils leur assuraient une certaine tranquillité.

Par conséquent, nous pouvons nous représenter la fin du VII siècle et le VIII siècle comme une époque non seulement de consolidation pour les colonies slaves en Ukraine, mais encore de développement pour la civilisation, pour les relations commerciales, une ère favorable à l'établissement de centres urbains, surtout dans la zone des steppes qui avoisinait les villes grecques du littoral. Mais on n'en trouve que de vagues souvenirs dans les chroniqueurs ukrainiens postérieurs ou dans les géographes arabes. En effet, quand aux IX et X siècles les informations historiques concernant cette contrée reparaissent, les colonies slaves des rives de la Mer Noire sont déjà en ruines. Les anciennes tribus des Antes sur la rive gauche du Dniéper et dans les parages de la Mer d'Azov ont disparu presque sans laisser de traces; quant à la rive droite, le chroniqueur du XI siècle rappelle vaguement les noms des Oulytches et des Tyvertses. Le centre de gravité s'est déplacé vers le nord, dans les régions des tribus ukrainiennes pri-

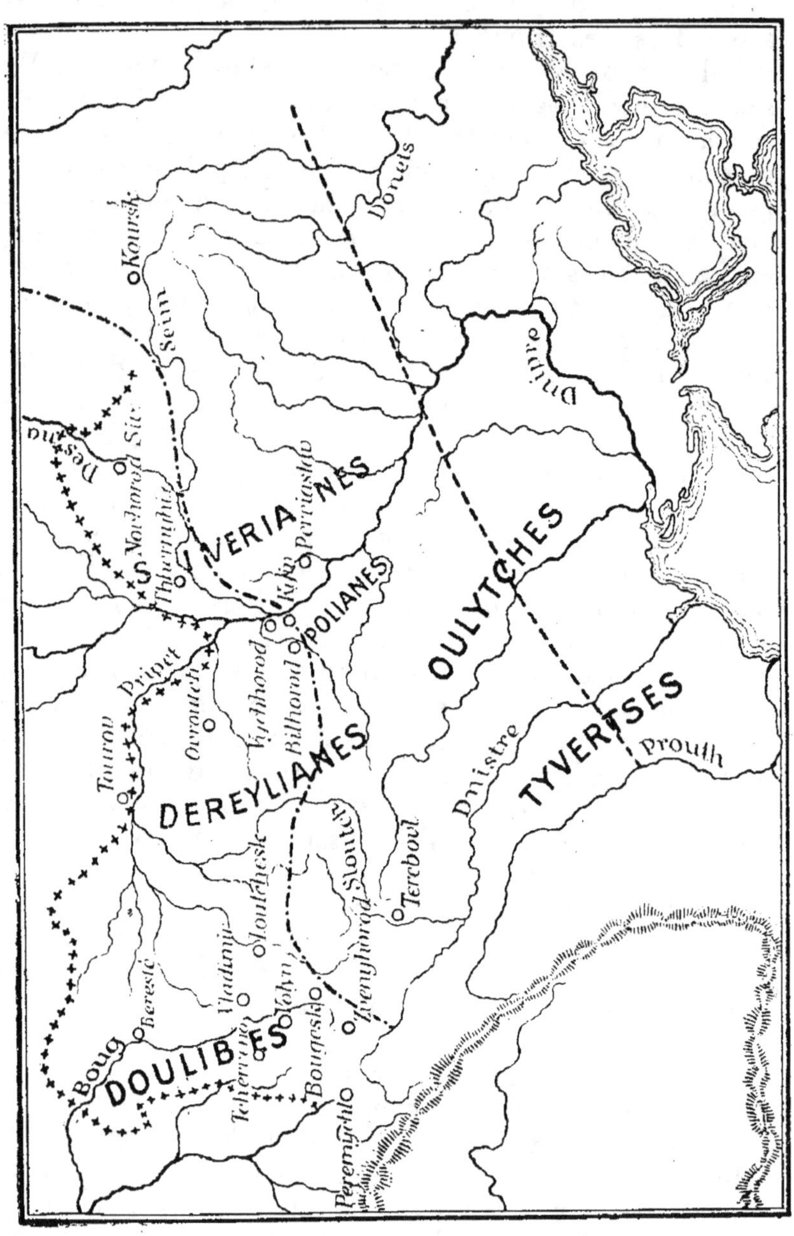


Explications voir à la page 9.

mitives des Siverianes, Polianes, Derevlianes et Dou-
libes, qui touchent déjà par le nord à la zone des forêts.

Cela vient de ce que, déjà au IX siècle, la puissance
de Khozares s'était fort amoindrie. De nouvelles
hordes de nomades pillards envahissent la contrée:
ce sont les Magyars, ensuite les Petchenêgues, plus
tard encore (au XI siècle) les Torques et les Coumanes. Ces ravageurs mettent le pays à feu et à
sang, détruisent les habitations des populations qui
s'y étaient déjà implantées et emmènent les prisonniers, qu'ils vendent dans les ports de la Mer Noire.
Les Slaves, qui depuis un siècle s'étaient habitués
à une vie plus calme et avaient beaucoup perdu de
leurs vertus guerrières, ne purent se faire à ce nouveau genre d'existence, ils s'enfoncèrent vers le
nord, dans la zone boisée contiguë aux steppes, où
ils avaient résidé auparavant. La nécessité d'assurer
les relations commerciales et l'existence de la vie
urbaine hâte le développement des formes de défense
et précipite l'organisation de la vie politique et de
l'état. De plus, l'afflux des émigrés plus civilisés
venant des rivages de la Mer Noire, où ils avaient
subi davantage l'influence de la civilisation méditerranéenne, apporte dans la contrée un levain nouveau, qui accélère ce processus.

A la même époque, les chefs normands, venant
du nord, commencent à s'y montrer. Les Vikings,
en même temps qu'ils ravageaient les côtes de la
France et de l'Angleterre, s'engageaient de l'autre
côté dans »la voie orientale«, comme disent les sagas
scandinaves. Un des chroniqueurs Kiévois du XI
siècle a même émis l'hypóthèse que les »Russ«, qui
formaient dans l'état de Kiev au X siècle la classe
guerrière et dirigeante et qui commencent à être
mentionnés dans les documents historiques de
l'Europe au début du XI siècle, n'étaient que des
Normands, des Scandinaves, que l'on aurait appelés

+ + + frontière septentrionale des anciens dialectes ukrai-
       niens
— . — . — frontière meridionale de la zone boisée
— — — frontière septentrionale de la steppe

en Europe orientale les Varègues. Cette hypothêse reprise et échaffaudée au XVIII siècle par les savants allemands, est aujourd'hui très en vogue dans la science, quoiqu'on n'ait pu réussir jusqu'à présent à trouver des indices de ce nom de »Russ« en Scandinavie. Quoi qu'il en soit, il est certain que ces Varègues ont joué un grand rôle au X siècle et probablement déjà au IX dans les relations politiques de l'Ukraine, qu'ils ont puissamment aidé au développement de la puissance militaire de Kiev, qui florissait à cette époque, et dont ils avaient fait leur centre, accélérant ainsi l'évolution de ce royaume.

III.

R o y a u m e  d e  K i e v.

Kiev, situé sur une hauteur, qui domine le Dniéper, un peu en aval de son confluent avec la Desna, avait une situation très favorable au commerce dans un temps où les rivières étaient les principales voies de communication. Son importance en tant que centre commercial, politique et militaire devait dater de très loin, puisque lorsque ses chroniqueurs se mirent à y rassembler des renseignements sur les débuts de sa vie politique et de sa dynastie, ils ne purent guère recueillir que de simples légendes. Ils racontent que Kiev tirerait son origine d'un bac établi à cet endroit sur le Dniéper et dont le passeur aurait porté le nom de Kyï; d'autres récits prétendent que Kyï était un prince de la tribu des Polianes établis dans cette contrée, qui y aurait bâti le premier un château fort.

Les premiers princes de la dynastie de Kiev, sur lesquels des informations certaines nous soient parvenues, vivaient dans la première moitié du X siècle: c'étaient le prince Igor et son épouse Olga, qui avait reçu le baptême au milieu du IX siècle. De leur mariage naquit le prince Sviatoslav, dont le fils Vladimir christianisa le pays, organisa l'église et donna l'élan à la vie intellectuelle et par conséquent à la littérature. Il y avait eu avant Igor un prince Oleg, qui a gardé dans la littérature un renom de prince sage et tant soit peu magicien (dans les »bylines« il est appelé »Volga«, nom analogue à celui de la princesse Olga »princesse sage«). Mais on ne sait quels étaient ses liens avec la dynastie. Probablement nous nous trouvons là en face d'une pure conjecture émise par l'un des rédacteurs de la chronique de Kiev, qui prétend que le prince Igor était fils du Varègue Rurik, prince de Novogorod: Igor avec son oncle Oleg seraient venus à Kiev avec des Varègues-Russes et auraient conquis le pays. Des traités passés par Oleg et Igor avec Byzance, en 907, 911 et 944, qui sont tombés sous les yeux d'un des rédacteurs postérieurs de la chronique de Kiev, confirment en effet que ces princes étaient bien souverains à Kiev, qu'ils se faisaient appeler »princes russes« et que dans leur entourage on trouvait beaucoup de noms scandinaves. C'est évidemment ce qui a donné au chroniqueur l'idée d'attribuer aux Russes et à la dynastie de Kiev une origine scandinave, et comme le nom de Russe n'était connu ni en Suède, ni en Scandinavie en général, le chroniqueur s'est vu obligé d'affirmer que Rurik, en se rendant chez les Slaves, avait emmené avec lui »tous les Russes«.

Quelle que soit l'origine de cette appellation, elle désignait aux IX et X siècles cette caste militaire en même temps que commerçante, qui dominait à Kiev, qui assujettissait peu à peu les pays slaves voisins, trafiquait des esclaves et des produits qu'elle percevait en qualité de tributs sur les contrées qui lui étaient soumises. C'est à Kiev et à ses environs, le pays des Polianes, que l'on donnait le nom de Russie. C'est là un fait bien établi, qu'on explique cette dénomination comme on voudra, qu'elle ait été importée par des étrangers appelés russes ou qu'elle fût une appella- locale adoptée par les troupes des Varègues. Natu- rellement à mesure que les princes de Kiev éten- daient leurs conquêtes sur les Slaves méridionaux — que nous considérons aujourd'hui comme Ukrai- niens — et sur les Slaves septentrionaux — Ruthènes blancs et Moscovites — le nom de Russie était adopté par les pays conquis, qui le considéraient comme une appellation politique et jusqu'à un certain point nationale. Mais au sens restreint elle s'appliquait exclusivement, entre le XI et le XIII siècles, à la contrée de Kiev.*

Les Russes sont mentionnés pour la première fois dans les documents grecs du commencement du IX siècle, à l'occasion des expéditions militaires qu'ils entreprirent, soit pour se procurer du butin, soit pour entamer des relations commerciales, vers les cités byzantines du littoral de la Mer Noire. Il est probable que c'est à cause de ces expéditions que l'empereur grec se vit forcé dans les environs de 835 d'entamer des négociations avec les princes russes. Les annales carolingiennes nous disent en passant qu'en l'année 839 l'empereur de Byzance envoya des ambassadeurs russes à Louis de Débonnaire, afin qu'ils pussent retourner chez eux en faisant ce détour, parce que la route directe leur était barrée par quelque horde hostile. Mais peu de temps après, les expéditions russes se renouvellent et, en 860, Constantinople elle-même faillit tomber entre leurs mains. Le gouvernement grec dût se mettre en frais pour établir des relations amicales avec les Russes: on leur envoya des ambassadeurs munis de riches présents et des missionnaires, conduits par un évêque, qui en baptisèrent un grand nombre.

L'expédition de 860 est le premier fait historique, touchant la Russie, que les compilateurs de Kiev du XI siècle aient trouvé dans les sources byzantines. Ils notèrent que c'était à partir de ce moment que »les pays russes« furent connus et sans hésiter donnèrent pour chef à cette expédition les princes de Kiev, Ascold et Dir, dont les tombeaux gardaient encore vivant le souvenir. Il est curieux que le chroniqueur n'eût pas la moindre idée d'un autre centre

---

* Une remarque caractéristique c'est que le chroniqueur nous présente le pays de Novogorod comme la première base de l'expansion des Russes scandinaves dans le monde slave. Mais pour les gens du pays de Novogorod la »Russie« c'était Kiev et l'Ukaine, par opposition à leur propre contrée. Ceci rend l'hypothèse du chroniqueur bien chancelante.

russe. De même il faut noter qu'Ascold s'étant fait connaître par ses vertus chrétiennes, on éleva une église sur son tombeau. Ceci évoque à la mémoire le succès des missionnaires byzantins de 860, auquel on rattache la mission chez les Khozares de Constantin-Cyrille, l'apôtre des Slaves.*

Les sources étrangères — grecques, latines, arabes, arméniennes, hébraïques — font surtout mention de ces Russes à propos des expéditions qu'ils entreprirent en Crimée, en Asie mineure, sur le littoral de la Caspienne, en quête de butin. Les chroniqueurs de Kiev prêtent particulièrement leur attention à l'expansion du pouvoir et de l'influence de leurs princes sur les Slaves et autres tribus voisines. Mais les débuts de ce mouvement dataient déjà de trop loin pour qu'ils pussent nous en donner des renseignements précis dans son stade primitif.

Il est hors de doute que, déjà au IX siècle, les princes de Kiev étaient maîtres du Dniéper et de ses ramifications vers le nord, qu'ils appelaient »route de chez les Varègues jusque chez les Grecs«. Et cette dénomination était exacte, en fait, depuis la fin du X siècle et le fut surtout au XI siècle, alors que les troupes Varègues prenaient habituellement ce chemin, pour se rendre à Byzance, où elles s'engageaient dans la garde impériale, dont elles formaient le plus fort contingent. D'après les chroniqueurs, c'est le prince légendaire Oleg, qui se serait rendu maître de la voie du Dniéper, ce qui prouve qu'ils n'en savaient rien de certain. De son temps les princes de Kiev commandaient les voies terrestres et fluviales, qui menaient à l'est à travers les contrées habitées par les Slaves et les Finnois jusqu'à la Volga; là se trouvaient

---

* Un détail curieux permet de situer avec certitude l'état »russe« du IX siècle en Ukraine: le prince des russes en 839 s'attribue le titre de Khakan (autre forme de Kahan) qui est le titre des souverains Khozares. Hilarion, dans le panégyrique qu'il a fait de Vladimir le grand, lui donnera plus tard cette qualification, que porteront dans les documents postérieurs les divers princes de l'Ukraine. C'est là un témoignage de l'influence des Khozares sur l'Ukraine et sur le pouvoir des princes russes qui se développait dans un pays où leur action se faisait sentir.

dans les villes du pays les gens d'Oleg. Les traités que ce dernier conclut avec Byzance font mention des »très hauts et sérénissimes princes« et des »puissants boïards« qui sont soumis à sa domination. Un traité d'Igor en enumère une vingtaine. C'était donc une organisation politique assez importante, assez lâche, peu centralisée, dont l'union était maintenue par les garnisons »russes« et par les visites périodiques des princes, mais qui, traitée avec énergie, pouvait fournir au pouvoir central des armées et des moyens matériels considérables.

Le traité byzantin sur l'administration de l'empire, qui porte le nom de Constantin Porphyrogénète, nous donne des informations sur la pratique administrative du royaume de Kiev, aux environs de 940, l'époque d'Igor. Au mois de novembre, les princes à la tête de tous les russes, sortent de Kiev et se rendent »en poludie« pour percevoir les tributs annuels, que doivent leur payer les contrées slaves de Novogorod, les Derevlianes, les Dregovitches, les Krivitches (les Ruthènes blancs d'aujourd'hui), les Siverianes et autres peuplades, qui leur sont soumises. Ils y établissent leurs quartiers d'hiver, et au mois d'avril, quand le Dniéper dégèle, ils rentrent à Kiev. De là ils expédient en bateaux par le fleuve et la Mer Noire sur le marché de Constantinople les marchandises et esclaves recueillis. Les Russes de Kiev, leur boïards et leurs princes sont en même temps des guerriers et des commerçants. Ce sont les intérêts de leur commerce qui gouvernent leur politique: les voies fluviales de l'Europe orientale, gardées par leurs garnisons, constituent la charpente de leur domination, dont les résultats se traduisent en un substantiel profit commercial.

## IV.

### Le Christianisme.

L'histoire du royaume de Kiev au X siècle n'est qu'une série de changements périodiques vers la consolidation ou l'affaiblissement de l'état. Réunies par le système des garnisons, les tribus ancestrales de ceux que nous appelons aujourd'hui les Ukrainiens, les Ruthènes blancs, les Grands Russes, les Finnois et probablement aussi les Lithuaniens, ne pouvaient être maintenues dans cet état de sujétion que par les armes. Or les Russes de Kiev n'étaient pas assez nombreux pour contrôler efficacement la vie locale de toutes ces contrées; leurs tendances visaient surtout à s'étendre, à s'emparer de riches territoires et de centres commerciaux importants.

Le règne de Sviatoslav, fils d'Igor (de 960 à 970) marque une période d'expansion énergique. Ce fut l'époque de nombreuses expéditions vers la Volga et sur le littoral de la Caspienne, de vastes aspirations sur la Bulgarie et même sur Constantinople. Sviatoslav reprenait à son compte le projet d'un empire gréco-slave, qui avait déjà tenté le roi bulgare Siméon. L'habile politique de Byzance fit échouer ses desseins. L'un de ses fils, Vladimir, après avoir réuni de nouveau sous sa domination les contrées soumises à son père, suivit une autre politique, qui marque le commencement d'une ère nouvelle pour les nations slaves et l'Europe orientale en général. Il chercha à établir un système de gouvernement plus solide dans le royaume de Kiev, il s'efforça de consolider le pouvoir du prince, de lui donner un fondement moral en relevant son prestige, au lieu de ne lui laisser que la force comme unique soutien. Et de même que beaucoup d'illustres souverains du moyen-âge s'étaient servis dans ce but des traditions laissées en Europe par l'empir romain, il s'adressa à Byzance.

D'abord il fait la paix avec elle, lui prête son assistance dans les luttes intestines qui la déchiraient et en obtient en revanche des titres, des insignes et l'appui de son église et de sa civilisation. Il ne rêve plus comme son père de conquérir Constantinople, mais il tient à devenir le beau-frère de l'empereur grec, à rentrer de quelque façon dans la famille impériale, qui lui prêtera quelque chose de son éclat. Ce n'était d'ailleurs pas une nouveauté: dans le traité d'administration mentionné plus hut, nous lisons, que les princes »khozares, magyares, russes et autres« en échange de services rendus, demandaient à recevoir des mains de l'empereur la couronne et les insignes impériaux. Ils avaient à coeur d'obtenir la main d'une princesse byzantine, ou de donner en mariage une de leurs princesses à un membre de la famille impériale pour relever par là le prestige de leurs dynasties. Les efforts de Vladimir furent couronnés de succès, et cette fois les conséquences en furent considérables, parce qu'elles faisaient partie d'un plan habilement conçu et poursuivi avec beaucoup d'énergie.

Pour lui avoir prêté secours, Vladimir demanda à l'empereur de lui accorder sa soeur en mariage et, probablement aussi, de lui envoyer la couronne et les insignes. C'est là, vraisemblablement, l'origine des récits qui coururent plus tard au sujet des insignes royaux apportés en Russie et dans lesquels un des souverains postérieurs du même nom, Vladimir Monomaque, joue le principal rôle. Une fois sauvé du péril, il fallut que Vladimir le frappât à l'endroit sensible: il marcha vers la Crimée, s'empara de la Chersonèse, de sorte que l'empereur dût céder. La princesse Anna fut envoyée en Russie, Vladimir reçut le baptême et, comme il avait pris avec lui de la Chersonèse le clergé ainsi que divers objets du culte chrétien et de l'art grec, il se mit à implanter chez lui, à Kiev et à propager dans les autres parties de son royaume la civilisation slavo-byzantine.

Ni le christianisme, ni la civilisation byzantine n'étaient chose nouvelle pour le pays: nous avons déjà mentionné le succès des missionnaires de Byzance en 860 et le baptême d'Olga. De plus, des fouilles récentes entreprises à Kiev, aux environs de l'ancienne demeure des princes, ont mis à jour un cimetière chrétien, qui date sûrement d'une époque plus ancienne que celle de Vladimir. Dans les vieilles sépultures, tant à Kiev, que dans tout le bassin du Dniéper, nous trouvons un amalgame caractérisque d'influences byzantines et orientales — irano-arabes venant du Turkestan et du Califat — que l'on re-

marque non seulement dans les objets importés,
comme tissus, pièces de céramique ou d'orfèvrerie,
mais encore dans les produits de l'industrie locale.
(L'art de Byzance lui-même était à cette époque fortement imprégné de goût oriental par l'influence de
la Syrie, de l'Arménie et de la Perse.) L'importance
de l'oeuvre de Vladimir consista surtout à donner la
prédominance à l'influence byzantine sur celle de
l'orient, en lui ouvrant plus largement la voie qu'on
ne l'avait fait jusque là. Par dessus tout, l'organisation d'une église chrétienne sur le modèle de celle
de Constantinople était grosse de conséquences:
devenue, dès l'époque de Vladimir, religion d'état,
l'église se répand par les canaux de l'appareil administratif et fait sentir partout son action civilisatrice.

Les historiens de Kiev nous disent ouvertement,
que l'acceptation du christianisme avait été tout aussi
forcée que spontanée. Vladimir avait ordonné non
seulement de détruire les objets du culte païen, mais
de baptiser de force les gens de Kiev et des autres
grandes villes. D'un autre côté, le paganisme chez les
Slaves orientaux n'avait pas de formes bien arrêtées,
point de caste sacerdotale, point de temples ou de
sanctuaires nationaux; c'était plutôt un état d'esprit
qu'un culte. C'est pourquoi il céda sans résistance
devant le christianisme, s'amalgamant en partie avec
lui pour former ce qui est resté dans la littérature
chrétienne sous le nom de »religion à double tradition«. Le petit nombre des missionnaires empêcha
la nouvelle religion de se répandre facilement dans
le fond des provinces, mais parmi les classes dirigeantes, concentrées dans les villes, elle gagna rapidement du terrain, grâce au soutien que lui accor-
dait le pouvoir, grâce à son excellente organisation,
à sa hiérarchie, aux formes éclatantes de ses cérémonies et enfin grâce aux arts et aux lettres, qu'elle
avait pris à son service.

Les églises et les monastères de bois ou de pierre
s'élèvent de toutes parts. De la Bulgarie et des villes
grecques accourent avec le clergé des architectes,
des maçons, des artisans, des mosaïstes, des joailliers,

puis des peintres, des maîtres de chant, des scribes. Les élèves se recrutent dans la population locale; on les initie dans le secret des arts. Vladimir enlève les jeunes gens aux familles les plus distinguées et les donne aux prêtres étrangers »pour être instruits dans les lettres«. A l'instar de Byzance, il bat monnaie; nous y voyons son effigie parée des insignes d'un basileus byzantin. Modes, vêtements, parures viennent de Byzance, les classes supérieures s'en emparent, puis les font pénétrer dans les couches plus profondes de la population. Les clichés décoratifs, les sujets littéraires byzantins viennent se combiner avec les dessins et les fables slaves et orientales. Le royaume de Kiev, et avant tout le triangle ukrainien, formé par les trois grosses villes de Kiev, Tchernyhiv et Pereïaslav, devient le foyer, d'où la civilisation gréco-romaine, sous son enveloppe slavo-byzantine, va se répandre dans toute l'Europe orientale.

## V.

### Développement de la vie sociale et nationale sur de nouveaux principes.

Le long règne de Vladimir (979—1015), suivi d'une courte contestation entre ses fils, qui un moment se partagèrent son royaume, puis le règne non moins long de son fils Iaroslav (1019—1054) remplissent la période, où la réorganisation de l'état de Kiev se poursuit, sur les bases jetées par Vladimir. Le chroniqueur de Kiev caractérise cette époque de développement du christianisme de la manière suivante: »Vladimir avait préparé le sol en éclairant le pays par le baptême; Iaroslav a semé la bonne parole au milieu des fidèles, et nous (la troisième génération), nous en recueillons les fruits en tirant profit des sciences.« Nous pourrions appliquer aussi bien cette caractérisque aux autres domaines de l'édification sociale. De même que les évènements politiques de cette époque nous rappellent, tantôt les grands rois barbares de l'occident, tantôt l'âge de Charlemagne.

Les anciens écrivains de Kiev notent le changement brusque qui survint dans la façon d'agir de Vladimir dès qu'il eut reçu le baptême. Rude, sanguinaire, despote auparavant, il s'adoucit, devient compatissant envers le peuple et se soucie beaucoup plus de faire régner la paix dans le pays que d'agrandir ses domaines. Il s'entoure non seulement de chefs militaires, mais aussi d'évêques; il appelle à sa cour les »anciens«, les citoyens distingués à qui il »demande conseil en tout ce qui touche l'ordre et l'organisation de l'état«. Par exemple le chroniqueur cite les lois sur le meurtre, que Vladimir modifia et promulgua après en avoir délibéré en conseil. Tous les jours des tables somptueuses étaient dressées à la cour, que le prince fût présent à Kiev ou qu'il n'y fût pas, pour les antrustions, les fonctionnaires du palais et les citoyens de qualité. Les fêtes étaient l'occasion de fastueux banquets publics, qui duraient plusieurs jours. On préparait des centaines de jarres d'hydromel, on distribuait de l'argent aux pauvres et l'on portait à domicile une part du festin aux malades et aux infirmes.

Les anciens auteurs citent tous ces faits pour montrer l'influence exercée sur Vladimir par le christianisme, qui avait transformé un guerrier rude et sauvage en un prince plein de vertus et canonisé plus tard par l'église. Mais on ne peut douter que ce ne fût là un programme politique soigneusement suivi, qui atteignit complètement son but: rapprocher la classe guerrière du reste de la population, donner au pouvoir un solide fondement moral et en général unifier l'état. Nous en trouvons la preuve dans la tradition, qui a survécu à toutes les catastrophes politiques, passant dans la poésie populaire, inspirant même les chansons épiques de l'extrème nord, d'Archangel, et d'Olonets, nous parlant encore du »gracieux prince Vladimir, beau comme le soleil« et de ses festins journaliers.

Le principe d'un état patrimonial, introduit par Vladimir et qui s'affermit sous Iaroslav et ses descendants, apporta un autre appui moral à l'organisation

de l'état. Avant Vladimir, les membres de la famille
régnante étaient peu nombreux et l'on n'attachait
pas grande importance au principe dynastique. Vladimir, que la légende nous représente comme très
adonné aux femmes, eut un grand nombre de fils,
entre lesquels il distribua ses domaines, déjà de son
vivant, pour qu'ils les gouvernassent, remplaçant
ainsi l'ancien système de la vice-royauté par le
régime patrimonial. Les débuts n'en furent pas bien
encourageants: à sa mort, ses fils commencèrent
aussitôt à s'entretuer pour s'emparer de l'héritage,
tout comme l'avaient fait les fils de Sviatoslav, y
compris Vladimir lui-même. Mais le clergé, soutenu
par la nouvelle littérature ecclésiastique, tenait beaucoup à ce système, qui imposait aux princes le devoir de se laisser guider dans leurs relations mutuelles
par l'amour fraternel et l'esprit de famille. Le peuple
aussi se rangeait à cette façon de voir, qui semblait lui
donner des garanties contre les discordes des princes,
dont il avait tant à souffrir. Ainsi au cours des temps,
parallèlement avec l'expansion de la morale chrétienne
dans les classes supérieures, l'idée finit par s'établir que
le royaume de Kiev était le patrimoine de la dynastie
du »vieux Vladimir«, une propriété dans laquelle
chaque membre de la famille princière avait droit à
son domaine particulier, à charge de veiller, tous ensemble, à ce qu'aucune partie de ce territoire ne tombât
entre des mains étrangères. Le trône de Kiev devait
appartenir à l'aîné, qui, dans ses rapports avec ses
frères puinés, avait le devoir de les traiter »véritablement en frères«, tandis que ces derniers étaient obligés
de le »considérer comme un père« et d'obéir à ses vo-
lontés. Cela va sans dire, cette constitution patriarcale
ne fut pas toujours strictement observée en pratique,
mais elle donnait en tous cas une idée directrice et nous
en verrons les conséquences importantes dans la suite.

Cet ensemble de principautés était régi par les lois
et décisions prises par le prince aîné de Kiev »dans
la douma« ou conseil comprenant, outre les autres
princes du sang et boïards, les évêques et les anciens
de la population. Nous en avons déjà rencontré un

exemple. Le plus ancien recueil d'arrêts et décisions est connu sous le nom de »Droit russe de Iaroslav«. C'est un compendium analogue aux l e g e s b a r b a - r o r u m de l'Europe occidentale; il s'agit surtout de lois pénales, de mesures protectrices en faveur du prince et de ses gens. La première partie porte un tel caractère d'ancienneté qu'il faut l'attribuer à l'époque de Iaroslav ou de Vladimir. C'est aussi à Iaroslav qu'appartient la fixation du taux d'une contribution, que l'agent du prince ou ses aides ont le droit de lever sur la population au cours de leurs tournées périodiques. Il fallait défendre les sujets contre les agents du fisc dont la rapacité était déjà un thème favori de la littérature de l'époque. A cette partie primitive ont été faites de nouvelles additions provenant évidemment des fils et petit-fils de Iaroslav et de la pratique judiciaire postérieure.

Ces lois et arrêtés de Kiev furent considérés comme les règles de la procédure judiciaire dans les autres parties du royaume: les historiens du droit reconnaissent aussi dans les monuments législatifs et les arrêtés judiciaires des contrées de la Russie blanche et de la Moscovie les mêmes principes, qui se trouvaient déjà dans les compilateurs anonymes de la législation de Kiev des XII et XIII siècles, qui conserve toujours le nom de »Droit russe«. Ainsi Kiev donna des lois à toute l'Europe orientale, et cela pendant une longue suite de siècles.

Mais ce fut surtout l'église qui constitua le plus ferme pilier de la domination de Kiev et dont l'action contribua le plus à cimenter les diverses parties du royaume. Iaroslav s'était appliqué à doter le mieux possible l'archevêché de Kiev; il bâtit dans sa capitale la cathédrale de Sainte Sophie (1034), un monument de l'art byzantin des plus précieux, qui, avec ses mosaïques, ses fresques et ses sculptures, nous a été conservé jusqu'à aujourd'hui. Le métropolite restera pendant trois siècles le chef spirituel du royaume, c'est-à-dire de toute l'Europe orientale, ne dépendant de Constantinople qu'au point de vue strictement canonique. Indépendamment du clergé séculier, se fonde à

Kiev, vers 1e milieu du XI siècle, le monastère devenu
célèbre plus tard sous le nom de monastère des cavernes
(Petcherska Lavra), qui sera une pépinière pour le
clergé régulier et où se recrutera la hiérarchie de toute
l'Europe orientale. Après s'être concerté avec le métropolite, le prince nommait aux évêchés vacants dans
les provinces et les »hégoumènes« (abbés) de Kiev
conservaient ainsi dans la hiérarchie l'influence du
clergé de la capitale, de même que l'unité de la dynastie
et de l'aristocratie boïarde maintenait l'unité dans l'administration civile. Ayant importé de Byzance le principe d'une étroite union entre l'église et l'état, dans
laquelle, en échange de son patronat, l'église offrait au
souverain ses services, le clergé s'évertuait à relever le
prestige de son patron immédiat, le prince local et celui
du souverain de Kiev, travaillant ainsi à l'affermis-
sement du système et à la consolidation de l'unité nationale.

Pendant ce temps l'élèment scandinave avait cessé
de jouer un rôle dans la formation de l'état. Au XI siècle nous ne rencontrons plus que quelques émigrants du
nord isolés, qui se fondent bientôt dans l'élément slave.
En général il est difficile de savoir qu'elle a été l'influence exacte de l'élément scandinave sur la civilisation
de Kiev. Les savants qui se sont occupés de cette
question sont portés à croire qu'elle n'a été ni profonde, ni persistante. En tous cas, à l'époque de Vladimir et de Iaroslav, c'était bien l'élément slave qui créait la civilisation de Kiev et organisait le royaume
d'après la tradition politique, venue de Byzance.

Et il s'agissait bien là avant tout de ces populations
que nous appelons aujourd'hui ukrainiennes. Le peuple
ukraïnien moderne est sorti, sans aucun doute, par une
évolution continue, des unités ethnographiques, qui peu-
plaient aussi le triangle formée par les trois capitales
d'alors: Kiev — Pereïaslav — Tchernihiv. L'hypothèse émise par quelques savants que l'ancienne population de ce territoire aurait émigré vers le nord aux
XIII et XIV siècle, par suite de revers subis dans la
steppe et que le bassin du Dniéper aurait été à nouveau
colonisé par des émigrés venant de l'Ukraine occidentale

22

(Galicie actuelle), ne repose sur aucun fondement. L'élément indigène, s'appuyant sur la zone boisée, y est resté fermement implanté et la frontière septentrionale actuelle des dialectes ukrainiens nous démontre clairement cette stabilité et cette perpétuité de la colonisation ukrainienne. L'organisation de l'état de Kiev et sa civilisation furent donc avant tout l'oeuvre des tribus ukrainiennes. Mais elles s'étendaient bien au delà du territoire de ces tribus.

En fait, sous Vladimir, le royaume de Kiev était très étendu. Un document de la chancellerie pontificale en trace les frontières ainsi qu'il suit: au nord-ouest elles sont voisines de la Prusse, au sud-ouest elles passent »près de Cracovie«. Au nord Novogorod, Rostov et Mourome sont les capitales des apanages des fils de Vladimir; au sud-est elles embrassent Tmoutorokhan ou Tamertarkha, l'ancienne Phanagorie. Les tribus des slaves orientaux ne s'étant pas encore beaucoup différenciées entre elles, toutes s'accomodent aisément aux usages de Kiev et participent à l'expansion de sa civilisation. Elles se considèrent comme faisant partie de la Russie au sens large, elles en adoptent non seulement les lois mais la langue et la littérature. Cela leur fait une conscience commune, tout ainsi bien aux Ukrainiens, qu'aux Ruthènes blancs et qu'aux Grands Russes. Mais les gens de Kiev exercent une influence souveraine sur tout le système, ce sont eux les promoteurs de la civilisation et ils seraient bien étonnés, s'ils pouvaient prévoir qu'un jour les colons slaves de Novogorod et de Rostov contesteraient à leurs descendants le droit de se considérer comme les héritiers de la tradition kiévienne.

## VI.

### La vie intellectuelle.

Ces trois facteurs principaux: la dynastie de Kiev, la classe militaire dirigeante russe, et la hiérarchie ecclésiastique et administrative de la nouvelle métro-

pole de la »Russie«*, avaient puissamment contribué
à étouffer l'ancien particularisme ethnique et local
des peuplades slaves et des tribus affiliées, d'où sont
sorties les trois grandes branches des slaves orientaux:
les Ukrainiens, les Ruthènes blancs et les Grands-
Russes.

Les princes puinés, tout autant que les boïards
Kiéviens, qui allaient assumer des fonctions dans
les provinces, avaient tout intérêt à ne point
être regardés comme des étrangers, mais à se trouver partout comme chez eux. Il en était de même du
clergé métropolitain qui recueillait les prébendes provinciales, avec l'espoir d'être rappelé à Kiev pour
y remplir de plus hautes fonctions.

Aussi la nouvelle littérature, qui naît dans les
monastères de la métropole, se met-elle au service de
ces tendances. Elle s'attache à des thèmes d'un intérêt
général, elle met en avant la notion du »bien des
pays russes«, entendant par là les intérêts et les aspirations du royaume entier, écartant toute manifestation du particularisme.

La littérature laïque, cultivée à la cour du prince
et chez les plus puissants boïards, soutenait évidemment les mêmes principes. Nous en trouvons la
preuve un siècle et demi plus tard dans la chanson
d'Igor, oeuvre anonyme, composée par un poète de
la cour aux environs de 1186. C'est l'intérêt des »pays
russe«, qui l'inspire, elle fait entendre des admonitions
aux princes, qui négligent la vieille tradition de Kiev.
Sans doute l'auteur ne fait que suivre les traces des
anciens poètes de la cour, dont il fait mention à plusieurs reprises.

Après l'établissement du métropolite à Kiev, les
premiers groupes de personnes versées dans les
lettres se réunirent sous son influence et un des

---

* La forme slave de ce mot est Russi (nom collectif; Russin
désigne l'individu; l'adjectif est russïski ou rusïki). La forme
grecque était Rhos pour le peuple, Rhosia pour le pays. La capitale du royaume de Kiev était désignée dans les documents
grecs sous le nom de métropole de la Russie (Rhosias). Plus tard
cette forme a été également adoptée par la terminologie slave.

24

premiers essais littéraires fut le commencement de la chronique de Kiev.

Jusqu'à la fin de cette période, toute la production littéraire du royaume vient de Kiev. C'est là que se forme une langue littéraire commune (χοινή). D'abord ce travail d'unification se trouvait facilité par la présence à Kiev, aussi bien dans les monastères que dans les rangs du clergé séculier, de personnes lettrées attirées à dessein de toutes les parties du royaume et qui, dans ce nouveau milieu, apportaient pour les polir et les fondre ensemble, leurs particularités dialectiques provinciales. En outre, on s'appliquait sciemment à cette uniformasiation en s'attachant à imiter le plus fidèlement possible les modèles fournis par la Bulgarie. C'est pourquoi les monuments écrits de Kiev se distinguent nettement de ceux de Novogorod par exemple, en ce qu'ils n'offrent guère de particularités dialectiques* et qu'ils manifestent une tendance à demeurer toujours sur le terrain commun des intérêts généraux de la »terre russe«. Ceci leur assura une large pénétration dans les provinces. Ce qui nous en reste aujourd'hui a été préservé presque exclusivement dans les pays du nord, qui ont été moins éprouvés par les catastrophes postérieures qui désolèrent l'Ukraine.

La chronique de Kiev, qui malgré les nombreux remaniements postérieurs a toujours conservé le même titre: P o v e s t i  v r e m e n y c h  l e t, se propose de »raconter chronologiquement d'où est sortie la terre Russe; qui fut le premier prince à Kiev et comment s'est formée la terre Russe«. Dans sa première rédaction, qui date probablement de l'époque de Iaroslav entre 1030 et 1040, le terme »terre Russe« est pris dans le sens étroit, comme s'appliquant strictment aux pays de Kiev et il ne s'agit que de l'hi-

---

* C'est justement ce qui a fait naître l'hypothèse mentionnée plus haut, d'après laquelle la population de Kiev aux XI et XII siècles, aurait eu un tout autre caractère ethnographique, bien plus ressemblant à celui des Grands-Russiens d'aujourd'hui, et qu'elle aurait été remplacée plus tard par une émigration ukrainienne venant de l'ouest. Nous l'avons dit cette hypothèse ne résiste pas à une critique sérieuse.

stoire de cette contrée. Mais déjà à une époque très ancienne, l'un des rédacteurs élargit la matière de sa chronique, en incorporant aux récits de Kiev ceux de Novogorod, lui donnant ainsi l'ampleur d'un ouvrage »russe« dans le sens le plus large du mot. A partir de ce moment le travail littéraire ne s'interrompra plus à Kiev. On y crée une histoire nationale de tous les pays russes, où le particularisme n'apparaît plus et où sont enrégistrées, sans distinction de provenance, principalement les traditions locales du christianisme, qui surtout paraissaient dignes d'être transmises à la posterité. Le premier groupe des rédactions s'arrête vers le commencement du XII siècle; elles sont suivies d'une vaste compilation de matériaux historiques et littéraires variés, embrassant tout le siècle. Grâce à la chronique de Kiev une foule de renseignements précieux et d'anciens fragments littéraires ont pu être conservés jusqu'à nos jours.

Du reste, il n'existait pas à cette époque de centre intellectuel qui eût pu rivaliser avec Kiev. Au point de vue politique et commercial seulement, on lui opposa au début Novogorod, la grande ville du Nord en antagonisme avec celle du Midi. Les traditions historiques des premiers siècles sont pleines des rivalités politiques entre ces deux grands centres, l'un s'appuyant sur la Mer Noire et restant en contact avec Byzance, l'autre sur la Baltique, entretenant des relations avec les »Varègues«. Tantôt les princes de Kiev s'assujettissent Novogorod, tantôt les boïards de Novogorod soutiennent leurs princes issus de la dynastie régnante dans leurs prétentions au trône, et obtiennent en échange des privilèges ou des droits de souveraineté plus étendus sur leurs domaines provinciaux. Mais depuis Vladimir et Iaroslav la prépondérance intellectuelle de Kiev est assurée.

Autant ses chroniques dès la début de XI siècle sont abondantes, riches d'idées, estimables pour leur style, autant les annales de Novogorod sont pauvres et maigres. Déjà sous Iaroslav nous rencontrons un brillant rhéteur comme le métropolite Hilarion. Le monastère des cavernes nous fournit les sermons de

Théodose, les hagiographies de Nestor et de bien
d'autres anonymes, qui malgré leur simplicité de style,
révèlent des talents de narrateurs qui nous attirent
et nous fascinent. C'est encore à Kiev que sont écrits
de nombreux ouvrages historiques, dont malheureusement seule une faible part nous est parvenue, comme
l'histoire de la guerre de Volhynie, écrite par un
certain Basile. Puis ce sont des sermons, point du
tout dépourvus de talent, que divers recueils nous
ont conservés. De son côté, la chanson d'Igor, par
ses allusions, ses citations, son allure, évoque devant
nos yeux toute une poésie profane, s'épanouissant à
la cour.

Quel est le centre provincial qui pourrait nous
offrir rien de semblable? Où trouverions nous, soit
dans les pays des Ruthènes blancs (chez les Krivitches, les Drehovitches et les Radimitches), soit
dans les contrées des Grands Russiens, un foyer
d'élite comme celui-ci?

Il ne manque pas de témoignages qui prouvent
que, dans les pays que nous venons de nommer,
on regardait Kiev et la Russie du midi comme une
contrée bien distincte des autres territoires. Aller
en »Russie« signifiait à Novogorod se rendre en
Ukraine. Dans le pays de Rostov-Souzdal, nous
voyons la population s'insurger contre les fonction-
naire »russes«, venus des villes du midi, c'est-à-dire de
l'Ukraine. Mais l'hégemonie de Kiev se fait tellement
sentir dans la politique et surtout dans la vie intellectuelle qu'elle dérobe à nos yeux les différences qui
existaient entre les trois principales branches des Slaves
orientaux.

## VII.

**Décadence des contrées du Dniéper.
Le nouveau monde russe et ses prétentions.**

Cependant, depuis le XI siècle, cette suprématie de
Kiev commençait à décliner. Le règne de Iaroslav fut
une brillante époque qui ne devait plus revenir.

Ses terres réparties entre ses fils, puis entre ses petits fils, s'émiettaient en états distincts, très peu liés entre eux et échappant à la suzeraineté du prince de Kiev. Seuls quelques princes comme le fils de Iaroslav, Vsevolod (décédé en 1093), son petit fils, Vladimir Monomaque (1125) et son arrière petit fils Mstislav (1132), réussirent à réunir sous leur sceptre un nombre de pays plus ou moins considérable et à s'assurer une situation prépondérante parmi les autres princes. Mais ces périodes d'éclat ne furent que de courte durée.

Les autres princes, dépossédés de leurs patrimoines, entreprirent une longue série de guerres acharnées et appelèrent à leur secours les hordes des Coumanes qui vivaient dans les steppes. Les boïards et les populations autochthones, croyant plus avantageux d'être gouvernés par un prince de la dynastie vivant au milieu d'eux, que d'obéir au gouvernement de Kiev, soutenaient leurs »maîtres patrimoniaux«. Au congrès de Lubtché, en 1097, on adopta le principe, que chaque prince apanagé resterait maître dans son patrimoine. C'était sanctionner le démembrement du royaume de Kiev et revenir à peu près à l'ancien régime des tribus. Il s'en suivit une division générale: sur le territoire ukrainien: la Galicie, la Volhynie, les pays de Tchernyhiv et de Pereïaslav; sur le territoire des Ruthènes blancs, outre le pays mixte de Touro-Pinsk, ceux de Polotsk et de Smolensk; sur le territoire des Grands Russes, les pays de Novogorod, de Rostov-Souzdal et de Mourom-Riasan. Et encore à l'intérieur ces principautés se divisaient-elles en domaine de l'aîné et en parts des cadets.

Ainsi en faisant valoir leurs droits dynastiques et en s'attachant la population locale, les princes deviennent de plus en plus indépendants de la suzeraineté de Kiev. La morale chrétienne et la théorie de l'amour fraternel ont fait des progrès dans l'opinion: les princes n'osent plus s'entretuer sans scrupules, comme l'avaient fait les fils de Sviatoslav et de Vladimir. »La descendance de Vladimir« s'accrois-

sant toujours, les terres se divisent et se subdivisent,
les réglements de compte deviennent de plus en plus
compliqués, et le pouvoir du prince de Kiev se réduit à l'étendue de ses domaines réels, et à leur
voisinage immédiat. Il doit se contenter d'une suzeraineté nominale, il ne joue plus que le rôle de p r i-
m u s   i n t e r   p a r e s.

Cela ne fut pas sans porter atteinte à l'influence
civilisatrice de Kiev qui, d'ailleurs, vivait depuis
longtemps non seulement sur ses propres ressources,
mais encore sur ce que lui fournissaient les autres contrées en qualité de tribut, de butin et autres contributions. En outre, la colonisation, le commerce et la
vie économique des pays situés sur les confins de son
territoire, notamment de toute la partie ukrainienne
du bassin du Dniéper, se trouvèrent ruinés, par de
nouvelles invasions. La formation du royaume de
Kiev n'avait pu arrêter, encore moins anéantir la
pression des hordes turques venant d'Asie, sous laquelle avait succombé l'état des Khozares. Les Petchenègues, après s'être étendus, au X siècle, du Don
jusqu'au Danube, avaient détruit les établissements
slaves (ukrainiens) de la steppe, en avaient chassé
la population vers les contrées moins accessibles du
Nord et de l'Ouest et commençaient à ruiner par leurs
incursions les parties moins exposées du bassin du
Dniéper. Ils avaient même menacé Kiev dans la
seconde moitié du X siècle et au commencement du
XI. Souvent ils s'en approchaient, la tenaient blo-
quée et ravageaient la contrée environnante. L'é-
poque de Vladimir, qui a laissé dans l'imagination de
la postérité le souvenir d'un âge d'or, ne fut, en réalité, qu'une longue guerre défensive, d'ailleurs pas
toujours heureuse, contre ces nouveaux intrus. La
population fuyait devant eux, elle se réfugiait dans
les régions boisées et marécageuses de la contrée
de Kiev et de Tchernihiv ou même plus loin vers
l'Ouest et le Nord. Vladimir avait été obligé de ramener de force la population sur une ligne de défense
qu'il avait fait établir pour sauvegarder sa capitale,
entassant à cet effet remparts, fossés et forteresses.

Après sa mort, les Petchenègues s'affaiblirent, de nouvelles hordes turques sorties de l'orient apparurent: d'abord les Torques, plus tard les Kiptchaks ou Coumanes, que les chroniqeurs ukrainiens appellent Polovtses. Iaroslav profita de cette conjoncture pour attaquer ses anciens ennemis par le nord, il les repoussa vers le sud, où il édifia une nouvelle ligne de défense sur la rivière de Ross et la horde des Petchenègues porta son camp au delà du Danube. Une accalmie se produisit dans le bassin du Dniéper, mais la situation s'aggrava de nouveau lors des discordes qui éclatèrent vers 1070, entre les fils et les petit-fils de Iaroslav au sujet de la répartition des domaines. Dès lors ce ne fut plus pendant plus d'un siècle qu'une longue série de calmes et de tempêtes. Dès que les attaques des Kiptchaks cessent, les relations commerciales reprennent, les colonies se multiplient sur la lisière de la steppe; l'activité des hordes se fait-elle de nouveau sentir, les colons se réfugient dans la zone boisée, les caravanes ne peuvent plus se faire jour vers le Dniéper que sous le couvert des troupes et les princes de Kiev, de Pereïaslav et de Tchernihiv sont obligés d'employer toutes leurs forces à la défense des frontières.

Tout l'intérêt du pays est donc concentré dans une question: se défendre contre les »infidèles«. Cette question vitale domine toute la politique, elle inspire la littérature, dont Kiev reste toujours le centre. Les classes dirigeantes, les écrivains, la population même réclament que les princes s'unissent pour être mieux en état de repousser les infidèles. Un prince s'attache-t-il à cette politique, il est sûr de gagner en popularité. Au contraire on est plein de mépris pour ceux qui demandent secours aux Kiptchaks pour régler leurs discordes intestines et amènent ainsi les païens en terre russe. En effet, après avoir été appelés par les princes, les chefs de hordes ne se faisaient pas faute de revenir faire quelques incursions à leurs frais. Du reste les guerres intestines, grâce à un système compliqué de succession, étaient devenues un mal chronique. A la succession en ligne directe, qui avait l'appui du peuple parce qu'elle causait moins de perturbations, s'ajoutait le principe de l'héritage familial qui voulait que toute la famille princière régnât en commun. De là des conflits de droits et d'intérêts vraiment insolubles. La population était bien forcée de prendre parti dans ces querelles dynastiques, aussi en supportait-elle les conséquences. Les prétendants persécutaient les adhérents du parti adverse, ruinaient leurs villes, leur imposaient des contributions.

Tout cela devait être funeste à la civilisation et à la vie économique du bassin ukrainien du Dniéper, à ce célèbre triangle de capitales qui avait été le foyer intellectuel non seulement de l'Ukraine, mais de toute l'Europe orientale, dans le siècle précédent. Les princes, la caste militaire, le patriciat, le clergé commencent à se désintéresser du »trône d'or de Kiev«, de la »mère des villes russes«; ils préférent des positions moins brillantes mais plus sûres au nord-est, dans les nouvelles colonies slaves, au milieu des peuplades finnoises du bassin de la Volga.

Ces populations étaient plus faciles à gouverner, moins turbulentes que celles du bassin du Dniéper, qui s'étaient toujours montrées plus sensibles aux empiètements des autorités. A cause de cela, non seulement des paysans et des artisans slaves, mais aussi des personnes appartenant aux classes élevées s'y étaient fixés. C'était dans ces régions qu'étaient déjà venus se réfugier des émigrants des contrées de Novogorod, de celles des Krivitches et des Sévérianes; maintenant des contigents partis du midi les rejoignirent. Au cours du XII siècle, les pays finnois des bassins de la Volga et de l'Oka changent complètement d'aspect. Des villes nouvelles fondées par des »Russes«, des monastères, des églises sortent du sol. C'est un nouveau monde russe, qui jette là ses racines, qui se développe rapidement, s'accroît non seulement des flots des nouvelles immigrations slaves, mais en s'assimilant la population finnoise autochthone. Cette dernière s'accommode à la civilisation slave, en adopte la langue et par ce procédé se forme cette branche de la famille slave, la plus jeune et la plus nombreuse, qui sera la Grande-Russienne, ou, à proprement parler, le rameau méridional des Grands-Russes, cette partie qui jouera le rôle le plus actif dans leur histoire.

Princes et clergé s'évertuent à rebâtir sur ce nouveau sol une imitation des vieux pays, comme le firent plus tard les colons européens en Amérique. Ils donnent à leurs villes les noms des cités ukrainiennes du sud, dont ils essayent de copier l'aspect et l'organisation politique: les Pereïaslav, les Zvenihorod, les Halitch, les Vladimir réapparaissent ici. On y porte de l'Ukraine les objets du culte, les oeuvres d'art, on y transplante la littérature. Dans la seconde moitié du XII siècle, cette Russie nouvelle est déjà si peuplée et si riche que ses princes ne veulent plus échanger leurs domaines pour ceux de l'Ukraine. Bien plus, ils aspirent à l'hégémonie, ils prétendent pouvoir porter le titre »d'anciens« dans les pays russes et dans la famille de Vladimir, sans avoir pour cela à quitter leurs trônes de la Volga.

Le principe de succession patrimoniale leur fournissait des arguments juridiques. Comme il a été dit plus haut, ce principe avait été admis conjointement à celui de succession en ligne directe. Un prince de Kiev mourait-il, ses frères puînés, aussi bien que le fils aîné, prétendaient à la couronne et l'opinion publique était toujours là pour soutenir les droits de la famille. Ainsi les princes de la branche cadette de Rostov-Souzdal, survivant à leurs frères aînés, devenaient eux-mêmes les aînés de la famille, réclamaient le trône de Kiev et la suzeraineté sur les descendants en ligne directe qui gouvernaient à Kiev, à Tchernihiv et à Pereïaslav et qui, pour eux, n'étaient que des petits neveux sans précédance au trône. Ces prétentions furent évidemment soutenues par le clergé et les boïards des contrées placées sous leur domination, mais les milieux ecclésiastiques et littéraires de Kiev eux-mêmes furent bien forcés d'en reconnaître le bien-fondé, puisqu'elles découlaient logiquement de cette conception de l'unité

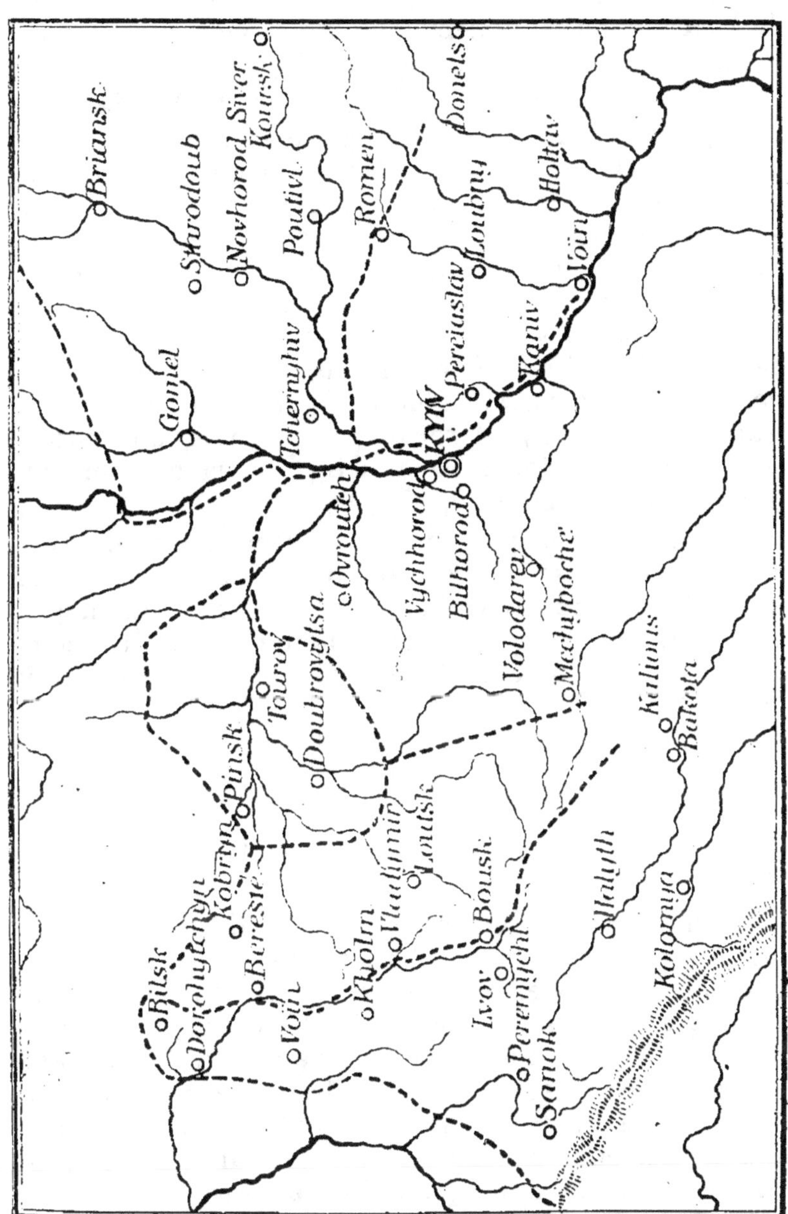

Frontières politiques aux XII—XIII siècles - les principautés
de Halitch, de Volhynie, de Tourov-Pinsk, de Kiev, de
Tchernyhiv, de Péreïaslav.

des pays russes et du règne en commun de la famille de Vladimir qu'ils avaient toujours choyée et soutenue.

Cependant, une fois leurs prétentions reconnues, ces princes du Nord (de Souzdal et de Vladimir du Nord) ne voulurent pas se transporter à Kiev, mais ils y envoyèrent leurs parents non nantis, ce que les princes ukrainiens ne pouvaient tolérer. De là des guerres et les souverains du nord firent tout leur possible pour détruire définitivement le pouvoir et le prestige national de Kiev et du midi. En 1169 cette ville fut mise à sac par les troupes du prince André de Souzdal; tout ce qu'on put enlever fut transporté dans les pays du nord. Trente ans après, son frère Vsevolod, ayant réussi par une politique habile à diviser les princes ukrainiens, amena de nouveau la ruine de la malheureuse ville.

De cette façon, par suite de circonstances défavorables, mais aussi grâce aux calculs de la Russie du nord, les contrées ukrainiennes du bassin du Dniéper se virent, dans la première moitié du XIII siècle, vouées à une ruine certaine, que l'invasion de Batou vint achever.


## VIII.

### L'Ukraine Occidentale.

Ce n'est pas seulement dans le nord que les populations ukrainiennes du bassin du Dniéper avaient cherché un refuge. Fuyant devant les nomades de la steppe, elles s'étaient aussi retirées, et en plus grande quantité, vers le nord-ouest et vers l'ouest. Là, dans les contrées boisées de la Polissie, de la Volhynie, dans le bassin Bug, sur les pentes escarpées des Carpathes, elles s'étaient établies durant cette même période, y avaient progressé matériellement et intellectuellement. Cela devient manifeste lorsque tout à coup, vers la fin du XII siècle, on entend parler d'Ovroutche, comme d'une ville résidence des plus importantes après Kiev, tandis qu'auparavant ce nom était presque inconnu. A la même époque, la classe des boïards se multiplie dans la Polissie. La Galicie, la Volhynie surgissent aussi: Vladimir de Volhynie, la capitale construite par le prince de ce nom, pour faire concurrence aux vieux centres de Doulibs, de Tcherven et de Bouzsk, prend alors une importance commerciale et intellectuelle, qui attire les étrangers. Halitch, sur le Dniester, dans la contrée même où refluent les émigrants sortis des vieux pays de Tyverts, s'assure une situation proéminente, bien au-dessus des vieilles résidences de Peremychl, de Zvenyhorod, de Terebovl et donne son nom à tout le pays.

Cet afflux de population en Ukraine occidentale, permet à cette dernière de faire face à ses voisins de l'ouest: les Polonais et les Hongrois. Cette contrée occidentale servait déjà depuis longtemps de brandon de discorde entre les princes russes et la Pologne. Probablement les migrations ethniques, le mélange de la population de ces pays frontières avaient fourni de nombreux prétextes à ces luttes. Les trois courants colonisateurs, celui des Slaves orientaux (Ukrainiens), celui des Polonais et celui des Slovaques s'y rencontraient, aussi chacun des trois Etats: Russie, Pologne et Bohême, aux heures où leur puissance expansive se manifestait, ont toujours voulu s'en rendre maîtres. Les Tchèques s'emparèrent de la contrée de Cracovie, les Polonais de Peremychl et de Tcherven. La première mention qu'on en trouve dans la chronique de Kiev, se rapporte à une expédition faite par Vladimir dans ces contrées et au cours de laquelle il reprit aux Polonais Peremychl, Tcherven et d'autres villes. Les frontières qu'il établit alors devaient s'étendre assez loin vers l'ouest, probablement jusqu'à Cracovie même, ainsi qu'en témoigne le document de la curie pontificale ci-dessus mentionné. Après sa mort, profitant des discordes qui avaient éclaté entre ses fils, le roi de Pologne Boleslav s'empara de nouveau des marches ukrainiennes. Mais la mort de ce dernier ayant donné lieu en Pologne à des dissensions encore plus graves, Iaroslav put non seulement reprendre les territoires en question, mais il assuma la tutelle du prince polonais, à qui il donna sa fille. Les siècles postérieurs virent tantôt les Russes, tantôt les Polonais y prendre la haute main.

Iaroslav avait donné la Galicie à un de ses premiers fils, qui d'ailleurs mourut bientôt. Les frères de ce dernier tentèrent de s'approprier ce domaine et de le réunir à la Volhynie. Ce ne furent que les petit-fils de ce premier prince de Galicie qui parvinrent à reprendre ce pays et, instruits par l'expérience, ils prirent bien soin de ne laisser aucun prince de la dynastie Kiévienne se consolider en Volhynie.

Ayant à se défendre, d'un côté contre les Polonais, de l'autre contre les Magyares qui, maîtres du versant méridional des Carpathes, manifestèrent l'intention, vers la fin du XI siècle, de mettre aussi la main sur le versant septentrional, les princes de Galicie cherchèrent des alliances dans les contrées éloignées, chez les princes grands russiens de Souzdal et Vladimir, à Byzance et même plus tard auprès du pape, alors qu'il s'agissait de se tenir en garde contre les princes de Volhynie, leurs plus proches voisins.

Comme la dynastie n'était pas nombreuse, le pays ne connut guère les querelles intestines, il jouit longtemps de la tranquillité, se peupla, s'enrichit, ce qui donna à ses princes, vers le XII siècle, une importance assez considérable et leur permit d'étendre leur influence. Mais, vers la fin de ce siècle, la dynastie s'éteignit. Roman, prince de Volhynie, homme très énergique, resté célèbre par ses guerres contre les Kyptchaks et la façon dont il mata ses boïards, réunit sous son sceptre la Galicie et la majeure partie de la Volhynie. Mais il périt bientôt (en 1205) dans une des ses expéditions contre la Pologne. Les boïards galiciens, qui n'avaient subi qu'avec peine son autorité, voulurent secouer le joug de sa dynastie, soit en soutenant d'autres prétendants, soit en se mettant sous la protection des rois de Hongrie. Il y eut un moment où l'on crut réalisé le partage des pays ukrainiens, qui ne devait s'effectuer que plus

tard, entre la Pologne et la Hongrie: le fils d'André,
roi de Hongrie, épousa la fille du prince polonais et
fut couronné roi de Galicie à Halitch, tandis que
les contrées situées dans le bassin du Bog étaient
réunies à la Pologne. Les fils de Roman durent se
contenter du pays de Vladimir en Volhynie. Mais
cette combinaison ne tarda pas à s'écrouler: les fils
de Roman, Danilo et Vassilko, dès qu'ils **eurent**
atteint leur majorité, reprirent possession de la
Galicie et de la Volhynie. De cette façon se forma
en Ukraine occidentale, vers 1240, un puissant état,
qui s'étendait de Sloutche jusqu'à Vislolka vers l'ouest et jusqu'à Dorohitchine et Bilsk dans le nord.
Le partage entre Danilo et Vassilko ne porta aucun
préjudice à l'état, parce que les deux frères restèrent
étroitement unis.

Dans le même temps, les pays de Kiev étaient ruinés par les guerres incessantes que se faisaient les
prétendants, les pays de Tchernihiv s'émiettaient en
une foule de petites principautés, et les pays de
Pereïaslav s'épuisaient sous les dévastations des
Kiptchaks. Aussi les contrées tranquilles de la Galicie offraient-elles un refuge tout indiqué aux autres
ukrainiens ayant besoin de sûreté ou de protection
ou tout simplement en quête de gain: ecclésiastiques,
hommes de lettres, artistes et artisans, marchands,
tous y affluèrent, y apportant les lettres et les
arts, ou vinrent y mettre leur fortune en sûreté, pour
le plus grand bien du pays, qui s'enrichit ainsi sous
les princes de Galicie et de Volhynie, patrons éclairés des lettres et des arts, qui ne manquaient aucune
occasion de s'approprier les monuments de l'ancienne
littérature et de l'art des provinces orientales. Surtout
Vladimir, fils de Vassilko, acquit le renom »de grand
lettré et de philosophe, tel qu'on n'en a jamais vu
dans tous les pays russes et tel qu'on n'en verra
plus après lui« d'après l'expression du chroniqueur
écrivant à sa cour. Malade et infirme, il s'appliqua
avec passion à collectionner des livres, il les recopia,
il fit construire des églises, les dota, les orna d'oeuvres
d'art et y entassa les livres.

Les traditions littéraires et artistiques de Kiev s'implantèrent dans le royaume de Galicie et de Volhynie, où elles se continuèrent, s'y combinèrent de plus en plus avec les courants intellectuels venus de l'Occident. Ce qui caractérisera au cours de l'histoire la vie intellectuelle de ce royaume, c'est qu'ici les relations avec l'Allemagne, et par son intermédiaire, avec l'Italie, seront beaucoup plus actives; l'influence de l'occident catholique, qu'elle lui vienne par la Pologne ou par la Hongrie, se fera beaucoup plus sentir que dans l'Ukraine orientale, plus éloignée et plus profondément pénétrée des traditions byzantines et orientales. Ici l'intelligence ukrainienne s'enrichira au contact de l'occident. Malheureusement l'invasion mongole va se déverser sur l'Ukraine, empêchera cette civilisation nouvelle de se répandre vers l'est et retardera ainsi la formation de l'unité ukrainienne.

## IX.

L'invasion mongole et ses conséquences.

Le flot mongol poussé par Temoudjine atteignit l'Ukraine vers 1235. C'était une invasion de nomades analogue aux précédentes qui, à maintes reprises, avaient désolé le pays. Mais celle-ci était mieux organisée et ses péripéties nous sont mieux connues. Cela commença par une irruption, qui se termina par la défaite des Kiptchaks, en 1223, près de la rivière de Kalka, après une sanglante bataille, où périrent beaucoup de princes ukrainiens qui avaient consenti à soutenir leurs voisins contre les nouvelles hordes. Dix ans plus tard, se produisit la véritable invasion des Asiates. Leur chef, Batou, avait la ferme intention de s'emparer des steppes de la Mer Noire et des contrées avoisinantes. Le mouvement commença dans le bassin de la Volga, puis les pays situés sur la rive gauche du Dniéper furent ravagés, Péréïaslav et Tchernihiv conquis et pillés. En 1240, la marche en avant se continua sur Kiev, puis à travers la Volhynie et la Galicie, l'invasion atteignit la Hongrie, la

Silésie et la Moravie. Batou avait d'abord voulu se
fixer en Hongrie, mais il retourna sur ses pas et vint
établir sa résidence sur le cours inférieur de la Volga.
Alors commença pour l'Europe orientale cette triste
période de sujétion aux hordes mongoles que les
Ukrainiens et les Russes ont appelée la domination
tartare.

Naturellement les principautés du bassin de la
Volga et celles de l'Ukraine orientale eurent à subir
les premières le joug des Tartares: les populations
dûrent payer tribut et les princes furent obligés de
se rendre à la résidence du Khan, pour faire hommage
de leurs terres entre ses mains et en recevoir confirmation. Il naquit de là bien des intrigues et maintes
compétitions, de sorte que les princes intéressés se
virent souvent obligés de séjourner à la cour
du Khan pour écarter tous compétiteurs possibles.
C'est ainsi que Danilo dût s'y rendre lui aussi, parce
qu'un prince quelconque avait réussi à se faire
octroyer la suzeraineté sur la principauté de Galicie.
Il n'accepta pas cependant de bon gré la domination
mongole, non parce que son ambition fût lésée
comme nous l'a représenté le chroniqueur, car sa
situation de vassal du Khan raffermissait sa position
vis-à-vis de ses voisins de l'occident, mais parce que
la conquête mongole fit surgir des forces dangereuses
pour l'autorité des princes.

Sous l'impression de la défaite, les populations
ukrainiennes, convaincues de l'incapacité de leurs
souverains et de l'insuffisance de leurs troupes, se
soumirent en grand nombre à la suzeraineté immédiate
des Mongols, et cela probablement depuis la première
expédition de Batou (1240—1241). Les communautés
s'engageaient à rester fidèles et à payer un certain
tribut en céréales. En revanche elles obtenaient de
pouvoir se gouverner librement sous la conduite de
leurs anciens et retournaient ainsi au morcellement
politique, qui avait précédé le régime des princes.
Ce mouvement, qui affaiblissait la force de résistance
du pays et assurait aux envahisseurs une domination
paisible, était trop favorable à ces derniers pour qu'ils

ne s'appliquassent à le favoriser et à le fomenter. Quelques renseignements accidentels et même certains épisodes, qui nous ont été conservés, nous montrent que cette suzeraineté directe des Tartares existait dans les contrées voisines de Kiev et de la Volhynie, sur les bords de la Sloutche, de la Horine, du Bog et du Teterev. Les conquérants essayèrent non sans succès d'introduire ce nouveau régime en Galicie et en Volhynie. Ce fut un avertissement évident pour Danilo et Vassilko, qui trouvèrent une raison de plus d'abattre la puissance des Tartares dans la nécessité de mettre un terme à ce mouvement dangereux pour leur propre autorité et qui ressemblait beaucoup à celui qui se manifestera plus tard dans les communautés ukrainiennes, lorsque se formeront les organisations cosaques.

Ayant été mis au courant par des messagers, envoyés chez les Tartares par le Saint Siège, des intentions de la papauté d'organiser contre ces derniers une croisade des puissances catholique occidentales, Danilo entra en relation avec le pape, sans que ce rapprochement aboutît à aucun résultat appréciable. Certes on lui offrit la couronne et on l'engagea vivement à rentrer dans le sein de l'église catholique. Mais il était trop prudent politique pour cela. Néanmoins, sur les instances de sa famille, il consentit à se faire couronner. Cette cérémonie eut lieu à Dorohitchine, sur la frontière septentrionale du pays, en 1253, et tout se passa sans pompe, peut-être intentionnellement, de peur d'éveiller les soupçons des Tartares. Du reste, après s'être convaincu qu'il ne pouvait attendre de ce côté aucun secours réel et que, d'autre part, les pourparlers relatifs à l'union des églises soulevaient du mécontentement dans la population, Danilo rompit avec la papauté.

Entre temps ses relations avec les Tartares s'étaient tendues de telle sorte que, quoiqu'il eût perdu tout espoir d'être secouru par les princes catholiques, il n'en dût pas moins se résoudre à engager la lutte contre ses oppresseurs et attaquer les communautés, qui reconnaissaient leur suzeraineté. Il s'attira ainsi la

colère des Tartares, qui, ayant organisé contre lui
une grosse expédition, le surprirent et le forcèrent à
capituler. On l'obligea à raser ses principales forteresses; seule la ville de Kholm, résidence préférée de
Danilo, qu'il avait ornée de beaux monuments et pour-
vue de solides fortifications, put rester intacte au
milieu des ruines qui affligeaient le pays.

Le prince fut vivement frappé de ce malheur; il
ne sut pas se résigner et ne put jamais se faire à l'idée
de s'assujettir au vainqueur. Aussi, tout à l'opposé des
princes moscovites, qui tournaient leur asservissement à profit, consolidant leur autorité sous la cou-
leur du joug tartare, soumettant les principautés
voisines et étendant leur puissance, nous voyons Danilo et Vassilko s'évertuant à étendre et à raffermir
leur pouvoir vers l'ouest, vers les pays lithuaniens et
polonais pour pouvoir plus efficacement s'opposer
aux Asiates. Leurs efforts échouèrent et ne firent
qu'attiser le ressentiment des envahisseurs.

Danilo mourut bientôt après son désastre (1264).
Ses successeurs: son frère Vassilko, son fils Léon et son
petit-fils Georges continuèrent sa politique. A partir
de l'invasion tartare, l'état de Galicie et de Volhynie
dura encora plus d'un siècle, s'élevant par inter-
mittence à une puissance considérable. En lui se per-
pétuait la vie intellectuelle et politique de l'Ukraine.
Mais par suite de l'hostilité des Tartares, qui ne permirent jamais à cet état de s'étendre vers l'est, les
anciens plans de Roman et de Danilo tendant à unifier
et à réunir sous le même sceptre tous les pays ukrainiens ne purent jamais être réalisés, tout aussi bien
dans la partie occidentale du pays qu'à l'orient.

Quant aux contrées de Kiev et de Péréïaslav, nous
ne possédons presque pas de renseignements relatifs
à cette époque: il est probable que le régime princier
y avait été renversé par le mouvement des communautés, car, lorsque plus tard, au XIV siècle, nous y
retrouvons des princes, ils apparaissent tout-à-fait
faibles et sans autorité. Dans le pays de Tchernihiv,
la famille régnante s'accrût de telle sorte qu'en fin de
compte la plupart de ses membres en furent réduits

au rang de grands seigneurs fonciers. La partie méridionale, comprenant les villes de Tchernihiv, de Poutivl et de Koursk, dépérit tout-à-fait. Dans le nord seulement se conserva une lueur de vie politique.

Par suite de la disparition de l'importance sociale et de l'influence des boïards dans le bassin du Dniéper, il se produisit un évènement d'importance capitale pour l'évolution historique postérieure: le transfert du métropolite de Kiev dans les pays du nord. Le clergé, nous le savons déjà, était habitué à vivre sous la protection du prince et de l'aristocratie. Or les pays du bassin du Dniéper avaient perdu leurs princes et leur aristocratie, sans qu'ils eussent été complètement dépeuplés, comme on l'a quelquefois écrit. Au nord, au contraire, dans le bassin de la Volga, les princes et les boïards consolident leur autorité sur les classes inférieures sous le couvert du joug tartare. Là le clergé se sentira plus rassuré. Les métropolites de Kiev **commencent** à se rendre de plus en plus fréquemment dans les cours du nord, ils y séjournent de plus en plus longtemps, enfin, après une incursion des mongols en 1299, le métropolite s'y transporta une dernière fois pour ne plus en revenir. Les princes de Galicie réussirent à obtenir du patriarche de Constantinople un métropolite particulier. On se prit à donner au ressort du nouveau dignitaire le nom d'église métropolitaine de la »Petite Russie«, pour la distinguer de celle de Kiev, transferée à Vladimir du nord (sur la Klazma), à laquelle on avait donné le nom d'église métropolitaine de la »Grande Russie«. Les princes de Galicie, qui portaient le titre de »rois de Russie« (comme par exemple Georges, petit-fils de Danilo), furent appelés couramment, à l'instar de leur métropolite, princes de la »Petite Russie«. C'est ainsi que prit naissance cette appellation, qui a paru symboliser au cours des siècles l'hégémonie de la Russie du nord sur la Russie du sud, sur l'Ukraine.

Le fait que l'Ukraine orientale, au lieu de rester dans le ressort ecclésiastique soit de Halitche, soit de Vladimir de Volhynie, devint suffragante du métro-

polite du nord, scella le caractère local et point du
tout pan-ukrainien du royaume de Galicie et de Volhynie. Ainsi fut retardé une fois de plus le processus
de cristallisation des trois grandes nations, que devaient former les Slaves orientaux.

X.

Les princes de Lithuanie et ceux de
Pologne se rendent maîtres des principautés ukrainiennes.

Réduits, sous la pression des hordes tartares, à
abandonner leurs projets sur l'Ukraine orientale, les
successeurs de Danilo cherchèrent, comme je l'ai dit,
des compensations à l'ouest et au nord de leur pays.
Malheureusement nos renseignements à cet égard
deviennent de plus en plus rares dès l'année 1289,
époque à laquelle s'arrête la chronique de Volhynie,
qui renseignait jusqu'ici sur les évènements du
royaume de Galicie et de Volhynie au XIII siècle.
Quelques informations accidentelles nous apprennent
que Léon, fils de Danilo, étant intervenu dans une
lutte dynastique, qui séparait les princes polonais,
aurait cherché, au commencement du XIV siècle, à
incorporer à la Galicie la principauté de Cracovie.
Nous savons encore que, lors de l'extinction de la
dynastie Arpadienne, les pays ukrainiens situés au
delà des Carpathes furent annexés à la Galicie et que
les domaines de cette dernière principauté s'étaient
entre temps élargis vers le nord dans les contrées
lithuaniennes.

Il paraît probable, en effet, qu'avant que la dynastie lithuanienne, dont les plus célèbres représentants
furent Ghedimine et Olguerd, eût entrepris sa vaste
politique d'extension dans les contrées des Slaves
orientaux, les princes de Galicie et de Volhynie
avaient réussi à étendre leur influence sur les pays
lithuaniens. Mais l'apparition, au commencement du
XIII siècle, des chevaliers teutoniques sur les frontières de la Lithuanie, en Livonie et en Prusse, aussi

43

bien que les dures méthodes qu'ils employaient tant pour soumettre les populations voisines, que pour ravager par des incursions dévastatrices les contrées plus éloignées, provoquèrent dans le pays un mouvement, qui tendit à leur résister. Jusque là protégée par ses forêts impénétrables, la Lithuanie était restée considérablement arriérée au point de vue intellectuel et politique. Il n'y avait ni lois établies, ni organisation politique; l'écriture même y était inconnue. Ses princes essayaient d'introduire chez eux des institutions modelées sur celles des populations slaves voisines: les Blancs-Russes et les Ukrainiens. Les rapports entre les dynasties qui régnaient sur les trois peuples étaient des plus étroits. Loin de cesser dans le courant du XIII siècle, il arriva qu'à la suite de combinaisons dynastiques, tantôt les princes slaves furent appelés à régner sur les principautés lithuaniennes, tantôt les »Kounigas« lithuaniens, qui étaient des guerriers intrépides, furent chargés par les populations slaves d'organiser leur défense, ou en devinrent les maîtres de quelque autre façon.

Un moment même, il fut question de réunir sous le gouvernement d'un des fils de Danilo les principautés de Galicie et de Lithuanie. Cette dernière principauté, fondée par Mindaug, avait d'abord paru si menaçante à Danilo, qu'il s'était entendu avec les Polonais et les Allemands pour la détruire de concert. Mais le prince lithuanien le détourna de cette alliance en lui cédant pour son fils Roman quelques-uns de ses domaines. Plus tard, le successeur de Mindaug renonça définitivement à sa principauté au profit d'un autre fils de Danilo, du nom de Chvarno. Cette combinaison d'ailleurs ne dura pas longtemps. Au contraire, la nouvelle dynastie lithuanienne de Poutouver-Ghedemine, qui s'établit vers la fin du XIII siècle, montra une grande force d'expansion et soumit successivement à sa domination les pays blanc-russiens et ukrainiens.

Comment s'accomplit cette main-mise? Probablemens sans grands conflits: nous n'en connaissons que très peu les détails. Les princes lithuaniens, après qu'ils se furent saisis du pouvoir, s'appliquèrent à s'adapter le plus rapidement possible aux coutumes de la vie locale, à ses lois, à sa civilisation; ils en adoptèrent la langue et l'écriture, se convertirent à la religion orthodoxe et devinrent, en un mot, des princes blanc-russiens ou ukrainiens de race lithuanienne, s'efforçant sincèrement de continuer les vieilles traditions des pays occupés. Ils le faisaient d'autant plus naturellement qu'ils ne possédaient pas eux-mêmes de lois propres, comme nous l'avons dit plus haut.

Quant aux populations indigènes, elles voyaient sans regret monter sur le trône un prince étranger, parce que cela mettait fin aux querelles dynastiques, qui déchiraient le pays. Il en était de même des communautés soumises à la suzeraineté directe des Tartares, parce qu'elles en avaient senti le poids, surtout pendant la période d'anarchie, qui se manifesta dans la horde à la fin du XIII siècle. La Lithuanie, au contraire, était arrivée au commencement du XIV siècle à l'apogée de sa force, de sorte que les populations, en acceptant un prince lithuanien comme chef, étaient sûres de trouver dans les moments critiques le secours d'un bras puissant. Ceci explique suffisamment la facilité avec laquelle ces princes établirent leur autorité à cette époque sur les pays des Blancs Ruthènes et des Ukrainiens.

Déjà, dans le premier quart du siècle, nous trouvons soumises à leur domination la contrée de Brest-Dorohotchine, la principauté de Tourov-Pinsk et une partie de la zone boisée des pays de Kiev. Kiev lui-même est en 1320 sous l'influence de Ghedimine, quoique le prince local, Théodore, dont l'autorité, comme tout porte à le croire, est très affaiblie, reconnaisse encore la suzeraineté des Tartares. Il n'est pas surprenant, qu'en de pareilles circonstances, les boïards galiciens, après avoir fait disparaître leur prince à la suite d'un complot, placèrent sur le trône, en 1340, le fils de Ghedimine, Lubarte, qui, marié à une princesse de leur dynastie, possédait déjà une des principautés de Volhynie.

La dynastie de Roman s'était déjà éteinte. Le petit-fils de Danilo, Georges — D o m i n u s   G e o r g i u s   r e x   R u s s i a e,   d u x   V l a d i m e r i a e,  comme on le lit en exergue de son sceau royal — laissa deux fils, qui moururent vers 1324, sans laisser de postérité masculine. Les boïards portèrent au trône un fils de leur soeur, mariée au prince polonais Troïden de Masovie, du nom de Boleslav. Ce dernier adopta la religion orthodoxe, prit le nom de son grand-père, Georges, et devint ainsi, en 1325, prince de Galicie et de Volhynie. Mais ses rapports ne tardèrent pas à se gâter avec les grands, qui ne lui avaient probablement donné la couronne que pour gouverner sous le couvert de son nom; ce à quoi Georges-Boleslav ne se prêta point. Il s'entoura, au contraire, de nouveaux conseillers venus du dehors, surtout d'allemands. Cette attitude donna des gages à la cabale: on l'accusa de n'être point favorable à la religion orthodoxe et de vouloir introduire le catholicisme dans le pays.

Les rois de Pologne et de Hongrie, au courant du mécontentement soulevé contre lui, conçurent le projet de profiter de sa situation précaire pour s'emparer de ses états. Ils conclurent un accord, dans le genre de celui de 1214, qui réglait d'abord leurs successions respectives, puisqu'ils n'avaient ni l'un ni l'autre de descendants mâles. Puis le roi de Hongrie, Charles, cédait à Casimir, roi de Pologne, le droit d'occupation de la Galicie, tout en se réservant un droit éventuel de rachat pour préserver les prétendus anciens droits historiques de la couronne de Hongrie. Ce traité venait d'entrer en vigueur quand éclata en Volhynie le coup d'état mentionné plus haut: les boïards empoisonnèrent Georges-Boleslav à Vladimir, après s'être entendus avec Lubarte, qu'ils placèrent sur le trône. Le pouvoir en Galicie passa aux mains des grands, avec Dmitro Dedko en qualité de  p r o v i-s o r   s e u   c a p i t a n e u s   t e r r a e   R u s s i a e,  tandis que Lubarte prenait le titre de prince. A la nouvelle de cet évènement, les troupes hongroises et polonaises entrèrent en Galicie, afin de l'occuper. Mais Dedko appela à son aide les Tartares. Les troupes alliées se retirèrent en toute hâte et Casimir dût signer un traité, d'après lequel il s'engageait à ne plus toucher à la Galicie, tandis que Dedko promettait de ne pas attaquer la Pologne.

Les choses s'arrangèrent ainsi; Lubarte continua de régner sur le pays, qui était sorti si heureusement de la crise. Mais Casimir n'oubliait pas ses projets. Il se fit délier d'avance par le pape du serment prêté à Dedko, s'assura de la neutralité des Tartares, et, profitant de ce que les princes lithuaniens étaient engagés à combattre les Allemands et ne pouvaient secourir Lubarte, il s'empara inopinément, en 1349, de la Galicie et de la Volhynie occidentale.

## XI.

## La lutte pour s'emparer de la Galicie et de la Volhynie. — L'union de 1385.

La guerre, ravivée par l'expédition de Casimir en 1349, devait durer plus de trente ans. Lubarte, aidé de ses parents, les princes lithuaniens, essaya de reprendre la Galicie. Mais alors se manifesta l'impuissance du nouvel état et de tout le système lithuanien en général, qui, malgré sa grande étendue, n'était pas capable de fournir une action militaire vigoureuse. Sa force consistait dans la sympathie des peuples, dans l'absence d'opposition sérieuse, mais dès qu'il rencontrait une résistance plus forte, comme il s'en produisait surtout à la periphérie, il était incapable de la surmonter. Engagés au nord dans des guerres continuelles avec les Allemands, ce n'était que rarement que les princes lithuaniens pouvaient faire sentir ailleurs le poids de leur force. Contre la Pologne, ils étaient soutenus par les Tartares et ils réussirent de temps à autre à porter à cet état des coups sensibles. Mais, dans la deuxième moitié du XIV siècle, leur expansion dans les pays ukrainiens, qui avaient été autrefois soumis à la domination du Khan, trou-

bla les bonnes relations qu'ils entretenaient avec
ce dernier.

Entre 1350 et 1360, Olguerd, fils de Ghedemine,
grand-duc de Lithuanie, après être intervenu dans les
affaires de l'état de Smolensk, s'empara d'abord de
la principauté de Briansk, dans le nord de l'ancienne
principauté de Tchernihiv et se rendit maître ensuite
des principautés méridionales. A Tchernihiv, à Novho-
rod-Siversky et à Starodoub, des princes lithuaniens
montèrent sur le trône; dans les domaines de moindre
importance les princes de l'ancienne dynastie continuèrent à régner sour leur protection. A peu près
à cette époque, vers 1360, Olguerd placa sur le trône
de Kiev un de ses fils, après avoir détrôné le prince
local, qui était vassal des Tartares. Ainsi les vastes
territoires sur les deux rives du Dniéper, qui avaient
autrefois fait partie de l'ancienne principauté de Kiev
et de Péréïaslav, bien ruinés et bien dépeuplés, il est
vrai, sous la domination tartare, d'ailleurs en décadence, passèrent-elles aux mains des lithuaniens.
L'armée tartare s'avança bien au secours de Kiev,
mais, impuissante et désorganisée, elle fut mise en
déroute par Olguerd qui, non content de mettre la
main sur les parties méridionales du pays de Kiev,
s'empara encore de la Podolie, où les populations
vivaient depuis longtemps sous la suzeraineté directe
du Khan. Les neveux d'Olguerd s'y installèrent dans
les villes et se mirent à y édifier des forteresses autour desquelles se ramassèrent les populations dis-
persées par l'anarchie des hordes.

De cette façon, dans la deuxième moitié du XIV
siècle, la plus grande partie des territoires ukrainiens se trouva sous la domination des princes
lithuaniens, qui n'en eurent que plus d'envie de s'emparer de la Galicie et de la Volhynie, où s'était con-
centrée la vie économique, intellectuelle et ecclésiastique ukrainienne, depuis que l'émigration avait
laissé dans un état arriéré les pays situés plus à l'est.
Mais ayant perdu l'appui des Tartares à la suite même
de ces conflits, ils ne furent plus en état d'arracher
la Galicie aux Polonais. Aussi, quoique les sympathies

de la population fussent de son côté, Lubarte ne put
jamais s'emparer de ce pays, conquis grâce à l'union
de la Hongrie avec la Pologne.

Casimir, et aussi son successeur sur le trône de
Pologne, Louis d'Anjou, disposaient des forces réunies
de ces deux états; ils jouissaient de l'appui du pape,
à qui l'on avait promis d'établir des évêchés catholiques dans les pays ukrainiens conquis, enfin, en com-
binant leurs opérations avec celles des Allemands de
Prusse et de Livonie, avec lesquels ils avaient conclu
une entente formelle, ils voulurent tenter d'enlever
à Lubarte même la Volhynie. Ils y réussirent à plusieurs reprises: Kholm, Belz et même Vladimir chan-
gèrent plusieurs fois de mains. Bientôt il ne resta
plus à Lubarte que la région méridionale de la Volhynie (Loutsk).

Cependant des difficultés dynastiques vinrent troubler l'union hungro-polonaise, qui s'était accomplie,
sous Casimir, en vertu du traité ci-dessus mentionné.

Louis, pas plus que Casimir, n'avait d'héritier mâle,
ce qui rendait bien précaire l'union personnelle des
deux états. Sans se rendre bien compte de la portée
de son action, il voulut réunir la Galicie à la Hongrie
et y installa des garnisons hongroises. Les magnats
polonais, qui gouvernaient la Pologne en son nom,
s'en offusquèrent. Ils élurent comme reine de Pologne une des filles de Louis et non point celle qui
avait été désignée pour lui succèder en Hongrie,
puis ils décidèrent de s'allier à la Lithuanie, où régnait le
jeune fils d'Olguerd, Iagaïl (Jagellon). Ils lui offrirent
la main de leur reine et la couronne, à condition qu'il
consentît à incorporer à la dite couronne tous les pays
lithuaniens et ukrainiens sur lesquels il régnait.
Iagaïl accèda à ces conditions et un traité fut conclu,
en 1385, à Krevo, ville de Lithuanie, entre lui et la
délégation polonaise, par lequel il s'engageait à quitter
la religion orthodoxe et se faire catholique, à faire
baptiser la partie de la population lithuaniene, qui
ne l'était point encore et, ce qui est plus important,
à »unir à perpétuité à la couronne de Pologne les
pays lithuaniens et russes«.

Ce traité mettait fin tout d'un coup à la compétition entre la Lithuanie et la »couronne de Pologne«
pour s'approprier les pays ukrainiens et, en même
temps, il allait permettre à l'influence polonaise, politique et intellectuelle, de se faire sentir sans
restriction sur tous ces territoires, élargissant de
beaucoup la sphère d'influence créée par l'occupation
de Casimir. C'était le point de départ d'une orientation nouvelle de la vie sociale, morale et politique
ukrainienne, qui devait déterminer son évolution
pour toute une série de siècles. Il est même permis
d'affirmer que la »période polonaise« dans la vie
et l'histoire d'une partie considérable de l'Ukraine,
n'est pas encore achevée aujourd'hui.

La première conséquence du traité fut la réoccupation de la Galicie par la Pologne: les magnats, à
l'aide des troupes lithuaniennes, chassèrent les garnisons hongroises et rétablirent partout l'administration polonaise. La Hongrie essaya bien de protester,
mais elle se trouvait justement dans une situation
politique difficile, qui ne lui permettait pas d'entamer
une lutte à main armée pour le moment. Ses »droits
historiques« sur la Galicie devaient rester inopérants
pendant quatre siècles, lorsqu'ils servirent de prétexte juridique, d'une façon bien inattendue du reste,
lors du partage de la Pologne, pour faire incorporer
cette contrée — à l'Autriche.

Quant aux autres pays ukrainiens, placés sous la
suzeraineté ou le protectorat lithuaniens, la nouvelle union faillit n'y pas réussir dès le début. Les
droits reconnus par Iagaïl aux Polonais furent interprétés par eux dans ce sens que dorénavant le
grand duché de Lithuanie n'existait plus et que par
conséquent, tous les états vassaux, qui en dépendaient, devaient être placés sous le gouvernement
immédiat de la Pologne. Ces prétentions provoquèrent dans le grand duché une vive alarme et une
tempête de protestations. Vitovte, cousin de Iagaïl
et son ancien rival, profitant du mécontentement général, se proclama grand duc et s'apprêta à engager
contre lui une lutte décisive.

Mais en ce moment même les Tartares lui infli-
geaient sur la Vorskla (1399) une terrible défaite, qui
l'obligea d'accepter un compromis avec Iagaïl et les
Polonais. Le principe de l'union se trouva sauvé,
mais il reçut d'importantes restrictions pratiques, en
ce qui concerne la Lithuanie, par les traités sub-
séquents (1408—1413). Cet état demeura indépendant de fait, sous le gouvernement de son grand
duc, qui, tout en reconnaissant sa vassalité envers
le roi de Pologne, n'en conservait pas moins sa pleine
souveraineté, de sorte que les pays de l'Ukraine
orientale ne se trouvèrent pas soumis directement
à la Pologne.

## XII.

### Conséquences de l'Union.

La question de l'union et la réalisation probable
du projet polonais d'incorporer vraiment les pays
»lithuaniens et russes« (blancs-russiens et ukrainiens)
à »la couronne de Pologne« ne laissèrent pas d'atteindre sérieusement les intérêts des populations indigènes,
qui habitaient ces contrées. Le sort de la Galicie et
de la Volhynie sous la domination polonaise faisait
prévoir les changements qu'auraient à subir les
autres pays au cas où ils tomberaient sous le même
joug.

Sous le sceptre des princes lithuaniens la vie nationale se continuait dans les formes léguées par le
royaume de Kiev. Les nouvaux maîtres suivaient en
général la ligne de conduite adoptée par les grands
ducs envers leurs sujets slaves: »ne touchons pas aux
vieilles coutumes, n'en introduisons pas de nouvelles«. Il va sans dire que le nouveau système politique, surtout les besoins de la défense, nécessitaient
dans la pratique des changements considérables dans
le domaine juridique et social (organisation du régime des terres, fondement juridique du droit de
possession etc.). Mais là, où les raisons d'état n'imposaient point de changement, les autorités centrales

et locales s'efforçaient de conserver les anciennes
formes et de les développer en les adaptant aux
nouvelles conditions.

Cela est surtout apparent dans les moeurs et la
vie intellectuelle et religieuse. L'ancienne langue,
formée par l'usage de Kiev, plus ou moins teintée de
provincialisme, sert toujours d'instrument à la vie
pratique et administrative. Elle est même passée
dans la pratique administrative des pays purement
lithuaniens, à défaut d'une langue littéraire indigène. La religion orthodoxe continue à jouir de la
faveur des autorités comme religion d'état. Les
nouveaux princes et les seigneurs lithuaniens, qui
s'installent dans les pays blanc-russiens et ukrainiens, adoptent les moeurs locales dans leur vie
privée, ils comblent de bienfaits les cathédrales et
les monastères célèbres, ils en fondent de nouveaux,
ils protègent les arts et les lettres dans leurs formes
traditionnelles.

De même dans la législation se conservaient les
anciens principes du droit kiévien, du »droit russe«.
On peut le voir dans les privilèges territoriaux accordés postérieurement aux ukrainiens et blanc-russiens
ou dans le statut Lithuanien de l'an 1529. On y remarque
que les anciennes coutumes de Kiev sont passées
dans la pratique judiciaire et administrative dans ces
contrées fort éloignées de la vieille capitale. Cela
s'explique, entre autre, par la coutume généralement suivie de ne nommer aux fonctions administratives que des personnages ou boïards indigènes, qui
conservaient pieusement les usages de l'ancien droit.
Dans quelques contrées la coutume s'était même
établie, que les familles seigneuriales du pays avaient
à remplir à tour de rôle, pendant une ou deux années,
les fonctions administratives les plus importantes.

Cet état de choses fut sérieusement ébranlé à
l'avènement de Vitovte. Après avoir obtenu de Iagaïl
la reconnaissance de ses droits sur le grand duché,
ce prince évinca les diverses dynasties locales et
plaça leurs domaines sous l'administration directe du
pouvoir central. Les gouverneurs qui remplacèrent

les princes déjà assimilés par l'élément local, ne se crurent pas obligés, après l'union de 1385, de protéger ni l'église orthodoxe, ni les vieilles traditions kiéviennes. Cependant il ne parut pas admissible de changer les anciennes coutumes du pays; c'est la raison des diverses chartes et privilèges, qui furent octroyés pour en prévenir la violation. Les plus anciens d'entre eux datent de l'abolition du pouvoir princier. Le pays retenait une certaine autonomie et des fonctionnaires indigènes. De cette façon les modifications dans la juridiction, l'administration et les coutumes ne s'introduisirent que graduellement, surtout au premier siècle, dans les états dépendant du grand-duché de Lithuanie.

Il en était autrement dans les contrées soumises à la couronne de Pologne. Dès sa première occupation, Casimir avait pris à tâche d'affaiblir le plus possible l'autorité des seigneurs et ses successeurs continuèrent cette politique. On confisqua les terres des boïards, qui s'étaient opposés à l'occupation et on les distribua, ainsi que toutes celles qui se trouvaient à la disposition du roi, à des polonais ou à des étrangers, sur la fidélité desquels le gouvernement pouvait compter. Des colonies privilégiées furent établies dans les villes. Les hautes fonctions administratives furent données à des étrangers. Partout la langue latine et le feudalisme germano-polonais s'introduisirent avant même d'être formellement sanctionnés par la loi. Enfin on laissa vacantes les hautes charges ecclésiastiques, dans l'intention d'y installer plus tard le clergé catholique et de remplacer ainsi la religion orthodoxe par l'église de Rome.

L'assimilation des provinces ukrainiennes aux contrées polonaises fut formellement consacrée, après la mort d'Iagaïl, par un rescrit de 1434. Mais il fallut un siècle pour compléter l'abaissement des classes supérieures ukrainiennes, supprimer leur civilisation et la hiérarchie ecclésiastique. La vie nationale se conserva dans les classes inférieures surtout parmi les artisans des villes, le bas clergé et la petite noblesse. C'était évidemment un coup funeste, car, depuis deux siècles, la Galicie et la Volhynie avaient été le foyer principal de la civilisation ukrainienne.

De pareils exemples de la domination polonaise fournissaient aux populations du grand-duché les meilleures raisons pour tenir à leur existence séparée. Les seigneurs de l'ancienne dynastie ukrainienne et blanc-russienne, ceux beaucoup plus nombreux de la nouvelle dynastie lithuanienne, l'aristocratie, le clergé, les habitants des villes, tous étaient prêts à soutenir quiconque voulait rompre une lance contre les champions d'une union plus étroite avec la Pologne. Les princes surtout — comme le frère d'Iagaïl, Svidrigaïl par exemple — qui nourrissaient l'espoir d'assister à un retour aux anciens principes de la politique lithuanienne, pouvaient compter sur le concours efficace des populations slaves. L'aristocratie lithuanienne prenait une attitude moins tranchée: elle ne souhaitait ni l'incorporation complète à la Pologne, ni la rupture de l'union, car l'union donnait dans le grand-duché une situation prépondérante à l'élément lithuanien catholique sur l'élément orthodoxe blanc-russien et ukrainien, qui désirait la séparation complète. Et comme les aspirations expansives de la Pologne vers l'est étaient soutennues par le pape et par les puissances catholiques, l'aristocratie orthodoxe du grand-duché de Lithuanie se mit à chercher des amis chez les Moscovites et chez les Moldaves.

## XIII.

Incorporation des pays ukrainiens à la Pologne. Progrès da la différenciation des nationalités slaves orientales.

Forcé par la résistance qu'il rencontrait, d'abandonner pour le moment, sans toutefois y renoncer, ses projets d'englober »les pays lithuaniens et russes«, le gouvernement polonais entreprit une tâche plus facile, qui tendait au même but: incorporer tout

au moins les pays de l'ancien royaume de Galicie
et de Volhynie. Déjà pendant la guerre avec Lubarte,
avant l'acte de 1385, la Pologne avait mis la main
sur la vieille principauté de Galicie, qui était devenue un »palatinat russe«, ainsi que quelques régions
de la Volhynie occidentale: les pays de Belze et de
Cholm. A la mort de Vitovte (en 1430), elle plaça
d'abord des garnisons dans les villes de Podolie et
essaya ensuite d'arracher par un coup de force la
Volhynie à Svidrigaïl, qui avait succédé à son cousin.
Elle ne put y réussir complètement, mais, d'après
les conditions du traité de paix, elle resta en possession de la partie occidentale de la Podolie, y compris
la ville de Kamenetz, tandis que la partie orientale
avec les villes de Braslav et de Vinnitza demeura au
grand-duché.

Toutes les entreprises postérieures pour s'emparer
de la Volhynie n'eurent pas plus de succès. Il est
vrai, qu'après la mort de Svidrigaïl, le pays n'eut
pas d'autres princes, mais il n'en conserva pas moins
une autonomie assez large. Il devint même un foyer
important de la vie ukrainienne, qui avait subi de si
rudes atteintes en Galicie, après que l'Ukraine
orientale eut été ravagée à la fin du XV siècle par
les hordes de la Crimée.

Vers le milieu du XV siècle, les Khans de Crimée
étaient parvenus à s'affranchir de la vieille »horde
d'or«. Devenus vassaux de la Turquie, ils s'allièrent
étroitement aux princes moscovites et, sur les conseils de ces derniers, ils firent une série d'incursions
dans les états du grand-duché de Lithuanie, dont les
régions du Dniéper eurent principalement à souffrir.
Ils les ravagèrent de telle sorte que la population
ukrainienne dût chercher asile dans la zone boisée
de la Kiévie et de la Volhynie. Durant plusieurs décades, la contrée au sud et à l'est de Kiev resta vide,
comme un désert. La Volhynie, moins exposée aux
attaques tartares et mieux défendue par son aristocratie ukrainienne, demeura en quelque sorte au
cours des XV et XVI siècles, le centre intellectuel
presque exclusif de l'Ukraine.

Mais son autorité politique était destinée à périr.
La noblesse polonaise profitant de la position précaire de la Lithuanie, assaillie de deux côtés par les
Moscovites et les hordes de Crimée, redoubla ses
attaques contre l'aristocratie lithuanienne pour parvenir sinon à incorporer le grand-duché, tout au
moins à se l'attacher par une union plus étroite. A la
diète, convoquée vers la fin de 1568, on usa de tous
les moyens pour atteindre ce but.

Le dernier descendant d'Iagaïl, le roi Sigismond-
Auguste employa toute son influence pour briser la
résistance des représentants du grand-duché. Ceux-ci
s'étant retirés pour n'avoir pas voulu céder, les polonais persuadèrent au roi de décréter, en sa qualité
de Grand Duc de Lithuanie et en invoquant les droits
historiques de la Pologne, la réunion immédiate du
palatinat de Podliassie (c'est-à-dire la partie septentrionale du bassin du Bug, avec Dorohytchyn, Bilsk
et Melnik), ainsi que de la Volhynie et du pays de
Bratslav. En conséquence il fut mandé aux représentants de ces pays d'avoir à venir siéger à la diète sous
peine des plus sévères sanctions. Après avoir tenté
bien des échappatoires, les députés n'osant pas en-
courir la disgrâce royale, se soumirent et prétèrent,
quoique bien à contre cœur, serment de fidélité à
la Pologne.

On souleva alors la question d'annexer également
la Kiévie, et comme les députés nouvellement asser-
mentés avaient le plus grand intérêt à ce que ce
pays ne fût point séparé des leurs par une frontière
politique, on en vota immédiatement la réunion à la
Pologne. Voilà comment les terres de Kiev passèrent
aux Polonais.

Cependant, effrayés de ce démembrement sans
scrupule du grand-duché, les représentants de la
Lithuanie remirent de nouveau la question sur le
tapis à la même session de la diète, mais les Polonais
parvinrent à faire maintenir l'état de chose jugée.
Le roi octroya aux pays nouvellement réunis des
privilèges, il promit de reconnaître à l'aristocratie
locale des droits égaux à ceux de la noblesse polo-

naise pour l'obtention des fonctions publiques et permit l'emploi dans l'administration de la langue indigène, qui s'était formée, au siècle précédent, sous l'influence des dialectes blancs-russiens et ukrainiens dans la pratique administrative du grand-duché. Le droit codifié dans la nouvelle rédaction du »Statut Lithuanien« de 1566 fut également maintenu.

Du reste, satisfaits de leur succès, les Polonais se montrèrent plus accommodants eu égard à l'autonomie du grand-duché, qu'ils venaient ainsi d'amputer: ils lui laissèrent ses ministres propres, sa trésorerie et son armée. Mais, séparé de ses provinces ukrainiennes, cet état perdit toute son importance et l'élément blanc-russien, laissé à lui-même cessa de jouer un rôle. L'influence de la politique, de la législation et de la civilisation polonaises s'étend sans rencontrer d'obstacle sur tout le pays. De leur côté, les pays ukrainiens, renfermés dans leur nouvelle frontière, se montrent moins résistants aux envahissements de la Pologne. La diète commune restera cependant le champ-clos, où se discuteront les affaires d'intérêt général, les questions ,nationales et religieuses.

Au cours des derniers siècles, dont nous venons d'esquisser les évènements, la ligne de démarcation entre les Blancs-Russes et les Ukrainiens, ne s'accuse point encore, les liens entre ces deux branches slaves sont resserrés par leur commune résitance, mais nous voyons se creuser le fossé, qui les séparera à jamais des Grands-Russes. Ces derniers restèrent, en effet, toujours sous la domination et en contact immédiat des Tartares du bassin de la Volga, tandis que l'occupation lithuanienne sauva du joug de la Horde d'Or les Ukrainiens, qui plus tard eurent encore à lutter opiniâtrement contre les »païens«, représentés par les Tartares de la Crimée et par les Turcs. En revanche, ils n'échappèrent pas à une certaine dépendance du monde catholique, grâce à leurs relations avec les Lithuaniens et les Polonais.

La rivalité politique entre la Lithuanie et la Moscovie engendra des sentiments assez hostiles, qui

les divisèrent définitivement. De plus, la création d'une
église métropolitaine spéciale pour les pays ukrainiens et blanc-russiens, sous Vitovte, laquelle fut
immédiatement frappée de l'anathême par le métropolite de Moscou, comme contraire aux règles canoniques, acheva cette séparation dans le domaine
intellectuel et religieux.

Dorénavant ces deux groupes suivront des voies
différentes: la Grande Russie se renfermera dans
l'orthodoxie byzantine; les Blancs Russes et les
Ukrainiens essaieront toujours de s'entendre pour
faire face aux prétentions de la Pologne et cher-
cheront de concert des exemples en occident pour lutter contre son catholicisme. Nous sommes bien loin de
la vie nationale slave orientale, dont le foyer était à
Kiev, dans le bassin du Dniéper. Maintenant il y a
trois centres et trois races: l'une se concentre autour de Moscou, les deux autres de Vilna et de Lviv
(Léopol), quoique ces deux dernières restent encore
unies intellectuellement surtout à cause du danger polonais. Au cours des XV et XVI siècles, elles paraissent
tellement unifiés qu'on a peine à les distinguer l'une de
l'autre: la langue, formée dans la pratique administrative du grand-duché leur est commune, les
ouvrages littéraires et les écrivains circulent du
midi ukrainien au nord blanc-russien, sans qu'il semble y avoir de frontière ethnographique. C'est qu'il
n'y a pas, dans toute cette période, de centre prépondérant bien distinct de la vie intellectuelle et
que par conséquent les traits nationaux ne nous apparaissent pas de loin bien spécialisés.

C'est seulement au dix-septième siècle, que la vie
nationale se condensera à Kiev et que se manifestera
décidément la nationalité ukrainienne. Mais parmi
les circonstances, qui amenèrent cette démarcation
d'avec les Blancs-Russes, il ne faut pas oublier l'acte
susdit de 1569, qui laissait ces derniers dans les domaines du grand-duché de Lithuanie, tandis que les
pays ukrainiens étaient rattachés à la Pologne.

Toujours est-il que les trois nationalités des slaves
orientaux sont en train de se séparer définitivement

58

et que leurs rapprochements postérieurs, voire
même leur vie commune sous un même sceptre,
n'effaceront jamais cette séparation.

## XIV.

### L'expansion polonaise en Ukraine.

Pendant les deux siècles, qui s'écoulèrent depuis
l'acte de Krevo, en 1385, jusqu'à ceux de Lublin en
1569, l'envahissement de l'église catholique, de la
colonisation, de la législation et de la civilisation
germano-polonaises,* produisit de grands changements dans l'organisation des pays ayant appartenu
auparavant au Grand duché de Lithuanie.

Les princes de la famille d'Iagaïl et l'aristocratie catholique lithuanienne, le nouveau clergé catholique,
aussi bien que les grandes colonies organisées dans
les villes d'après le droit allemand, tous avaient intérêt à ce que leur pays adoptât autant que possible
le régime de la Pologne, où la noblesse jouissait de
grands privilèges, où les colonies allemandes flo-
rissaient et où le clergé catholique exerçait une
influence sans bornes. Sans doute, à l'époque des
actes de Lublin les pays ukrainiens et blanc-russiens

---

* J'emploie à dessein ce double terme, parce que la Pologne des XIV et XV siècles et même celle du XVI et du commencement du XVII siècle, bien qu'elle fût politiquement en
lutte contre l'invasion allemande, n'en fût pas moins l'intermédiaire par lequel la civilisation, la législation et la colonisation allemandes se répandirent vers l'est. Les villes et les
villages polonais furent réorganisés sur les principes des lois
de Saxe (droit de Magdebourg); la colonisation allemande
s'y établit (les villes les plus importantes étaient allemandes
sans en excepter Cracovie et Léopol, surtout au XIV siècle).
Les artistes et les artisans étaient des émigrés d'Allemagne, des
descendants d'émigrés ou étaient fournis par la population
juive germanisée. Aussi dans sa marche vers l'orient la Pologne se sert-elle de cette organisation germanique. Ce n'est
qu'aux XVI et XVII siècles que la bourgeoisie commence à
se poloniser et que les moeurs polonaises prennent un caractère vraiment national.

avaient déjà senti l'ascendant de la législation et de la civilisation polonaise, alors en pleine période de développement et il est probable qu'avec le temps, ils l'auraient éprouvé davantage. Mais l'incorporation directe, en 1569, fit tomber toutes les barrières, de même qu'elle abolissait de droit toutes les restrictions qui frappaient les citoyens polonais, résidant dans le grand-duché. Et cela eut des conséquences considérables pour la vie même du pays.

Maintenant c'est au roi qu'il appartient de distribuer les terres et de nommer aux emplois dans les pays de Volhynie, de Kiévie, de Bratslav et au delà du Dniéper, sans qu'il ait à faire de distinctions entre les Polonais et les indigènes. Il usera très largement de ce droit, surtout en Ukraine orientale, car, en Volhynie et dans la zone boisée de la Kiévie, il y avait une puissante classe de nobles locaux déjà en possession, tandis que le reste de la Kiévie et les contrées plus orientales avaient été dépeuplées par les dévastations tartares à la fin du XV et au commencement du XVI siècle. Ce n'est que dans la seconde moitié de ce siècle que la colonisation pourra reprendre ici, grâce à l'organisation militaire des cosaques, qui protègeront le pays contre les hordes. Des pays occidentaux arriveront en foule les paysans ukrainiens, cherchant des terres exemptes de servage et ils y constitueront la nouvelle population agricole. Mais, à l'époque dont nous parlons, une grande partie des terres étaient considérées comme sans maîtres, ou bien leurs posseseurs étaient trop faibles pour pouvoir les disputer aux hauts fonctionnaires ou aux magnats polonais, qui envoyaient leurs agents s'en emparer en vertu d'un privilège octroyé par le roi.

Aussi après 1569, tous ces favorisés s'empressentils de se faire allouer les terres dites »vacantes« et à se faire donner les emplois administratifs et les domaines qui en dépendent. A défaut de noblesse indigène les rois peuvent en investir des personnes d'origine polonaise. De cette façon, dans le courant d'un demi-siècle, cet immense pays très riche et très fertile qu'était l'Ukraine orientale, se trouva aux mains des magnats polonais. C'est un nouveau monde polonais, qui se crée, où la noblesse emploie toute son énergie à exploiter toutes les richesses naturelles et à faire rendre son maximum au travail de la population. Cela joua un rôle prépondérant dans la politique de la Pologne à la fin du XVI et dans la première moitié du XVII siècle.

De son côté, l'aristocratie ukrainienne — surtout en Volhynie, où elle se trouvait la plus nombreuse — jalouse de jouir des privilèges, qui lui avaient été accordés par l'acte de 1569, s'empressa de s'adapter à la vie polonaise. Les grandes familles, les simples nobles et même la bourgeoisie se hâtèrent de faire élever leurs enfants dans les écoles polonaises pour qu'ils puissent y acquérir les connaissances nécessaires aux carrières qui leur étaient ouvertes par la nouvelle organisation. A cette époque les jésuites établissaient leur renom d'éducateurs, aussi leurs écoles se remplissent-elles de jeunes ukrainiens. Des collèges se fondent même en Ukraine, pour accéder aux désirs des classes supérieures. Une fois leurs études achevées, les jeunes nobles sont envoyés à la cour du roi ou de quelque grand seigneur pour s'y faire aux belles manières et nouer des amitiés, qui les pousseront dans leur carrière. Pour les mêmes motifs, l'aristocratie ukrainienne cherche à s'apparenter avec les grandes familles polonaises, ou appellent à leur service, comme agents ou secrétaires des petits nobles de Pologne. En un mot ils se modèlent en tout et pour tout sur les cours polonaises.

Dans les villes, grandes et petites, on introduisait l'organisation germano-polonaise, quelque peu modifiée par la pratique locale, qui mettait la direction municipale entre les mains des catholiques, ou tout au moins leur assurait la prépondérance. On sait que ce droit avait pour base le droit saxon (de Magdebourg), refondu dans une nouvelle version par les juristes polonais au XVI siècle et appliqué dans la langue du pays. Ainsi sous l'influence de la pratique la vie locale se polonisait.

Il faut ajouter que le gouvernement et les grands
seigneurs polonais faisaient tous leurs efforts pour
propager dans les pays nouvellement incorporés la
religion catholique, bâtissant des églises et des monastères pour légitimer en quelque sorte devant leur
conscience les violences qu'ils commettaient en son
nom. Car, c'est à cette époque de violente réaction
catholique, que le roi Sigismond III Vasa, élève des
jésuites et entièrement dévoué à leur cause, employait tous les moyens pour convertir la population
orthodoxe ou tout au moins pour réunir les deux
églises

N'oublions pas non plus que c'était alors l'âge d'or
de la civilisation polonaise. Le mouvement de la réforme lui insufflait une énergie créatrice, qui se manifesta, en particulier, dans l'épanouissement d'une
littérature, aux traits pleins de noblesse, ce qui ne
contribua pas le moins à lui attirer les sympathies de
l'aristocratie dans les pays nouvellement incorporés.

On comprendra donc facilement le changement
rapide d'aspect que subit l'Ukraine centrale et orientale au cours du demi siècle, qui suivit les actes de
1569. Elle était menacée de ce qui était arrivé à
l'Ukraine occidentale deux siècles auparavant.

Les moeurs des hautes classes, l'administration, la
législation, la vie intellectuelle se polonisent très
vite. Les grands emplois, la propriété, l'administration des villes se trouvent entre les mains de l'élément polonais ou polonisé, qui inonde le pays de
ses agents et d'israélites. Ces derniers manifestent
surtout leurs qualités en tant que fermiers des impôts ou monopoles sur les boissons spiritueuses,
les douanes, les moulins etc. Les grandes familles —
comme les Ostrogsky, les Vichnevtsky, les Khodke-
vitch etc. — qui étaient naguère les plus fermes sou-
tiens de la vie nationale et de l'église orthodoxe, se
montrent maintenant les protecteurs du catholicisme
et de la polonisation. Le rôle de religion d'état est
dévolu à l'église catholique et à l'église uniate, tandis que les orthodoxes sont exposés aux persécutions
qui frappent les »dissidents«. La vie nationale ukrai-

nienne est refoulée dans les classes inférieures, que les Polonais ont placées sous un régime insupportable.

## XV.

## Modifications sociales apportées par le régime polonais.

Résumons brièvement les transformations apportées par la législation et la pratique polonaise dans l'organisation sociale de nos pays.

La haute aristocratie ukrainienne, qui tenait auparavant le gouvernement, perd la plus grande partie de ses privilèges et tombe au rang de petite noblesse. Malgré toutes les promesses, elle perd chaque jour de son importance sociale et elle finira par disparaître complètement. A cet affaissement de la haute aristocratie correspond un renforcement de la petite noblesse polonaise ou polonisée. Elle est exemptée d'impôts, du service militaire et de presque toutes autres obligations. Déjà elle avait obtenu les droits les plus larges: elle nomme aux emplois, tranche les affaires locales à ses petites diètes et décrète à la diète générale des lois qui favorisent avant tout ses intérêts. Le pouvoir royal et en général tout pouvoir public était réduit au minimum; la noblesse était jalouse de n'être contrainte par aucune restiction: se faire rendre justice contre un noble était chose impossible surtout pour un roturier. Quant aux sujets, ils ne pouvaient porter plainte contre leur seigneur.

Les villes, qui avaient été autrefois des centres de la vie politique, cessèrent de jouer un rôle. Le droit allemand les isolait de l'administration générale du pays, en faisait, en principe, de petites républiques autonomes, mais nullement rattachées entre elles, pas plus qu'aux organes centraux. En pratique cela les livrait sans défense à l'arbitraire de l'administration ou des seigneurs fonciers. Comme elles n'avaient aucune part à la confection des lois, qui se trouvait entre les mains de ces derniers, il en résulta pour elles une exploitation systématique, qui les conduisit à la ruine. Bientôt tout le commerce et l'industrie fut en la possession des israélites, qui avaient su le mieux s'accomoder à ces conditions défavorables. Quant à l'élément ukrainien, il passa au second rang dans les villes; il formait la population des faubourgs, dépourvue du droit urbain. Le plus souvent, en effet, l'Ukrainien, en tant qu'orthodoxe, était privé du droit d'entrer en apprentissage et de faire partie des corporations de métiers. Pour cette même raison, il était à peu près exclu des emplois municipaux administratifs.

Ainsi l'élément ukrainien se trouvait rélégué dans la classe paysanne, qui avait le plus à souffrir du régime polonais. Le droit polonais avait dans la forme aboli l'esclavage, mais la grande masse des paysans était pratiquement réduite à un état voisin du servage. Ils avaient perdu le droit de propriété sur le sol. La terre était considérée comme appartenant au seigneur foncier ou au roi et, dans ce dernier cas, elle se trouvait en la possession viagère soit d'un fonctionaire, soit d'un noble, à qui elle avait été allouée en raison de ses services. Le paysan était attaché au domaine seigneurial sur lequel il était né et ni lui, ni ses enfants ne pouvaient le quitter sans autorisation. Le seigneur avait droit de vie et de mort sur ses sujets, il pouvait leur enlever leurs biens, les rouer de coups, sans qu'ils pussent se plaindre. Le roi lui même ne pouvait pas s'immiscer dans les affaires des seigneurs avec leurs sujets. Seuls les paysans des domaines de la couronne dont l'usufruit avait été concédé aux familles nobles, pouvaient porter plainte devant le tribunal du roi. Encore était-ce une procédure si difficile que, dans les pays ukrainiens, c'était seulement les paysans de Galicie qui essayaient de s'en servir, et bientôt en usèrent-ils de moins et moins, car, même si le tribunal rendait un jugement en leur faveur, le seigneur n'en tenait généralement aucun compte.

Ainsi le paysan était dépourvu non seulement de tous droits politiques, mais aussi de tous droits civils et même naturels. On en était déjà arrivé là dans la première moitié du XVI siècle. Il vint s'y ajouter, dans la seconde moitié du siècle, une extrême oppression économique et une exploitation éhontée de l'énergie productive des travailleurs des champs. Ce fut la conséquence de profonds changements économiques.

Jusqu'alors on n'avait exporté de l'Ukraine que du bétail, du poisson et des produits provenant des animaux, comme les fourrures, le cuir, la cire, le miel. Plus tard on avait transporté à l'étranger du bois et des produits dérivés, comme le goudron et la potasse, par les rivières flottables de la région baltique. Surtout la potasse, article très convoité et aisément transportable, avait attiré les agents des seigneurs de toutes les parties de l'Ukraine. Vers le milieu du XVI siècle, on commença à envoyer du blé des pays ukrainiens en Angleterre, aux Pays-Bas, en France et en Espagne, par les ports de la Baltique. Le nombre des demandes pour cette denrée sur le marché européen causa un changement radical dans l'exploitation agricole des grands propriétaires fonciers.

Avant cet afflux de demandes, il n'y avait pas de raison pour se livrer à une culture très intensive, aussi n'exigeait-on pas des paysans de lourdes corvées: ils payaient leurs redevances soit en argent, soit en nature. On avait fixé comme base de cet impôt, souvent établi par le titre de fondation du village, le »lan« ou »voloka«, qui équivalait environ à 20 hectares, de sorte que son taux était à peu près invariable. Si la terre du paysan se divisait, la redevance était aussi divisée, et les seigneurs, n'ayant aucun intérêt à les morceler, les lots concédés conservaient une certaine étendue et maintenaient des familles nombreuses dans un bien-être relatif.

Les demandes de blé pour l'extérieur poussèrent à l'augmentation de la production sur les grandes propriétés. On étend les surfaces ensemencées, on reprend des terres aux paysans, on leur assigne des lots plus petits, dont on favorise encore le morcellement pour grossir la classe de ceux qui, n'ayant pas de terres ou n'en ayant que très peu, ne peuvent pa-

yer de redevance et sont obligés de travailler chez
les propriétaires. Dès que la corvée devint dûe par les
détenteurs de terres sans qu'on tînt compte de l'étendue des lots, il y eut là un moyen de multiplier les
têtes corvéables. Du reste les seigneurs ne se font
pas faute d'aggraver les obligations des gens de la
glèbe. Si, au XV siècle, une tenure d'un »lan« est
forcée de fournir à la corvée un homme pour quelques
jours par an, ou tout au plus un jour sur huit, au
XVI siècle, dans l'Ukraine occidentale, qui était la
plus grande productrice de blé, le paysan est forcé
de fournir son travail souvent pendant six jours de
la semaine.

La législation en vigueur ne laissait aucun remède
à cette situation insupportable; il ne restait plus que
de s'insurger ou de prendre la fuite. Les temps
n'étaient point propices au premier moyen: les insurrections n'éclatent qu'assez rarement. En revanche
les évasions se multiplient de plus en plus. Certes le
fugitif risque sa peau, puisqu'on le traquera comme
une bête fauve, mais il peut atteindre la Podolie, où
déjà la condition des paysans est moins précaire, ou
même plus loin à l'est, »l'Ukraine«, où les grands
domaines commencent à peine de s'établir; là la terre
appartient »seulement à Dieu«. C'était le refuge
espéré contre tous les abus de la noblesse.

## XVI.

### Antagonisme des nationalités.

Comme on a pu le voir — et nous tenons encore
à le souligner — il n'y avait pas, à proprement parler,
d'oppression exercée de la part des Polonais sur
les Ukrainiens en tant que nationalité. La noblesse
polonaise se considérait en toute sincérité comme la
plus libérale du monde. Mais la première cause des
restrictions et des persécutions était le conflit des
religions. La Pologne avait emprunté à l'Europe du
moyen-âge un ordre politique et social, qui avait
pour base le catholicisme. Seul le catholique pou-

vait être citoyen, jouissant de tous se droits dans l'état
et dans la commune, de même que seul il pouvait
remplir les charges publiques, indissolublement liées
aux forme religieuses (serment, participation aux
cérémonies de l'église). Un ukrainien, en sa qualité d'adhérent au »schisme grec«, n'était pas considéré comme véritablement chrétien. De là ces restrictions, ces incapacités légales de remplir les fonctions publiques, de faire partie des organisations politiques et même économiques, que la population
ukrainienne ressentait si vivement.

Le gouvernement polonais employait beaucoup de
zèle à convertir ses sujets et ne reculait même pas
devant la contrainte, selon la maxime: c o m p e l l e
i n t r a r e. Il défendait, par exemple, de bâtir de
nouvelles églises orthodoxes et de réparer les anciennes sans une autorisation préalable; il ordonnait
de rebaptiser les enfants issus de mariages mixtes
et déjà baptisés d'après le rite orthodoxe; il laissait
les évêchés orthodoxes vacants et les faisait administrer par des catholiques. Mais tout cela n'abou-
tissait qu'à des résultats contraires à ceux qu'on se
proposait, puisque les Ukrainiens n'en tenaient que
davantage à leur église, qui constituait le seul lien
qui les unissait et leur permettait de résister aux
attaques, le drapeau autour duquel on se serre, le
palladium de leur nationalité. Tout ce qui portait
atteinte à la religion orthodoxe les frappait comme
une défaite infligée à la nationalité ukrainienne, ou,
comme l'on disait alors, à la nationalité ·r u s s e.* Si

---

* En opposition avec les Polonais, les Ukrainiens et Blanc-
Russes se nommaient Russines, ou dans la forme latine Ruthènes. Cette appellation a persisté jusqu'à nos jours en Galicie, où les populations n'ont jamais eu l'occasion d'être mises
en opposition avec les autres Slaves orientaux. Les Ukrainiens
orientaux appellent les Blancs-Russes, les Lithuaniens et les
Grands-Russes, catsapes, moscals ou moscovites. Le terme de
»Petite Russie«, introduit, comme nous l'avons vu, par les
Grecs au XIV siècle pour distinguer l'Ukraine occidentale de
la Moscovie, n'a été employé que très rarement dans les relation entre les métropolites ukrainiens et ceux de Moscou; il
ne fut remis en usage que plus tard, comme on le verra plus
loin, en 1654.

le gouvernement polonais n'avait même pas eu l'intention d'opprimer le peuple ukrainien, ce dernier se serait considéré en fait comme tel, puisque la Pologne ne lui permettait pas de se développer suivant les formes traditionnelles de sa vie nationale.

Une autre source de conflit gisait dans la structure sociale. A mesure que les classes supérieures ukrainiennes se ruinaient, tombaient en déchéance ou s'assimilaient aux Polonais, la vie nationale ukrainienne se retirait dans les classes inférieures. Il ne lui restait qu'une noblesse pauvre et rabaissée à qui toutes les carrières étaient fermées, le bas clergé orthodoxe, qui végétait péniblement, une bourgeoisie privée dans une grande mesure des droits municipaux, enfin, et surtout, la masse des paysans, pour qui la domination polonaise avait changé la vie en un enfer, comme le note l'écrivain français Beauplan, dans la première moitié du XVII siècle. Quant à ceux qui jouissaient de privilèges, ceux pour qui la Pologne était un paradis, suivant l'expression du même auteur, c'étaient seulement des Polonais, ou s'il y avait des „Russï", il y en avait si peu, que ce n'était pas la peine d'en parler. Ces derniers étaient d'ailleurs considérés par le peuple comme des »lakhes«, des polonais ou comme »un os russe recouvert de chair polonaise«. Ainsi les Ukrainiens se voyaient opprimés non pas justement à cause de leur nationalité, mais cependant pour des causes résultant de cette nationalité.

Cela va sans dire, cette situation n'avait pu s'établir tant qu'il y eut une force de résistance dans ce qui se considérait comme la »Russie«.

Les princes, les boïards, le haut clergé, qui dirigeaient le pays avant l'invasion polonaise, furent les premiers attaqués, ripostèrent et succombèrent aussi les premiers. Dans l'Ukraine occidentale, en Galicie et dans les pays limitrophes, l'aristocratie était déjà abattue au XIV siècle. Dans l'Ukraine centrale ainsi que dans la Russie Blanche, elle fit tous ses efforts pour soutenir, au XV siècle, Svidrigaïl, qui, en défendant l'indépendance du grand-duché, lui promettait le retour à l'ancien état de choses et l'égalité politique avec les catholiques. Elle tomba avec Svidrigaïl, en 1435, et nous la voyons, dans la seconde moitié du XV siècle, comploter un revirement avec l'aide des Moscovites ou des Moldaves.

Un de ces complots nous est connu, parce qu'il fut découvert par le gouvernement lithuanien en 1481. Comme principal personnage y figure le prince Michel Olelkovitch. Ce prince, offensé de ce que la principauté de Kiev, qui devait lui revenir à la mort de son frère, eût été transformée en une simple province ou palatinat et donnée en gérance à un gouverneur lithuanien catholique (1470), essaya de profiter du mécontentement soulevé par cet acte arbitraire pour faire un coup d'état avec l'appui de ses beaux-frères: le prince de Moscovie et le voïvode de Moldavie. Mais la trame fut découverte et le prince ainsi que ses partisans payèrent de leur tête.

Vers la fin du même siècle un nouveau mouvement se dessina parmi les princes des pays orientaux voisins de la Moscovie. Usant du droit, qui leur avait été reconnu par les anciens traités, de pouvoir changer d'allégeance, ils commencèrent à se placer sous la suzeraineté du prince de Moscou, prétextant les changements de politique du gouvernement lithuanien et, en particulier, son oppression de la religion orthodoxe. Le gouvernement moscovite déclara que, vu la gravité des motifs, il ne pouvait considérer comme obligatoires pour lui les restrictions imposées par la Lithuanie à ces changements de suzeraineté, et il aida de ses armes les prétentions des princes. Favorisé par le sort des armes, il s'annexa tous les pays de Tchernyhiv, et le prince de Moscovie profita de ce mouvement pour énoncer ses prétentions sur tous les »pays russes« en général, même ceux qui se trouvaient sous la domination de la Lithuanie, comme faisait partie de son patrimoine.*

---

* Au XIV siècle, Olguerd avait émis l'opinion que »toute la Russie devait appartenir à la Lithuanie«. Son dessein était de réunir sous sa dynastie tous les pays de l'ancien royaume de Kiev. Et comme cette dynastie se montra jalouse de con-

Les résultats fâcheux de sa politique religieuse
obligèrent le gouvernement lithuano-polonais à agir
avec plus de circonspection. Il renonça à ses manoeuvres, lorsque la transformation de la religion
orthodoxe en église uniate eut causé l'intervention
de la Moscovie. Mais cela n'apporta pas d'amélioration sensible au sort des populations ukrainiennes et
blanc-russiennes. Quelques années plus tard de nouveaux mouvements insurrectionnels se produisirent.
D'abord, en Kiévie, le prince Michel Hlinsky,
comptant sur l'appui de Moscou et de la Crimée,
souleva la population en 1507. La Moscovie en profita bien pour engager une nouvelle guerre contre la
Lithuanie et lui arracher Smolensk, mais elle ne sou-
tint pas l'insurrection en Ukraine, qui se termina
sans résultats.

En Galicie, une grande insurrection éclata en 1490,
avec l'aide de la Moldavie, où régnait alors Stéphane
le Grand, le plus puissant des princes moldaves. Elle
eut pour chef une certain Moukha de Valachie. Il
avait avec lui 9000 paysans armés, au dire d'une

---

server les traditions de Kiev, cela attira les pays slaves sous
son égide. Mais au XV siècle, au contraire, l'état protégeait la
religion catholique, persécutait les orthodoxes pour les amener à adopter l'union des églises, les principautés étaient abolies et transformées en simples provinces, on écartait les
princes et les boïards orthodoxes des fonctions publiques,
conformément à l'union de 1385 et ses interprétations postérieures. Tout cela fit naître un mouvement contraire à la
Lithuanie et qui favorisait sa rivale, la Moscovie. Les évènements, qui survinrent au tournant du XV et XVI siècle, firent
germer dans les sphères moscovites l'idée d'un droit dynastique des princes de Moscou sur les pays du système de
Kiev. Cela poussa les écrivains grands-russes à échafauder le
système d'une Moscovie héritière des traditions politiques
de Kiev, de sa civilisation et de la pensée nationale. La trans-
lation du métropolite de Kiev à Moscou, sembla donner une
première base à ces prétentions, car, au fond, cette opinion que la Grande-Russie serait la vraie continuatrice de la
vie de Kiev et non pas Halitch, Lviv et Kiev lui-même, ne
repose que sur l'apparente succession de la hiérarchie religieuse et de la dynastie politique. En fait, comme nous l'avons
vu, l'ancienne vie de Kiev a continué d'exister sans inter-
ruption à Vladimir de Volhynie, à Halitch, â Lviv, à Kiev et
n'a jamais quitté le territoire de l'Ukraine.

source polonaise, qui souligne que les paysans de la Galicie méridionale (Pocoutié) y prirent part. Elle eut aussi le concours de la noblesse ukrainienne, comme nous le révèlent les documents. Un autre document nous informe que la noblesse locale prit également part, en 1509, aux expéditions des voïvodes moldaves en Galicie. La Moldavie restait encore sous l'influence intellectuelle de la Bulgarie, dont la civilisation était très proche de celle des Ukrainiens. Cela explique les liens étroits, qui existaient entre les deux pays, la participation fréquente d'ukrainiens dans les affaires moldaves et les espoirs que l'Ukraine occidentale oppressée fondait sur la Moldavie.

Mais ces mouvements du commencement du XVI siècle, n'ayant réussi, ni à soulever les larges masses du peuple, ni même à unir entre elles les classes supérieures, n'eurent pour résultat que de démontrer l'impuissance de l'aristocratie. Elle était incapable d'une grande action et manquait de ressources pour cela. En conséquence, le rôle principal dans le mouvement national passe à la bourgeoisie de l'Ukraine occidentale. Et comme les moyens de cette bourgeoisie, malgré ses confréries et les forces intellectuelles et religieuses qui s'y rattachent, ne suffiront pas à faire triompher la cause nationale, alors ses défenseurs auront recours aux organisations cosaques de l'Ukraine orientale, qui tirent leurs forces des masses paysannes.

XVII.

La bourgeoisie des villes. Les con-<br>fréries.

Les particularités de la vie urbaine, dont j'ai déjà parlé, faisaient sentir plus vivement, dans le cadre étroit des villes, l'antagonisme des nationalités, en même temps que l'activité des relations journalières favorisait la formation d'organisations nationales. Léopol (Lviv en ukrainien, Lemberg en allemand), alors le foyer de la vie économique et intellectuelle de l'Ukraine, »la métropole des artisans«, le grand centre du commerce avec l'orient, attirait les éléments ukrainiens les plus actifs et les plus énergiques, leur fournissant l'occation de ressentir plus particulièrement l'oppression nationale, puisque nulle part ailleurs on n'était géné par tant de restrictions, on n'était écarté aussi systématiquement de la direction des affaires municipales. Cette ville était donc destinée à servir de berceau à la nouvelle organisation nationale.

La première fois que la bourgeoisie de Léopol manifesta son activité politique, ce fut contre les restrictions de toutes sortes que lui faisait subir le magistrat catholique de la ville. Cette tentative échoua, mais elle ranima les courages. Une affaire bien plus importante allait les mettre à l'épreuve: ce fut la question du rétablissement de l'évêché de Halitch, complètement déchu et supprimé de fait au milieu du XV siècle. En tête du mouvement figurent les quelques familles de la noblesse orthodoxe encore existant en Galicie, mais c'est la bourgeoisie ukrainienne de Léopol, qui en constitue le nerf véritable. Grâce à des protections et en ne ménageant pas les cadeaux, on obtint du roi l'autorisation, que le métropolite ordonnât un évêque pour la Galicie orientale. Ce nouveau dignitaire fut installé à Léopol (1539), car l'ancienne résidence, Halitch, était complètement déchue de son ancienne splendeur.

Cet important évènement donna un nouvel essor à la renaissance de la vie nationale. Un exemple des organisations qui s'établissent dans ce but, nous est fourni par les c o n f r è r i e s, qui se réorganisèrent probablement à l'époque de la fondation de l'évêché de Léopol.

Il existait des confréries déjà depuis longtemps autour des églises. Leur origine remontait aux fêtes et réjouissances de l'époque païenne, qui réunissaient autour des lieux sacrés les populations des contrées voisines. Ces fêtes, adoptées avec le temps par la religion orthodoxe, donnaient lieu à des festins populaires appelés »bratchini« ou banquets fraternels,

qui se tenaient autour des églises. Nous en avons
des relations du XII au XIV siècle: on y recevait les
étrangers, moyennant paiement, on y consommait des
quantités de bière et d'hydromel et le bénéfice en
était employé au profit du culte. Quand, au XV siècle,
le système des corporations, sous la forme de confréries de métiers, calquées sur le modèle allemand,
commença à se répandre, les bourgeois ukrainiens
et blanc-russiens adaptèrent leurs anciennes confréries à ce système, afin de leur donner une forme
légale. C'est en Russie Blanche, à Vilna et, en
Ukraine, à Léopol, que l'on trouve les plus anciens
statuts des confréries orthodoxes, organisées sur le
modèle des corporations et des confréries catholiques.

La principale confrérie de Léopol, sous le patro-
nage de l'église de l'Assomption, dans le quartier
»russe«, avait été probablement réorganisée à
l'époque de la fondation de l'évêché. Son statut lui
donnait un caractère national: pouvaient en faire partie non seulement les citadins de la ville, mais aussi
les habitants d'autres endroits et même les personnes
n'appartenant pas à la bourgeoisie. Une fois admis,
on ne pouvait plus en sortir. La confrérie de
l'Assomption fut la mère des autres confréries, une
sorte de représentation de la Russie galicienne. Les
voïvodes de Moldavie sont en relation avec elle,
ils envoient à »leurs amis«, comme ils appellent les
confrères, de l'argent et des cadeaux en nature
pour leurs festins publics.

Dans la seconde moitié du XVI siècle, les confréries,
et particulièrement celle de l'Assomption qui en
était le centre, se trouvent en face de problèmes de
plus en plus graves. La réaction catholique et la
langue polonaise sortent victorieuses des luttes religieuses de la réformation protestante, les contrées
centrales et orientales de l'Ukraine sont incorporées,
l'aristocratie ukrainienne se polonise rapidement,
l'église orthodoxe dépérit parce que les rois nomment
arbitrairement aux évêchés des personnes incom-
pétentes — n'y avait-il point là de quoi jeter l'alarme
dans la conscience des patriotes éclairés?

Dans la première moitié du siècle, l'église catholique avait traversé en Pologne une période critique. Mais le mouvement de la réforme s'éteignit bien vite dans le pays sous les efforts des jésuites, qui prirent alors une situation prépondérante. L'église régénérée et raffermie chercha une revanche de ses pertes récentes. L'église orthodoxe, dans son étroite dépendance de l'état lithuano-polonais, lui parut une proie facile, d'autant plus que la Moscovie, qui était considérée comme la protectrice de cette religion, en Ukraine et en Russie Blanche, pour avoir donné autrefois au gouvernement lithuanien des avertissements énergiques, se trouvait à cette époque (1580 à 1590) dans une situation précaire. Il n'y avait donc à craindre aucune intervention de sa part.

Comme les évêques orthodoxes, nommés par le gouvernement étaient incapables de mener à bien les affaires ecclésiastiques, la population elle-même se vit dans l'obligation d'en prendre la direction, puisqu'elles avaient une si grande portée nationale. Il s'agissait surtout de rétablir la discipline ecclésiastique, d'épurer les moeurs du clergé et de développer son instruction, en un mot de relever le niveau intellectuel et moral de la nationalité ukrainienne, puisqu'elle se trouvait si intimement liée à sa religion traditionelle. De 1570 à 1580, sur plusieurs points de l'Ukraine se forment, sous les auspices de quelques seigneurs, des petits foyers de culture intellectuelle: on établit des imprimeries, on fonde des écoles, des savants se groupent pour mettre au jour des publications. Il faut surtout citer Ostrog. la résidence des princes Ostrogsky, descendants de l'ancienne dynastie Kiévienne, dont les presses impriment entre autres ouvrages la première bible complète en langue slave (1580). Son école, que la tradition postérieure appela l'académie, fut le premier exemple d'une école supérieure ukrainienne.

Mais la faveur de quelques mécènes ne garantissait en rien l'avenir du mouvement national, puisque, comme nous l'avons vu, ces aristocrates se catholicisaient et se polonisaient rapidement. Tout espoir fondé sur les grandes familles (y compris celle des Ostrogsky) était implacablement déçu. Il fallait donc, sans avoir à compter sur elles, que les confréries bourgeoises prissent en main la cause nationale.

La confrérie de Léopol, racheta d'un israélite, à qui elles avaient été données en gage, les presses d'un réfugié moscovite, nommé Fédoroff et se mit à faire des collectes dans toute l'Ukraine afin de pouvoir établir une imprimerie. Ensuite, elle entreprit de fonder une école supérieure pour arrêter la polonisation, qui pénétrait la jeunesse fréquentant les écoles catholiques. Dans ce but, on demanda au patriarche d'Antioche, de passage à Leopol, d'inciter la population à contribuer pécuniairement à cette oeuvre. En même temps, on décida de réorganiser la confrérie elle-même, pour la rendre plus apte à ses nouveaux devoirs et de faire appel aux sentiments religieux et patriotiques des Ukrainiens. Pour se conformer à cette ligne de conduite, les festins fraternels, qui avaient été jusqu'ici la raison d'être de la société, furent complètement abolis et les assemblées des confrères durent servir à répandre l'enseignement de la religion et de la morale. Ses membres s'astreignirent aux pratiques de la vie chrétienne; ceux d'entre eux qui avaient commis des fautes furent réprimandés et les incorrigibles exclus.

On présenta un nouveau statut à la sanction du patriarche, qui non seulement en approuva les motifs, mais encore donna à la confrérie réorganisée des droits très étendus dans les affaires de l'église, pour mettre fin au désordre qui y régnait. Elle fut chargée de surveiller le clergé, de faire remarquer à l'évêque les manquements qui se produiraient, et, au cas où ce dernier se refuserait d'y mettre bon ordre, de le traiter en ennemi de la justice et de la vérité. Le patriache décréta aussi que toutes les autres confréries seraient soumises à celle de Léopol.

Ces décisions furent sanctionnées ensuite par le patriarche de Constantinople, en tant que chef de l'église ukrainienne. Les confréries obtinrent ainsi, et celle de l'Assomption à Léopol en particulier, une importance considérable. Encouragées par de telles marques de confiance, pourvues de droits étendus, elles s'engagèrent avec ardeur dans les luttes autour des idées religieuses.

## XVIII.

L'union des églises; les luttes religieuses et nationales qu'elle provoqua. Première renaissance ukrainienne.

La réforme du calendrier, introduite par le pape Grégoire XIII et que le gouvernement polonais voulut imposer aussi bien à ses sujets orthodoxes que catholiques, fournit le prétexte à la première escarmouche politique et littéraire, d'un caractère très vif, qui servit d'introduction aux luttes plus sérieuses, qui s'engagèrent vers 1590. Le décret royal ordonnant de célébrer les fêtes religieuses suivant le nouveau calendrier, fut ressenti par les orthodoxes comme une immixtion inadmissible dans les affaires de leur église, qui ne pouvaient être réglées que par les décrets des conciles, pris au su et avec la participation du patriarche de Constantinople. Le principe étant inattaquable, leur cause triompha. Mais bientôt après surgit une question plus grave, dans laquelle le gouvernement se montra moins prompt à céder: il s'agissait de l'union des églises.

Depuis le jour où Casimir le Grand avait essayé de ramener les orthodoxes de l'Ukraine occidentale dans le sein de l'église catholique, en tentant de nommer des catholiques aux fonctions épiscopales de la hiérarchie schismatique, mais avait dû renoncer à son projet et revenir aux coutumes anciennes et légales, le gouvernement lithuano-polonais n'avait pas cessé un moment de vouloir forcer les dissidents à se soumettre au pape. Le plus souvent les archevêques et les évêques restaient sourds à toute persuasion, alléguant qu'ils ne pouvaient rien décider sans en référer au patriarche de Constantinople,

d'autre fois, ne pouvant éluder des ordes plus précis,
ils se répandaient en compliments sans coséquences
à l'adresse du pontife de Rome, faisaient des démarches pour arriver à un rapprochement et quelques-
uns allèrent même assister aux conciles œcuméniques,
qui se réunirent au XV siècle. Mais tout cela n'abou-
tissait jamais à une véritable union, car le clergé et
les populations orthodoxes s'y montraient opposés.

Les derniers essais de ce genre avaient été tentés
au début du XVI siècle, mais on avait dû y renoncer
pour longtemps en face de l'attitude prise par la
Moscovie et des coups qu'elle avait portés à ce propos à la Lithuanie. Mais lorsque la Moscovie déclina
vers la fin du siècle, le moment sembla venu pour
faire de nouvelles tentatives.

Les jésuites, fiers de leurs succès, entreprirent alors
de convertir la Russie, dont l'état religieux était,
à les en croire, désespéré: l'église orthodoxe ne pouvait, paraît-il, se relever, puisque la langue slave ne
serait jamais propre ni à la littérature, ni à l'instruction des masses. Les circonstances semblaient, en
effet, favorables à leurs projets: la discipline ecclésiastique s'était relâchée; ni l'instruction, ni le degré
de civilisation n'étaient au niveau des besoins du
temps; l'aristocratie se polonisait en masse. De plus
un grand mécontentement se faisait sentir dans le
haut clergé orthodoxe, causé par une immixtion
jusque là inconnue dans les affaires intérieures de
l'église ukrainienne et blanc-russienne d'abord du
patriarche d'Antioche, puis de celui de Constantinople, qui, vers 1588, reparut en Russie, ce que l'on
n'avait pas vu depuis que le pays avait reçu le baptême. Ces suprêmes pasteurs séjournèrent à Léopol
et à Vilna; ils voulurent y remettre les choses en
ordre par des moyens, qui ne furent pas toujours
heureusement choisis et finirent par s'aliéner les
évêques.

En particulier, l'évêque de Léopol, Balaban se sentit
atteint par les droits que les patriarches, à l'encontre
des usages canoniques, avaient accordés aux confrères,
qui n'étaient, selon son expression, que »de simples

paysans, des cordonniers, des selliers et des tanneurs«.
Quand ils voulurent se mêler des affaires de son
évêché, lui qui jusque-là les avait soutenus dans leurs
efforts pour réformer l'éducation, les frappa d'anathème. Le patriarche ayant pris parti pour eux, Balaban en fut tellement vexé qu'il s'adressa à l'archevêque catholique de Léopol, en le priant d'affranchir l'épiscopat orthodoxe du »servage auquel le
contraignaient les patriarches«. Il s'aboucha avec
d'autres évêques mécontents et se mit d'accord avec
eux pour reconnaître l'autorité du pape (1590). Le
métropolite lui-même participa à la fin à ce mouvement et, dans les derniers mois de 1594, ils firent savoir leur intention au roi. Deux d'entre eux, Terletsky
et Potiy se rendirent à Rome pour présenter formellement au pontife leur soumission.

Quoique tout cela eût été tramé en secret, le bruit
s'en répandit dans la population et y souleva une
grande irritation contre la trahison des évêques et
contre les intrigues du gouvernement. Il s'en suivit
une vive agitation politique, qui fit couler beaucoup
d'encre. La population orthodoxe, à la tête de laquelle
figurait le prince Constantin Ostrogsky, mais qui de
fait était menée par quelques hommes de plume
faisant partie de l'académie d'Ostrog, ou réunis autour
des confréries de Léopol et de Vilna, exigea que l'on
convoquât un concile pour tirer les chose au clair.

Il se réunit, en effet, en automne 1596, à Brest-Litovsk (Beresté en ukr.), mais seulement pour entendre
proclamer l'acte d'union élaboré à Rome et formellement confirmé par le pape. Aussitôt les adhérents
des anciennes traditions se retirèrent et s'étant
formés parallèlement en concile, ils excommunièrent les
évêques apostats et demandèrent au roi de les destituer. Cette fois le gouvernement tint bon: il prit sous
sa protection les évêques uniates, reconnut légalement l'acte d'union, se mit à traiter les orthodoxes
comme rebelles aux autorités ecclésiastiques et donna tous les postes vacants aux uniates, espérant ainsi
de venir facilement à bout du »schisme orthodoxe«.
C'est en vain que les vaincus essayèrent de mettre

en mouvement les membres de la noblesse qui leur
restaient, les seuls qui pussent faire entendre leur voix
à la diète. Ces derniers essayèrent de faire passer
et firent passer parfois des décisions exigeant la re-
stitution de la hiérarchie orthodoxe. Le roi lui même
fut forcé, en 1607, de donner une promesse formelle
à cet effet, mais rien ne fut exécuté et l'on s'employa
plutôt à réaliser les desseins des jésuites tendant à
exterminer l'église schismatique.

Cette lutte religieuse, qui éclata à la fin du XVI
siècle, eut vraiment un caractère national. On vit
dans l'union un attentat contre la nation »russe«. On
sentait arriver »la perte entière du peuple«, la mort
de la nation. Pour la première fois dans l'histoire du
peuple ukrainien un élan généreux s'empara de
toutes les classes, depuis la haute aristocratie jusqu'au
petit paysan, une seule aspiration les anima pour
atteindre ce but unique: sauver »la religion russe«*
en tant que patrimoine national.

Le mouvement intellectuel qui en résulta influença
beaucoup la littérature. C'est à cette époque que
se place la première renaissance ukrainienne. Pour
répondre aux affirmations des polémistes catholiques
qui prétendaient que le développement intellectuel
de la »Russie« ne saurait avoir lieu que sur les bases
de la religion catholique et par l'intermédiaire de la

---

* Il faut bien se garder que l'emploi de ce terme n'amène
une confusion. L'idée que l'on se faisait alors en Ukraine de la
nationalité et de la religion russes n'impliquait pas plus que
Moscou en fût le représentant, qu'elle ne l'impliqua plus tard,
au XIX siècle, en Galicie, où se conserva plus longtemps la
vieille terminologie. Dans cette conception, le blanc-russien
était encore un russe ou plutôt un russine, mais le moscovite
ne l'était plus. On recourait à l'aide de la Moscovie ou de la
Moldavie, comme à des pays liés, il est vrai, par une religion et
des traditions communes, mais tout de même étrangers. Le
profond éloignement des Ukrainiens pour les Moscovites ou
Grands-Russes sera manifeste au XVII siècle; mais déjà au
XVI siècle la conscience des Slaves orientaux cherche de
nouveaux termes pour les distinguer: on applique le terme de
r u t h e n u s aux pays occidentaux et d'A l b a   R u s s i a aux
pays du nord. Au XVII siècle réapparaîtra le nom de »Petite
Russie«.

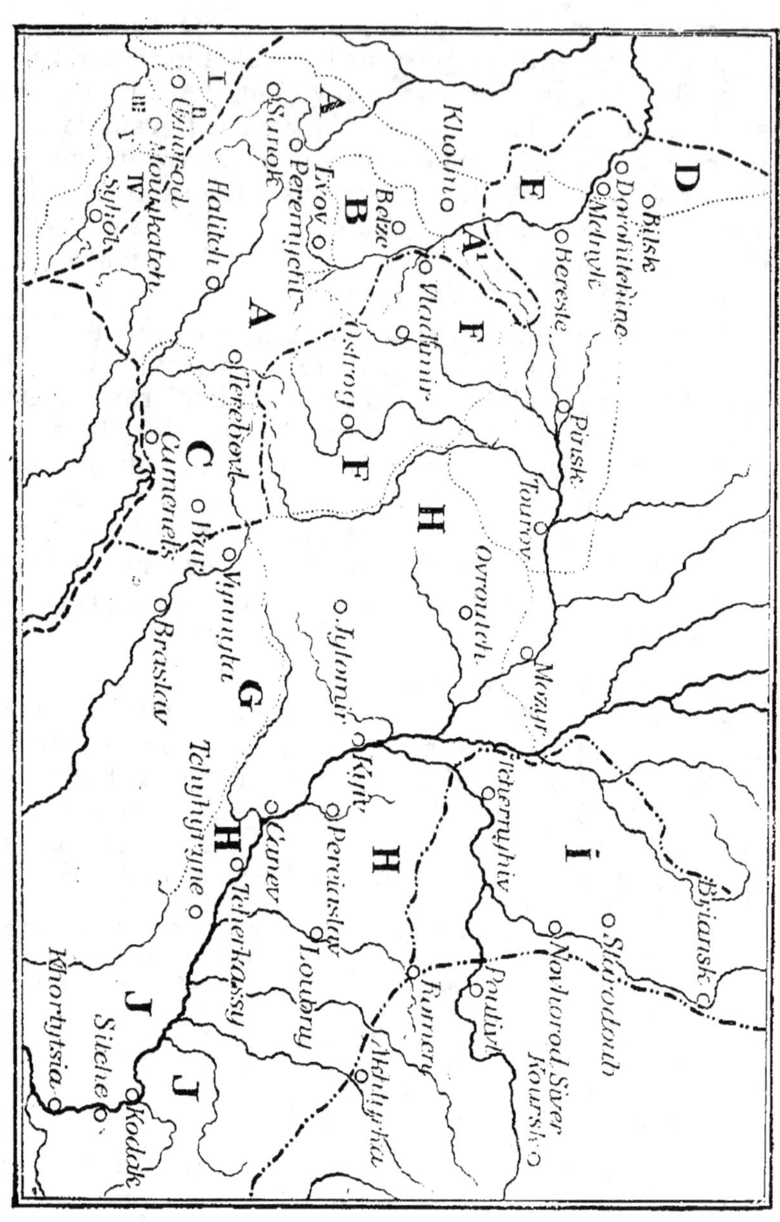

L'Ukraine aux XVI et XII siècles (avant l'insurrection de
Chmelnytsky) - explications voir à la page 81.

langue latine, les lettrés ukrainiens et blanc-russiens
s'efforcèrent de démontrer les aptitudes intellectuelles
de leur peuple. Publicistes et hommes politiques
insistent sur la nécessité d'organiser l'enseignement
supérieur »russe«, afin de satisfaire aux besoins des
classes élevées et les prévenir d'envoyer leurs enfants
dans les écoles catholiques. L'école et le livre: tel est
le mot d'ordre. (Un traité anonyme de Léopol »Pe-
restoroha« insiste surtout sur ce point: il montre que
les anciens ont donné à tort tous leurs soins à l'église
et n'ont rien fait pour les écoles.) Des mesures
effectives sont prises dans ce sens.

Et maintenant la littérature se met à fleurir. Dans
les deux camps surgirent des théologiens et des polémistes distingués: chez les orthodoxes: Hérazime
Smotritsky, Basile le clerc, Jean de Vychnia, Philalète
Bronsky, Stephan Koukol-Zizany, Maxime-Melety
Smotritsky; du côté des uniates: Potiy. Naturellement ces polémiques avaient surtout un caractère
théologique, mais elles touchaient aussi à des sujets
d'intérêt politique, social et national, puisque la
question religieuse était placé au centre de la vie
nationale. Dans les oeuvres de Jean de Vychnia, le
lettré le plus éminent de cette époque, nous trouvons
des pages, où passe un souffle patriotique, comme
nous n'en avions pas rencontré depuis la chanson

———— frontière entre la Pologne, la Hongrie et la Moldavie.

—.—.— frontière entre la Pologne et le Grand Duché de
Lithuanie, avant les actes de Lublin (1569).

—..—..— frontière entre le Grand Duché de Lithuanie au
XVI siècle (à partir de 1569 de la Pologne) et la Moscovie.

—..—..— ligne Romen-Briansk—frontière entre la Pologne et
la Moscovie au XVII siècle (avant l'insurrection de Chmelnytsky).

.. ..:.. frontières des provinces:
Comitats hongrois, habités par les Ukrainiens: I. Zemplin, II.
Oujhorod, III. Bereg, IV. Marmaros, V. Ugotcha.
A) palatinat Russe; A¹ pays de Kholm, partie du palatinat
Russe. B) Palatint de Belze. C) Palatinat de Podolie. D) Pala-
tinat de Podlassie. E) Palatinat de Beresté. F) Palatinat de
Volhynie. G) Palatinat de Braslav. H) Palatinat de Kiev. I) Pa-
latinat de Tchernyhiv. J) Territoire des Zaporogues (Nyz).

d'Igor. Nous y découvrons aussi une immense sympathie pour les masses opprimées, de vrais traits de démocratisme. N'est-ce pas là un précurseur de Chevtchenko?

C'est le trait caractéristique de ce mouvement littéraire, qu'il veut conquérir toutes les classes de la population, les plus basses aussi bien que les plus hautes. Théologiens et exégètes, prédicateurs et publicistes, tous s'efforcent de rapprocher la vieille langue rituelle de la langue parlée par le peuple, le prototype de l'ukrainien d'aujourd'hui. En fait quelques traités et sermons (ceux d'Hérazime Smotritsky, de Jean de Vychnia, de Potiy et d'autres) s'en rapprochent extrèmement.

A côté de cette littérature écrite, fleurit la poésie profane en langue purement vulgaire, qui malheureusement ne fut pas jugée digne d'être imprimée. Cependant le philologue tchèque contemporain, Jan Blahoslav, nous a conservé dans sa grammaire, achevée en 1571, le texte d'une chanson sur »le Voïvode Stepan« qui nous donne un spécimen de la langue vulgaire parlée à cette époque en Ukraine occidentale, d'ailleurs très voisine de celle d'aujourd'hui. La mémoire populaire a aussi sauvé de l'oubli non seulement des chansons séparées sur certains évènements mais des cycles entiers, qui se sont transmis de bouche en bouche jusqu'à nos jours et dont les particularités de forme nous révèlent l'origine ancienne. Se sont par exemple les récits chantés des invasions turques ou tartares et les complaintes sur l'esclavage chez les infidèles, qui se rattachent évidemment aux chansons serbes et témoignent aussi qu'elles datent de l'époque où les bardes et improvisateurs serbes étaient très nombreux en Pologne et en Ukraine, c'est-à-dire au XV et XVI siècles.*

---

* Le cadre de ce livre ne nous permettant pas de nous étendre davantage sur ce mouvement littéraire ni sur la poésie ukrainienne de cette époque, nous renvoyons le lecteur qui pourrait s'y intéresser à l'Anthologie et à l'Histoire de la littérature ukrainienne.

# XIX.

Les cosaques deviennent les représentants des intérêts nationaux. Les débuts de leur organisation.

La lutte politique engagée par le peuple ukrainien pour la défense de ses intérêts vitaux à la diète de Pologne rendit manifeste qu'il serait bien difficile de faire triompher cette cause sur le terrain parlementaire. Les chances diminuaient tous les jours: la noblesse, qui pouvait seule faire entendre sa voix, diminuait et se polonisait de plus en plus. Sans son appui, les confréries bourgeoises ne se sentaient plus de force à résister. D'ailleurs Léopol, et par conséquent la bourgoisie ukrainienne qui y résidait, était, en tant que centre commercial, sur le seuil de la décadence.

Le gouvernement ne cessait de poursuivre sa politique d'extermination envers l'église orthodoxe: il ne nommait plus aux fonctions épiscopales que des uniates. Déjà les prêtres manquaient, faute d'évêques pour les ordonner. Une sombre inquiétude s'empara des patriotes ukrainiens.

Dans cette pénible situation, ils tournèrent leurs yeux vers une nouvelle force qui naissait sur les ruines de l'Ukraine orientale. C'étaient les cosaques, qui vers la fin du XVI siècle avaient déjà acquis une puissance politique et sociale.

Ce n'était pas chose facile pour les représentants de l'église orthodoxe, élevés dans les traditions d'une étroite union, sinon avec le gouvernement — ces temps étaient passés — du moins avec l'aristocratie et la bourgeoisie, que de faire appel à une puissance sociale d'aspect si révolutionnaire. Mais il n'y avait pas d'autre issue: le clergé, les lettrés et tous ceux qui avaient à coeur les intérêts ukrainiens cherchent refuge »sous l'aile des braves Zaporogues«.

A vrai dire, pendant son existence plus que séculaire, l'organisation des cosaques avait subi de grands changements, qui facilitèrent ce rapprochement. Le temps où ils n'étaient que de simples brigands des steppes était bien passé. Les Zaporogues formaient déjà une armée bien organisée, s'étant assimilée une grande partie des idées chevaleresques de l'Europe occidentale et la plupart des usages militaires de la Pologne. Ils avaient à leur tête beaucoup de nobles suffisamment instruits et des gens sortis des nouvelles écoles ukrainiennes, qui sympatisaient par conséquent avec les chefs du mouvement ukrainien contemporain.

L'organisation des cosaques ukrainiens* date de l'époque où l'Ukraine orientale eut à subir les dévastations des incursions des Tartares de la Crimée et des Turcs, à la fin du XV et au commencement du XVI siècle. L'appellation même »cosaque« est d'origine turque ou tartare. Elle désignait un errant, qui vit de guerre et de brigandage, ou tout aussi bien un homme libre sans métier défini, n'appartenant à aucun groupement social déterminé. Dans les documents du XIV et du XV siècles, on fait souvent mention de ces »cosaques«, qui cherchaient du butin dans les steppes du littoral de la Mer Noire. Leur nationalité est le plus souvent inconnue; ce sont la plupart du temps des Tartares, mais il y a aussi des Ukrainiens et bien d'autres aventuriers de la steppe.

Quelques documents des environs de 1490 parlent de cosaques, qui sont sans aucun doute ukrainiens. En 1492, le Khan de la Crimée se plaint que des Kiéviens et des Tcherkassiens aient pillé un bateau

---

* Nous nous occupons ici seulement des cosaques ukrainiens formés sur le Dniéper inférieur ou »Nyz«, d'où le nom de Nyzove voisko, armée du Nyz ou Zaporogues. A cette même époque se formait sur le cours inférieur du Don un autre groupe de cosaques, composé en majeure partie de grands-russes, quoique les Zaporogues n'y fussent pas étrangers, puisque, d'après un contemporain, l'armée du Dniéper et celle du Don vivaient entre elles »comme un frère avec sa soeur«. L'armée du Don resta toujours sous l'autorité du tzar de Moscou et ne joua jamais, malgré l'éclat de ses exploits militaires, un rôle politique ou national aussi important que celle du Dniéper.

turc près de l'embouchure du Dniéper et le grand-duc
de Lithuanie lui promet de rechercher les cou-
pables parmi les cosaques de l'Ukraine. Un an plus
tard, les gens de Tcherkassy mettent au pillage la
forteresse turque d'Otchakiv et le Khan appelle les
auteurs de ce méfait des cosaques. Dans la charte
des privilèges octroyée, en 1499, à la ville de Kiev, il
est fait mention de cosaques, qui descendent des
pays en amont du Dniéper vers les steppes et re-
tournent en passant par Tcherkassy et Kiev avec
du poisson frais, salé et séché. Nous voyons donc
les gens qu'on appelait cosaques dans des situations
bien diverses: ce pouvaient être des gens de la
steppe exerçant un commerce ou un métier, soit des
errants vivant de pillage, soit des hommes de troupe
qui défendent les frontières. C'est en ces diverses
qualités qu'ils figureront encore dans la première
moitié du XVI siècle. Avant cette époque on ne les
trouve mentionnés que très rarement, parce que le
»cosaque« était plutôt l'homme d'un métier, peu
estimé du reste, que le membre d'une classe sociale
déterminée. Des citadins, des paysans, des gens de
service, des fils de nobles s'adonnent pour un temps
au métier de cosaque. Du reste, ils ne pouvaient être
très nombreux puisque les pays situés le long du
Dniéper en aval de Kiev étaient très peu peuplés.
Par suite des épouvantables dévastations com-
mises par les hordes de Crimée, la population dans
les dix premières années du XVI siècle avait presque
entièrement disparu dans les contrées situées au
sud et à l'est de Kiev. Il n'y restait que quelques
fortins échappés à la destruction. Abandonnée à elle-
même la nature s'épanouit avec une luxuriance
inouïe. Les contemporains nous parlent de ce pays
comme d'un eldorado où l'on trouve à foison le gi-
bier, le poisson et le miel sauvage, et si sa renommée
est évidemment exagérée, du moins ne manque-t-elle
pas de frapper les imaginations. Les habitants des
contrées voisines, particulièrement ceux qui s'étaient
enfuis dans la zone boisée à l'approche des Tartares ou leurs descendants, ne peuvent résister à son

attrait. Au risque de leur vie, ils se mettent à exploiter pendant la saison ces richesses naturelles. Ils s'organisent en groupes, afin de pouvoir repousser à main armée les agressions: au printemps ils vont occuper les »retraits« de la steppe, s'y livrent à la pêche, à la chasse ou à la récolte du miel et, l'hiver venu, rentrent chez eux chargés de butin. Dès qu'il leur sera possible, ils construiront des cabanes pour passer l'hiver sur place et se fonderont ainsi une existence à demi-sédentaire. Nous assistons à un de ces retours des migrations ukrainiennes vers la steppe comme il s'en est tant produit aussitôt que le danger d'une nouvelle catastrophe semble à peu près conjuré. Seulement, cette fois, ces nouveaux colons de la steppe ne s'appellent plus les Anthes comme au VI siècle, ni »Brodniks« comme au XIII, mais ils portent le nom turc de »cosaques« et les documents nous renseignent enfin sur ce mouvement de population tel qu'il s'était bien des fois produit, sans qu'on en eût jamais noté les détails.

Ce qui poussa cette population, à demi guerrière, à demi professionnelle, à se fixer dans les steppes et hâta ainsi sa transformation en une classe sociale déterminée, ce furent les exigences fiscales des gouverneurs des frontières, qui frappaient de droits exorbitants, les cosaques qui rentraient dans leurs quartiers d'hiver. Pour ne pas laisser entre leurs mains la plus grande partie d'un butin souvent acquis au risque de la vie, les cosaques bâtissent sur leurs terrains mêmes de chasse ou de pêche de petits fortins, entourés d'abatis de bois, appelés »sitches«, afin de pouvoir se défendre contre les Tartares. Ils peuvent ainsi s'installer fixement et bientôt ils formeront une organisation qui dominera toute la contrée du bas Dniéper. Leur centre est la »Zaporoguie«, c'est-à-dire la contrée située au dessous des cataractes du fleuve, qui opposaient un obstacle infranchissable aux gouverneurs lithuaniens et polonais, tandis que les nombreux îlots et les forêts de roseaux barraient la voie aux galères turques qui essayaient de remonter le fleuve venant de la mer.

Vers 1550, un prince ukrainien, Démétrius Vychnevetsky, séjournant chez les cosaques, fonda un point de ralliement pour toute la »Zaporoguie« dans l'île de Khortytsia. C'était, en effet, la coutume et une sorte de sport aristocratique des seigneurs ukrainiens et même polonais d'aller partager durant une saison les périls des expéditions avec les cosaques, qui s'étaient déjà acquis une haute renommée de valeur guerrière. Le gouvernement lithuanien avait été plusieurs fois auparavant saisi du projet de bâtir dans cette île une forteresse contre les Tartares. En particulier, il en avait reçu maintes fois l'offre, entre 1520 et 1530, du célèbre gouverneur de Tcherkassy, Dachkevytch, devenu fameux par ses luttes contre les infidèles et inscrit plus tard, p e r n e f a s, pour ses exploits dans la liste des hetmans des cosaques. Mais Vychnevetsky réalisa ce projet, il bâtit avec les cosaques la forteresse de Khortytsia, puis il entreprit contre le Crimée une lutte plus mémorable par l'effet qu'elle produisit que par sa durée. Du reste il s'employa en de vastes combinaisons internationales, visita la Turquie, fit un voyage en Moscovie, où il suggéra de s'unir avec la Lithuanie pour dompter la Crimée. Finalement, il périt dans une insurrection qu'il avait soulevée en Moldavie contre les Turcs. Sa mort fut chantée comme celle d'un héros par la poésie populaire. Au demeurant, l'influence de son oeuvre se fit sentir longtemps dans l'organisation des cosaques et dans leur politique.

Des simples rançonnements de bergers tartares, à quoi se réduisaient le plus souvent leurs expéditions dans la première moitié du XVI siècle, les cosaques, en s'organisant, passent à des projets plus étendus: ils constituent maintenant une puissance politique indépendante, envoient d'audacieuses expéditions dans les contrées turques et tartares, s'immiscent dans les affaires de la Moldavie et se concertent avec la Moscovie et l'Autriche dans le but de lutter contre les musulmans. Cela ne manqait pas de faire du bruit dans le monde, à une époque où les pays méditerranéens tremblaient devant le croissant

et où l'Ukraine entière résonnait des »chants des esclaves«, gémissant sur le sort des captifs entre les mains
des infidèles. L'armée des cosaques — exercitus est
le terme maintenant accepté — acquiert un énorme
prestige, qui attire dans ses rangs tous les gens avides
d'aventures, non seulement de l'Ukraine, mais de bien
au delà de ses frontières.

Néanmoins, ces hardies incursions des cosaques
dans les villes musulmanes mettaient dans une fâ-
cheuse posture le gouvernement lithuano-polonais
qui, depuis bien longtemps, payait un tribut annuel
à la horde pour en prévenir les attaques et qui n'envi-
sageait pas sans appréhension la perspective d'une
guerre avec la Sublime Porte. Pour neutraliser en
quelque sorte l'initiative des cosaques indépendants,
il créa un corps de cosaques officiels, sous le commandement d'un chef polonais, équippés au frais du trésor et pourvus de certains privilèges, par exemple de
celui de n'être soumis qu'à l'autorité et la juridiction
de leurs chefs militaires.

Malgré tout, ces »réorganisations« maintes fois
entreprises, dans la seconde partie du XVI siècle, par
les rois Sigismond-Auguste, Stephan Batori et Sigismond Vasa, n'aboutirent à rien, car ce ne fut jamais
qu'une faible partie des cosaques qui se mirent à la
solde du gouvernement et encore ne la recevaient-ils
que très irrégulièrement. Entre temps le nombre des
cosaques s'augmentait toujours, leur puissance crois-
sait, si bien que finalement exaspérés par les embarras,
voire même les répressions, que le gouvernement et
l'administration locale ne leur ménageaient pas, leurs
»hetmans«, dès l'année 1590, déclarèrent ouvertement
la guerre à l'administration polonaise et aux magnats
en général.

C'était justement l'époque des luttes religieuses
déchainées par le projet d'union des églises: les
cosaques s'en mêlèrent. La guerre dura plusieurs

---

* Hetman — ce mot polonais, emprunté du tchèque (allemand Hauptmann, chef) était le titre officiel que portaient le
chef et le sous-chef de l'armée polonaise. On l'appliquait aussi
dans le langage usuel aux chefs cosaques.

années; les cosaques répandirent la terreur dans le bassin du Dniéper, dans la contrée de Braslav, en Volhynie et en Russie Blanche. Mais au début de 1595, le gouvernement polonais, après s'être rendu les mains libres d'autres côtés, fit avancer ses troupes en Ukraine. Leur chef, l'hetman Jolkievski, en habile stratège, se porta d'un trait jusqu'au fond du pays, sans laisser aux cosaques le temps de se réunir, vint poser le siège devant leur camp de Loubny, non loin de la frontière moscovite et les força de capituler.

Ce coup annéantit la puissance des cosaques pour un temps et une certaine dépression se fit sentir dans leurs rangs. Le gouvernement profita de cette victoire pour mener à terme l'union des églises, en prenant une attitude ferme à l'égard des orthodoxes. Mais déjà l'organisation cosaque avait poussé de fortes racines dans la masse paysanne ukrainienne, ce qui lui permit de récupérer avec usure en très peu de temps ses forces perdues.

XX.

La population afflue en Ukraine orientale, qui redevient le centre de la vie nationale. L'époque de Sahaïdatchny.

Par un concours de circonstances favorables, l'Ukraine orientale se trouva à cette époque transformée et replacée à la tête de la vie nationale.

Parmi les facteurs de cette transformation, il faut mentionner:

Le développement de l'organisation cosaque, qui mit un terme aux incursions tartares, rendant ainsi possibles les progrès de la colonisation agricole et de la vie urbaine.

L'afflux d'un grand nombre d'émigrants venant de l'occident et aussi de la zone boisée (Polissie), en grande partie paysans ukrainiens, qui venaient chercher ici un refuge contre le régime des seigneurs.

L'arrivée dans ces contrées de la noblesse polonaise, qui vient faire valoir ses prétentions sur la terre et les paysans qui s'y sont installés, soulevant de violentes protestations dans tout le peuple.

Enfin la création d'un nouveau centre ecclésiastique à Kiev, où recommencent à être rassemblées les ressources intellectuelles du mouvement ukrainien.

Tout cela changea le rôle qu'allait jouer »l'Ukraine« dans l'histoire du peuple ukrainien et ce terme même allait prendre une toute autre signification. Le nom d'Ukraine avait été donné au territoire dévasté par les Asiates; c'était le nom de la contrée de Péréïaslav, au XII siècle, à l'époque des Polovetses. Ukraine signifie pays frontière, où l'état ordinaire est l'état de guerre, ces contrées que l'on appelait dans l'Europe occidentale les »Marches«. Tout le bassin du Dniéper, à l'exception de la zone boisée, était devenu vers la fin du XV siècle un pays de »marche«. On y vivait dans un état bien éloigné des conditions ordinaires; l'expression »comme en Ukraine« s'appliquait à toute action qui ne cadrait pas avec les lois reçues.

Mais le pays conserva ce nom même après qu'il eût été colonisé de nouveau à la fin du XVI siècle. Au XVII siècle, il s'appliquait au bassin du Dniéper, bien qu'il fût entièrement peuplé, et lorsque la colonisation ukrainienne s'étendit vers l'est au delà des frontières de la Moscovie, on appela les nouveaux territoires l'Ukraine »Slobidska«, c'est-à-dire récemment colonisée, pour les distinguer des anciens. Probablement la circonstance que ces pays n'entraient pas dans les cadres ordinaires de la juridiction polonaise servit à maintenir l'usage de ce terme. Tout ce qui s'étendait au delà de Sloutche, c'est-à-dire au delà des frontières du palatinat de Volhynie, c'était l'Ukraine.

La plupart des contrées ukrainiennes se trouvèrent ainsi porter ce nom, mais il n'avait pas encore tout de même un sens pan-ukrainien. Les cas où on le trouve employé dans cette acception générale sont très rares. Ainsi la Volhynie restait toujours la Volhynie et le Palatinat Russe Palatinat Russe, sans être généralement compris sous le nom d'Ukraine. Ce qui empêcha cette dénomination de prendre dès lors une portée plus large, ce fut la renaissance des anciennes traditions kiéviennes, en même temps que Kiev redevenait le foyer de la vie nationale, remettant ainsi en vogue le terme »Petite Russie«. Avec le dépérissiment de l'autonomie de la »Petite Russie«« à la fin du XVIII siècle, le nom d'Ukraine reprendra sa signification dans le sens national le plus étendu.

Revenons aux changements subis par l'Ukraine orientale à la fin du XVI siècle et aux migrations des masses ukrainiennes vers l'est. Les seigneurs reprennent les terres, les impôts deviennent plus lourds, surtout la corvée devient de plus en plus insupportable: les paysans de la Galicie et des contrées du bassin du Boug prennent la fuite en masse. Ils émigrent en Podolie et en Volhynie, mais ils y sont poursuivis par les prétentions des seigneurs; ils s'enfuient plus loin. Dans le dernier quart du XVI siècle, les contrées de Bratslav (bassin du Bog) se peuplent rapidement, ainsi que la Kiévie septentrionale et occidentale; dans la première moitié du XVII siècle, c'est le tour de la Kiévie méridionale et des contrées au delà du Dniéper. En l'espace de quelques années surgissent des centaines de villages et bourgades et même des villes considérables.

Mais les colons se trompaient lourdement quand ils espéraient, en se fixant dans ces contrées à peine protégées des Tartares par l'armée cosaque, échapper à l'avidité des seigneurs polonais. Ils les avaient sur leurs talons, sinon eux-mêmes du moins leurs prétentions.

Comme nous l'avons dit, l'acte de 1569 ouvrait ces pays à la convoitise des nobles polonais. Ils ne se firent pas faute de solliciter du roi la tenure de ces terres »vacantes« et ils l'obtenaient d'autant plus facilement qu'on ne se donnait point la peine de vérifier, si elles se trouvaient déjà en la possession de quelqu'un. A peine les colons avaient-ils eu le temps d'installer leur ménage, que les agents des seigneurs (eux-mêmes n'avaient garde de s'y montrer) se pré-

sentaient, munis d'un bref les autorisant d'user des
droits seigneuriaux. Ou bien, c'étaient des Israélites
fermiers d'impôts ou investis du monopole soit des
moulins, soit de la production et vente des spiritueux.
L'absence des exploitations seigneuriales »affranchis-
sait« pour le moment le paysan de contributions et
de corvées, mais on s'était hâté d'installer des péages;
citadins et paysans étaient obligés de faire moudre
leur blé au moulin seigneurial, d'acheter dans les ta-
vernes du fisc l'hydromel, la bière et l'eau-de-vie
qu'il leur était défendu de fabriquer eux-mêmes.

Sans doute ces restrictions étaient bien moins gê-
nantes que celles qu'on avait eu à subir dans l'ancienne
patrie, mais il n'en est pas moins vrai que l'on ne
s'expose pas au danger tartare pour rester sous la
coupe seigneuriale, si légère soit elle, d'autant plus
que les allégements accordés n'étaient que provisoires. Aussi voyons nous la population des bourgades
et des campagnes s'opposer énergiquement aux prétentions des seigneurs et c'est l'organisation cosaque
qui fournissait un moyen juridique d'y échapper.

Comme on l'a vu, le gouvernement polonais en prenant les cosaques à son service pour prévenir leurs
coups de tête, leur avait octroyé certains privilèges,
notamment de n'être soumis à aucune autre autorité
ou juridiction qu'à celles de leurs chefs; ils ne payaient
aucun impôt et ne devaient d'autres prestations que
le service militaire. Cela s'entendait naturellement
des cosaques dûment inscrits sur les registres officiels
et à la solde de l'état. Mais comme, en fait, ce dernier
se servait de tous les cosaques, aussi bien non-enré-
gistrés qu'enrégistrés et qu'il ne payait pas plus les
uns que les autres, il en résulta qu'il se forma la notion d'une immunité cosaque indépendante de toute
régistration ou même d'un agrément préalable du
gouvernement.

Tout individu qui était au service militaire pour la
défense des frontières et prenait part aux expéditions à l'appel des chefs de cosaques, faisait ainsi partie de leurs organisations et se considérait en conséquence libre de toutes autres obligations vis-à-vis

soit des grands propriétaires fonciers, soit des fonctionnaires de l'état.

Les colons, citadins et paysans, conçurent l'idée
de profiter de cette immunité cosaque, afin d'échapper aux prétentions des seigneurs. En masse, des villages entiers, presque des villes entières se reconnaissent membres des organisations cosaques, d'autant plus qu'en Ukraine tout le monde est obligé
par le simple état des choses à porter les armes et à
participer à la défense du pays. Puis, en conséquence,
on se refuse à toute obligation vis-à-vis du seigneur,
on ne reconnait plus ni son autorité, ni la compétence
de ses tribunaux, on devient des »désobéissants«
comme s'expriment les recensements de l'époque.

Comme conséquence le nombre des cosaques se
monte à des dizaines de mille. Leurs colonels
deviennent les gouverneurs des vastes territoires
habités par les troupes, qui ne reconnaissent pas d'autre autorité. L'hetman élu à l'assemblée des cosaques
est véritablement le chef de toute l'Ukraine orientale.

Ni le gouvernement, ni l'administration, ni les
seigneurs polonais ne veulent admettre, bien entendu,
une interprétation aussi large de l'immunité cosaque.
Ils insistent pour que ceux qui ne sont pas enrégistrés
se soumettent aux seigneurs et aux fonctionnaires de
l'état, pour que le droit cosaque ne soit reçu en règle
générale que sur les terres du roi et que ceux qui
veulent en jouir quittent les domaines des seigneurs.
De là des conflits, des discordes et des insurrections.
Néanmoins l'organisation cosaque prit des forces et
ses chefs se trouvèrent être les maîtres de l'Ukraine.

Le premier quart du XVII siècle s'est à peine
écoulé que cet état des choses est clair pour tout
le monde. Quiconque fuit les persécutions religieuses
ou la tyranie des seigneurs est sûr de trouver asyle
auprès des chefs cosaques.

Grâce à leur aide, le monastère des cavernes à
Kiev, qui avait traversé dans une triste isolation ces
siècles de dévastations, retrouve ses biens dilapidés
par différents seigneurs et tient tête au roi et aux
uniates. Son supérieur Elysée Pletenetsky, qui sortait

de la petite noblesse ukrainienne de Galicie, fait
venir de son pays des hommes instruits, une imprimerie et commence à publier des livres sur une grande
échelle. Il se forme aussi à Kiev, en 1615, une confrérie, où un nombre »immense« de gens se font inscrire, en tête les savants ecclésiastiques de l'entourage de Pletenetsky et l'hetman des cosaques lui-
même avec toute son armée, prenant ainsi sous son
égide la nouvelle institution. La confrérie ne tarda
pas à établir une école, à la tête de laquelle fut placé
encore un Galicien, Boretsky, ancien »didascal« de la
confrérie de Léopol et plus tard métropolite. C'est
dans cette dernière ville qu'il se rend avant tout pour
y chercher des instituteurs et des livres. De cette
façon, grâce à l'apport de la Gallicie, se reforma un
centre intellectuel, qui allait pour longtemps détrôner
Léopol, où la confrérie traversait une crise pénible,
tandis que Kiev ne manquerait plus de ressources
(en premier lieu les trésors du monastère des cavernes) et surtout jouirait de la protection de l'armée
cosaque.

Cette armée était alors commandée par un Galicien
de la petite noblesse des environs de Sambor, Pierre
Sahaïdatchny, ancien élève de l'école d'Ostrog et, par
conséquent, en communauté de sentiments avec les
cercles de Kiev. Très populaire dans l'armée, en même
temps que bien vu du gouvernement à cause de ses
mérites, il était à même d'assurer au mouvement
national de Kiev la liberté et la sécurité. Ce fut du
reste une des personalités les plus distinguées que
l'organisation cosaque ait jamais produite. Habile
stratège, autant qu'administrateur et homme politique
de talent, il arriva à la tête de l'armée cosaque, ou
zaporogue, comme elle était officiellement appelée,
à un moment où la Pologne, engagée dans une
guerre longue et acharnée à propos de la succession
au trône de Moscovie, avait plus que jamais besoin
des cosaques et se montrait moins rigoureuse à leur
égard pour gagner leur sympathie. Ils étaient alors
les maîtres incontestés de l'Ukraine et les pays voisins
étaient pleins du bruit de leurs exploits en Turquie.

94

C'était en effet l'époque des audacieuses expéditions maritimes sur les côtes de l'Asie Mineure, à Sinope, à Trébizonde et même à Constantinople. Le sultan lui-même, ne se sentant pas en sureté dans son palais, menaça la Pologne d'une guerre de représailles et envoya de fait, en 1620, une grande armée, qui battit les troupes polonaises. Dans cette défaite près de Tsetsora, qu'il aurait probablement évitée s'il avait obtenu l'aide des cosaques, Jolkievski trouva la mort sur le champ de bataille.

Les Kiéviens essayèrent de profiter des embarras du gouvernement polonais pour rétablir la hiérarchie orthodoxe, qui avait été peu à peu supprimée au cours des 25 dernières années. Justement le patriarche de Jérusalem se trouvait de passage dans leurs murs et, pendant que les cosaques faisaient la sourde oreille aux appels du gouvernement, ils lui firent ordonner un métropolite et cinq évêques pour tous les diocèses ukrainiens et blanc-russiens. Il restait encore à obtenir l'investiture du roi, pour qu'ils pussent entrer en fonction.

Sahaïdatchny et les Kiéviens pensèrent l'obtenir comme prix de la participation des cosaques à la campagne que la Pologne aurait à soutenir contre les Turcs l'année suivante. En effet le sultan, enhardi par ses précédents succès, marcha en personne à la tête d'une puissante armée contre la Pologne. Le concours des cosaques devenait pour celle-ci une question de vie ou de mort. Aussi usa-t-elle de tous les moyens pour les décider et elle finit par réussir en dépit de la résistance de Sahaïdatchny. Celui-ci fut donc obligé de se contenter de belles promesses et dût se rendre à la guerre sans avoir obtenu du roi rien de certain. Les cosaques, sous sa conduite, firent dans cette campagne de Khotin (1621) des prodiges de vaillance et sauvèrent réellement la Pologne des Turcs. Mais quand il s'agit de les récompenser, les tristes pressentiments de Sahaïdatchny se réalisèrent: le roi s'en tint à des compliments et se garda de confirmer la nouvelle hiérarchie orthodoxe.

# XXI.

## Les relations ukraino-polonaises entre 1620 et 1640. L'insurrection de Bohdan Chmelnytsky.

Sahaïdatchny mourut bientôt après la campagne de 1621 contre les Turcs, des blessures qu'il avait reçues. Ce fut une grande perte pour les Ukrainiens, dont la situation avait empiré. Le gouvernement polonais, après avoir fait la paix avec la Turquie et la Moscovie, n'avait plus guère besoin des cosaques et les magnats, poussés par le désir de renforcer leurs droits sur leurs sujets en Ukraine, s'appliquaient à faire limiter les privilèges des organisations cosaques. Le roi, qui en voulait à ces dernières à cause de la résistance qu'elles opposaient à l'union des églises, ne reconnut décidément pas la hiérarchie orthodoxe.

De là naquirent deux grandes guerres celle de 1625 et celle de 1630. Dans la première, les cosaques attaqués à l'improviste par les Polonais durent faire des concessions, mais dans la seconde la Pologne battue fut forcée de reconnaître le status possidendi de ses adversaires: on augmenta le nombre des cosaques inscrits qui devaient jouir de tous les privilèges et on leur laissa la faculté de résider non seulement sur les domaines royaux, mais aussi sur les terres des seigneurs. Néanmoins les rapports restèrent tendus.

Le haut clergé de Kiev, mécontent de n'avoir pas vu sa situation régularisée, se tourna vers la Moscovie, qui commençait à se relever après une longue période de troubles et de guerres intestines. En 1625, le métropolite Boretsky, d'accord avec les cosaques, envoya une délégation au tzar pour le persuader de prendre les cosaques sous sa protection et d'entrer dans une ligue projetée entre la Crimée, les peuples chrétiens des Balkans et l'Ukraine, contre la Pologne et la Turquie. La Moscovie toutefois ne se sentit pas encore assez forte pour rompre avec la Pologne, mais ce rapprochement constituait une menace pour la politique polonaise.

Lorsque le roi Sigismond III Vasa mourut en 1632, son successeur Vladislav, moins rigoureux dans les affaires religieuses, jugea bon de transiger sur ce point avec les cosaques, pour les détacher de la Moscovie et les gagner aux vastes projets qu'il méditait, en corrélation avec la guerre de trente ans. Cependant le gouvernement polonais ne ratifia pas la nomination des évêques qu'il considérait comme trop arbitraire, pas plus qu'il n'alla jusqu'à abolir l'union et à restaurer l'église orthodoxe a d i n t e g r u m. Il consentit seulement à ce que les orthodoxes élussent de nouveaux candidats, bien vus du gouvernement, pour le poste de métropolite et pour quelques évêchés, à charge d'en demander la ratification au roi et, de fait, les évêchés aussi bien que les monastères furent partagés entre les églises orthodoxe et uniate, qui devaient continuer à exister parallélement.

Il fallut en passer par là: on élut comme métropolite un membre de la famille palatinale de Moldavie, Pierre Mohila, qui avait donné au gouvernement des gages de sa loyauté. A peine installé, il se mit avec ardeur à l'oeuvre pour réorganiser l'église ukrainienne; il prit une place prépondérante dans l'activité littéraire de son temps et contribua beaucoup à la restauration de l'église orthodoxe, mais en se guidant sur les anciens principes canoniques, au lieu de s'inspirer de l'esprit national et démocratique qui avait soutenu l'orthodoxie pendant le dernier siècle. En conséquence, les confréries perdirent leur influence et les liens qui unissaient le clergé et les cosaques se relâchèrent. Les dignitaires ecclésiastiques s'efforcèrent de se montrer loyaux envers le gouvernement, de sorte que, dans cette direction, la politique de Vladislas atteignit singulièrement son but.

Il n'en fut pas de même en ce qui concerne l'armée cosaque, car on ne put aboutir à une entente solide. Les grands projets militaires que nourrissait Vladislas furent réduits à néant par la mauvaise volonté de la noblesse, qui préférait à la guerre de s'enrichir

paisiblement, principalement en Ukraine. Les seigneurs qui y possédaient des terres étaient particulièrment intéressés à ce qu'aucune guerre ne vînt leur enlever les cosaques non enrégistrés, à qui le gouvernement n'aurait pas manqué de faire appel. C'est pourquoi les grands exercèrent un strict contrôle sur la politique extérieure de Vladislas et eurent soin d'aplanir tous les malentendus qui auraient pu lui servir de prétextes pour entrer en campagne. L'armée polonaise ainsi inoccupée restait à leur disposition pour surveiller l'organisation cosaque et faire observer les règlements qui n'étaient plus que lettre morte dès que l'appel du roi se faisait entendre. Quoique pour le présent le roi restât muet, et pour cause, tous ceux qui se disaient cosaques voulaient jouir de leurs droits, et c'était par dizaines de mille qu'on comptait les familles de ce genre en Ukraine, alors qu'il n'y avait que 6000 personnes de régulièrement enrégistrées. De là des conflits continuels.

Pour mettre un terme aux incursions des cosaques sur les rives de la Mer Noire, qui provoquaient à tout instant des conflits avec la Porte, les autorités militaires polonaises réalisèrent un ancien projet: on construisit sur le Dniéper la forteresse de Kodak, près de la cataracte du même nom et on y installa une garnison chargé d'exercer sur les retraites Zaporogues un contrôle d'autant plus désagréable pour les cosaques qu'ils se croyaient à l'abri.

Il résulta de toutes ces intrusions un mécontentement qui se manifesta d'abord par des rebellions sans trop d'importance, mais qui finit par amener de 1637 à 1638 une véritable guerre, qui dépassa en gravité tout ce qui l'avait précédée. Les cosaques firent appel aux intérêts nationaux et religieux et ils soulevèrent des masses considérables de la population, qui s'était entre temps énormément multipliée en Ukraine orientale. La campagne de 1637 eut pour champ de bataille la rive droite du Dniéper, entre Tcherkassy et Tchyhyryne. La victoire favorisa les Polonais, qui se mirent ensuite à infliger des châtiments atroces pour amener »l'apaisement de la population«. Au printemps les hostilités reprirent de plus belle, cette fois sur la rive gauche du fleuve, car les cosaques puisaient leurs ressources dans les colonies récentes, qui s'étaient développées dans la décade précédente près de la frontière moscovite.

Cette campagne dura plusieurs mois sous des chefs et sur des terrains différents. En fin de compte les cosaques furent vaincus, grâce au manque de coordination de leurs forces et ils émigrèrent en masse, accompagnés d'une nombreuse population qui avait pris part à l'insurrection, par de lá les frontières moscovites. C'est pendant cette décade, que se répandit la colonisation ukrainienne sur les vastes espaces des bassins du Donets et du Don. Chaque insurrection y jetait des quantités de cosáques et de paysans, qui fuyaient le joug des seigneurs. De cette manière se forma »l'Ukraine »sloboidska« dont nous avons déjà parlé et qui comprenait le territoire de la province actuelle de Charkov et une partie des provinces limitrophes de Koursk et de Voronège.

L'issue de cette guerre permit au gouvernement polonais de faire rentrer l'organisation cosaque dans les cadres du règlement. On ne garda que six régiments de cosaques, comprenant chacun 1000 hommes, et encore beaucoup de polonais y furent introduits. La population non-enrégistrée dût se soumettre aux seigneurs et aux fonctionnaires de l'état. L'exploitation rurale des grands propriétaires se fit sur une grande échelle. Citadins et paysans furent réduits à »l'obéissance«. Les troupes polonaises campées en Ukraine y assurèrent l'ordre. Même les postes les plus élevés dans l'armée cosaque furent donnés à des polonais.

Cet état de choses dura près de dix ans (1638 à 1647). Cependant il ne pouvait se maintenir que grâce à l'accalmie politique, au »calme d'or«, comme l'appelaient les seigneurs, qui prenaient jalousement soin que rien ne vînt le troubler. Mais le mécontement était grand, la tention extrême, il ne fallait qu'une étincelle pour provoquer l'explosion. Le roi Vladislas la fit jaillir.

Ce prince ne pouvait se faire à la vie inactive que lui imposait le »calme d'or«, aussi entra-t-il, à l'insu de ses ministres, en négociations avec Venise pour préparer une guerre contre la Turquie. Les cosaques devaient la provoquer. Leurs chefs, mis dans le secret, reçurent des subsides pour construire une flotte, en même temps que des lettres du roi les engageaient à doubler leurs contigents. Mais, connaissant les dispositions des sphères gouvernementales, ils n'osèrent pas exécuter ces ordres. Un différend qui éclata entre le commandant de la sotnia de Tchyhyryne, Bohdan Chmelnytsky et le vice-gouverneur de l'endroit, mit le feu aux poudres. Chmelnytsky, pour inciter les cosaques à l'insurrection, se servit des lettres du roi, tenues secrètes par leurs chefs.

Le mouvement gagna rapidement. Dans l'hiver de 1647—48, il rassembla dans les camps de Zaporoguie un nombre considérable de cosaques, animés du désir de rétablir les anciennes libertés, il chassa avec leur aide la garnison des cosaques enrégistrés établie à Sitch et noua des relations avec la Crimée, pour entreprendre de concert une guerre contre la Pologne. Cette fois il eut la chance de réussir. Déjà dans leurs insurrections précédentes les cosaques s'étaient adressés plusieurs fois au Khan avec de pareilles propositions sans aboutir à aucun résultat. Mais le chef des hordes, poussé par la famine qui désolait la Crimée et des troubles intérieurs, envoya à Chmelnytsky un fort détachement de Tartares, qui, d'abord, se contenta d'observer les opérations, puis finit par y prendre part quand le succès sembla répondre à l'attente.

La nouvelle qu'une armée de cosaques s'était rassemblée dans la Zaporoguie contre le régime polonais se répandit comme une traînée de poudre dans tout le bassin du Dniéper. L'hetman des troupes polonaises, Nicolas Potocky, se hâta d'y envoyer toutes les forces à sa disposition pour prévenir l'insurrection. Pour son malheur, il divisa ses troupes et en jeta une partie en avant sous le commandement de son fils. Chmelnytsky, avec l'aide des Tartares, anéantit d'abord cette avant-garde, qui s'était imprudemment engagée dans les steppes et puis battit à plat le gros de l'armée, près de la petite ville de Korsoun, au mois de mai 1648. Tous les chefs polonais tombèrent entre ses mains, la Pologne complètement désarmée se trouva en face d'une insurrection formidable. Tout le bassin du Dniéper se souleva; les insurgés dévastèrent les demeures des seigneurs, massacrèrent leurs serviteurs, les Polonais et les Israélites.

Pour comble de malheur, mourut sur ces entrefaites le roi Vladislas, très populaire chez les cosaques, qui s'étaient soulevés convaincus qu'ils répondaient à son appel pour l'aider contre les usurpations des seigneurs. Il se produisit alors une situation, à laquelle ni les sphères gouvernementales, ni les chefs de l'insurrection n'étaient préparés.

## XXII.

L'Ukraine orientale se sépare de la Pologne et s'unit à la Moscovie.

En déchaînant l'insurrection, Chmelnytsky, outre que de venger un outrage personnel, avait eu pour objet, comme d'ailleurs les chefs des insurrections antérieures, de rétablir »les libertés cosaques«, c'est-à-dire l'état de choses d'avant l'insurrection de 1637. Du reste, il comptait probablement très sincèrement sur les sympathies du roi Vladislas. Aussi, dès qu'il eut battu les chefs polonais, il lui envoya une lettre portée par des délégués, s'excusant d'avoir infligé une défaite aux troupes polonaises et lui offrant ses services.

Mais Vladislas était déjà mort et le gouvernement provisoire ne pouvait se décider à prendre position dans cette affaire. Pendant ce temps, l'armée polonaise s'était reformée et les seigneurs tâchaient d'étouffer l'insurrection dans le sang. Ce défi lancé à Chmelnytsky le força de reprendre ses opérations, il battit les nouvelles troupes, qui s'étaient déjà avancées jusqu'en Volhynie, puis il pénétra en Galicie, où un soulèvement éclata, il assiégea Léopol et ensuite Zamostie, dans la contrée de Cholm. Il en était là lorsque fut enfin élu roi le frère de Vladislas, Jean-Casimir. Celui-ci s'empressa de s'adresser directement à Chmelnytsky, en lui proposant de démobiliser et d'attendre ses envoyés.

Ces derniers rencontrèrent le chef des insurgés à Péréïaslav, au mois de février 1649. Ils lui apportaient sa nomination au poste d'hetman* et déclarèrent que le roi consentait aux conditions, qui avaient été formulées au début de l'insurrection. Mais vers ce temps un changement s'était produit das l'âme des chefs cosaques, qu'il faut peut-être attribuer à l'influence des cercles kiéviens au milieu desquels ils avaient passé la Noël. Le point de vue étroit des simples revendications cosaques fut abandonné, on y substitua des projets politiques plus larges, ayant pour base la constitution contre la Pologne d'une ligue d'états, à laquelle l'Ukraine aurait participé comme état indépendant. Voici les paroles que Chmelnitsky laissa échapper devant la mission polonaise et qui furent soigneusement notées par un des membres de cette mission:

»J'ai fait ce dont je n'avais aucune idée au début, maintenant je ferai ce que j'ai conçu. Je délivrerai du joug polonais tout le peuple russe! Au commencement j'ai fait la guerre pour venger un outrage personnel, maintenant je combattrai pour notre religion orthodoxe. Pour cela le peuple tout entier viendra à mon aide — jusqu'à Lublin, jusqu'à Cracovie. Ce peuple je ne l'abandonnerai pas, car c'est notre bras droit. Afin qu'après avoir exterminé les paysans vous n'attaquiez pas les cosaques, j'aurai deux cent, trois cent mille des miens et avec ça la horde toute entière!

------

* Chmelnytsky fut donc le premier à porter ce titre officiellement. Jusqu'à lui le titre officiel des chefs cosaques avait été »starchy« c.-à-d. aîné.

102

»Je n'irai pas faire la guerre à l'étranger!* Je ne léverai pas mon sabre sur les Turcs et sur les Tartares! J'en ai assez maintenant avec l'Ukraine, la Podolie et la Volhynie — j'ai assez de liberté, de richesses, de provisions dans mon pays et dans ma principauté — jusqu'à Léopol, Cholm et Halitch! Or, après m'être installé sur la Vistule, je dirai aux Polonais qui vivent au delà: restez tranquille et ne bougez plus, Polonais! Les grands et les princes je les chasserai jusque-là et si, là-bas, ils essayent encore de nous nuire, je saurai bien les y trouver. Aucun noble polonais ne remettra plus les pieds dans ce pays«.**

* C'était répondre d'avance aux manoeuvres des Polonais, qui avaient l'intention, une fois la paix conclue, de tourner les cosaques contre les Tartares et les Turcs, pour briser l'alliance qui les unissait.

** Cette harangue qui nous dévoile les projets politiques de Chmelnytsky et de son entourage au moment où elle fut prononcée, nous éclaire aussi sur l'état du sentiment national à cette époque et sur la terminologie alors en usage. Comme nous le voyons, le mot »russe« dans la bouche de Chmelnytsky est l'équivalent de notre »ukrainien« actuel — »jusqu'à Léopol, Cholm et Halitch« et pas davantage: voilà le peuple russe tout entier, au delà il n'existe pas. Quelques années plus tard, quand on aura besoin de mettre plus de précision dans les rapports avec la Moscovie, viendra en usage le terme de »Petite Russie« par opposition à la »Grande Russie«, mais pour le moment le besoin ne s'en fait pas sentir. Il est curieux de noter qu'en Moscovie on appliquait alors le nom de »blanc-russien« à tout ce qui était ukrainien. C'est de ce nom que les chancelleries se servaient pour désigner la langue, les lettres et la population ukrainienne, tandis que l'on y avait conservé l'ancienne dénomination moscovite de »Tcherkass« pour les cosaques. Et, en effet, une différence entre ukrainien et blanc-russien, telle que nous l'entendons de nos jours, n'était pas encore clairement établie. Seulement, en 1654, une ligne de démarcation fut tirée lorsque l'Ukraine, sous le nom de »Petite Russie« tomba dans une sorte de vassalité de la Moscovie, tandis que cette dernière se rattacha la »Russie Blanche« comme simple province. Cette contrée, en même temps qu'elle était détachée du ressort de l'hetman d'Ukraine, reçut officiellement son nom, qui jusqu'alors n'avait eu qu'un sens assez vague, comme nous l'avons vu. (Ceux qui voudraient connaître les circonstances historiques dans lesquelles s'est formée cette terminologie pourront lire dans la revue »Oukraina« (l'Ukraine) 1917, n 1—2, notre article »Grande et Petite Russie et Russie Blanche«.)

Avec de pareilles dispositions, il ne pouvait être question d'arriver à un accord fixant un m o d u s v i-v e n d i entre le gouvernement polonais et les cosaques. Chmelnytsky, ainsi que toute son armée, étaient enflammés du désir de porter un coup décisif à la Pologne et de délivrer à jamais l'Ukraine du joug qu'elle subissait. On conclut seulement une trève, qui devait durer jusqu'à la Pentecôte.

La guerre recommença en été; les pays frontières entre la Volhynie et la Galicie en furent le théatre. Chmelnytsky avec le Khan, qui commandait en personne, vinrent assiéger à Zbarage les troupes polonaises, dont la situation devint bientôt désespérée. Le roi, à la tête d'une nouvelle armée, accourut à leur secours, mais, avant d'arriver à Zbarage, il se trouva entouré près de Zborov par des forces ennemies bien supérieures. Les cosaques étaient prêts à lui dicter leurs conditions, lorsqu'il trouva moyen de s'a-boucher avec le Khan, dont les instincts pillards dominaient les vues politiques et qui consentit à faire la paix à condition qu'on lui payât le tribut avec les arrérages de plusieurs années et que ses troupes fussent autorisées à prendre en Ukraine autant d'esclaves qu'elles voudraient. Il insista subsidiairement pour que les réclamations de ses alliés fussent satisfaites. La paix étant ainsi conclue en principe, il fallut donc se borner à demander les anciennes libertés cosaques, mais on ne pouvait plus songer à une séparation d'avec la Pologne et à l'affranchissement complet du joug polonais.

Le traité de Zborov, signé le 18 août 1649, après de pénibles négociations, faites par l'intermédiaire du Khan, élevait à 40 mille le nombre des cosaques enrégistrés, leur permettait d'habiter non seulement sur les terres du roi mais aussi sur les domaines des grands seigneurs fonciers, dans la plus grande partie des bassins du Dniéper et du Bog, c'est-à-dire dans les palatinats de Kiev, Braslav et Tchernyhiv; les troupes polonaises ne pouvaient pénétrer sur ce territoire, qui recevait encore d'autres privilèges.

Comparées aux règlements cosaques jusque là en vigueur ces concessions paraissaient très appréciables, mais elles répondaient si peu aux aspirations qui avaient déchaîné la guerre que Chmelnytsky n'osa pas les rendre publiques. Il ne pouvait se résigner à accepter un pareil résultat, s'opposait à ce que les seigneurs revinssent en Ukraine, sachant que cela provoquerait une nouvelle insurrection, et anxieusement il guettait une occasion favorable pour reprendre les armes, afin de délivrer son pays.

Il essaya de gagner la Moscovie à ses plans, en même temps que de se concilier la Turquie, afin de s'assurer l'aide de la Crimée. Mais la Moscovie ne put se décider à sortir de sa neutralité et, d'autre part, la Turquie était en pleine décadence de sorte que la pression que Chmelnytsky cherchait à exercer par son intermédiaire sur le Khan ne servait qu'à le desservir auprès de ce dernier. Aussi lorsque, en 1651, éclata une nouvelle guerre, le Khan ne manqua pas de le trahir et d'attirer par cette trahison une sanglante défaite sur les cosaques, non loin de Berestetchko. Le traité de Bila Cerkva qui s'en suivit ne fit que reproduire celui de 1649, en y ajoutant de nouvelles restrictions et satisfit encore moins les Ukrainiens.

La guerre recommença un an plus tard et cette fois encore le Khan prit ouvertement le parti des Polonais au milieu des opérations. Mais cela ne pouvait avoir la même importance, car, à ce moment, la Moscovie se préparait à abandonner sa neutralité et Chmelnytsky se flattait d'en profiter pour donner une autre tournure aux évènements.

L'issue malheureuse des opérations militaires de 1651 réveilla en effet la Moscovie, qui savait bien que, si les desseins de Chmelnytsky échouaient, la Pologne s'empresserait de tourner contre elle et les cosaques et les Tartares, pour donner un dérivatif à leur activité. Aussi l'intervention fut-elle décidée en principe, mais on voulait conserver d'abord les apparences.

Enfin l'assemblée du pays (»Zemski Sobor«), convoquée en automne de l'année 1653, décida que le tzar, dans l'intérêt de l'orthodoxie (c'était le prétexte traditionnel!), devait »prendre sous sa haute protection l'hetman Bohdan Chmelnytsky, ainsi que l'armée Zaporogue« et, à cet effet, engager la lutte contre la Pologne. Le gouvernement de Moscou informa Chmelnytsky de cette décision et lui fit savoir qu'il envoyait des délégués en Ukraine pour recevoir le serment des cosaques et régler les nouveaux rapports.

Cette rencontre eut lieu à Péréïaslav dans les premiers jours de janvier 1554.

Le gouvernement moscovite consentait à intervenir militairement, à condition que l'Ukraine reconnût la suzeraineté du tzar. Chmelnytsky et les autres chefs cosaques y consentirent, mais ils s'imaginaient leurs obligations sous la forme d'une convention mutuelle par laquelle le tzar reconnaissait à l'Ukraine les libertés qu'elle s'était conquises, en premier lieu ses droits d'état autonome, régi par un hetman et dont il acceptait le protectorat. La Moscovie s'engageait à défendre l'Ukraine contre tout ennemi, de même que l'hetman devait amener ses troupes à l'appel du tzar. Des déclarations furent échangées dans ce sens.

Alors les cosaques demandèrent que les envoyés prêtassent serment au nom du tzar, qu'ils le prêteraient ensuite eux-mêmes, comme cela se faisait quand on élisait un roi de Pologne. Mais les envoyés déclarèrent que leur maître, en tant qu'autocrate, ne pouvait prêter serment,* ce qui jeta la confusion parmi les cosaques.

En fin de compte ces derniers jurèrent solennellement fidélité au tzar et élirent des délégués chargés de se rendre à Moscou pour y régler dans les détails la convention entre les deux états.

---

* Les délégués moscovites, dans leur rapport officiel, insistent beaucoup sur ce point, quoique les écrivains ukrainiens contemporains assurent que le serment fut prêté aussi bien d'un côté que de l'autre.

## XXIII

## Divergences avec la Moscovie. Essais de séparation.

Les pourparlers engagés avec la Moscovie, au mois de mars 1654, pour fixer dans les détails les obligations contenues dans la brève formule adoptée à Péréïaslav, révélèrent une complète divergence de vues dans l'esprits des deux contractants.

Les envoyés ukrainiens formulèrent leur façon d'envisager la chose: indépendance complète de l'Ukraine sous le protectorat du tzar; convention militaire entre les deux parties. Le gouvernement du pays devait rester entre les mains des autorités élues en Ukraine: chefs de cosaques, fonctionnaires municipaux, hiérarchie ecclésiastique. Telle était l'organisation politique qui convenait à un peuple libéré.

D'ailleurs l'hetman de »l'armée Zaporogue« avait pris, de fait, la place d'un chef d'état. Les colonels cosaques étaient les véritables gouverneurs des »régiments« ou territoires qui se divisaient l'Ukraine et dans lesquels ils commandaient non seulement les cosaques, mais aussi la population paysanne, dont c'était le devoir de maintenir le régiment. Les municipalités, les communautés religieuses et la noblesse privilégiée étaient elles aussi sous le protectorat et le contrôle du colonel. Les régiments se subdivisaient en sotnia avec un centurion à la tête. Enfin dans les communes les chefs cosaques de concert avec les maires, choisis par la population civile, administraient les affaires.

C'est cette organisation en cercles, à la fois militaires et politiques, qu'on désirait compléter, mettre au point et étendre sur toute l'Ukraine, voire même au territoire blanc-russien, qui semblait bien faire partie de la »Petite Russie« — à tout le ressort du métropolite de Kiev.

Mais les desseins du gouvernement russe étaient tout autres. L'union devait être, selon lui, le com-

mencement d'une incorporation réelle à la Moscovie,
à titre de simples provinces, de toutes les contrées de
l'ancien royaume de Kiev, qui restaient encore sous la
suzeraineté de l'état lithuano-polonais.

En Ukraine même, il consentait à reconnaître l'autonomie de l'armée cosaque, mais les autres couches
de la population devaient dépendre immédiatement
du tzar, l'église ukrainienne se soumettre au patriarche de Moscou, les impôts être établis et perçus par
les agents du fisc moscovite etc. On était prêt à faire
quelques concessions d'un caractère provisoire eu
égard à la personne de l'hetman Chmelnytsky, mais
on ne voulait point entendre parler de sanctionner
constitutionellement l'état de choses créé en Ukraine
par les guerres de l'indépendance.

L'opposition entre les tendances centralistes et
autocratiques de la Moscovie et les visées autonomes
et républicaines des Ukrainiens se fit déjà sentir dans
la réponse du tzar aux »articles« présentés par les
envoyés. Il faisait sur certains points des concessions
considérables (ainsi l'hetman conservait le droit
d'entretenir des relations avec les puissances étrangères mais, en général, l'autonomie de l'Ukraine était
réduite le plus possible. L'hetman en fut si peu satisfait qu'il tint ce document secret, comme il l'avait
fait auparavant pour le traité de Zborov.

Ces divergences se manifestaient encore davantage
dans la pratique. Les voïvodes moscovites, qui avaient
amené en Ukraine les troupes de renfort depuis
longtemps désirées, refusèrent de se placer sous le
commandement de l'hetman et conservèrent leur
liberté de mouvement. Sans demander son autorisation,
ils édifièrent à Kiev leur propre forteresse, ne se sou-
ciant d'aucune autorité ou de droits acquis et y tinrent
garnison sans vouloir reconnaître aucun pouvoir supérieur. De pareils voïvodes allaient paraître dans
d'autres villes.

Les troupes, envoyées au secours de l'hetman pour
délivrer les pays ukrainiens occidentaux du joug de
la Pologne, s'appliquèrent à soumettre ces contrées
à la suzeraineté immédiate du tzar, de sorte que

Chmelnytsky jugea nécessaire d'en finir le plus tôt possible avec cette expédition. En Russie Blanche, où les voïvodes opéraient de concert avec les cosaques, ils ne permirent pas à ces derniers d'y établir leurs organisations habituelles, mais insistèrent pour que les pays occupés passasent immédiatement sous l'administration des autorités moscovites.

Le mécontentement qui en résulta, poussa les chefs politiques ukrainiens à chercher ailleurs un autre appui, puisque le tzar se montrait beaucoup trop exigeant pour un allié et protecteur. La Suède et la ligue protestante dont elle faisait partie: Transylvanie-Brandebourg-Suède, semblaient être des alliés tout désignés. Les cosaques avaient déjà eu anciennement des relations avec la Suède, qui avait essayé de les gagner pour entreprendre des opérations communes pendant les nombreuses contestations dynastiques et territoriales que ce pays avait eu avec la Pologne. Aussi Chmelnytsky décida-t-il de s'aboucher avec le gouvernement suédois, mais il n'y réussit guère tant que régna la reine Christine, peu encline à s'immiscer dans les affaires de la Pologne. Au contraire, son successeur Charles X, dès son accession au trône (1654), décida de profiter des difficultés qui résultaient pour la Pologne de sa guerre avec l'Ukraine. Il fit proposer à Chmelnytsky d'agir de concert, lui conseillant de ne point avoir confiance en la Moscovie, mais plutôt de rompre avec elle, car le régime autocratique du tzar ne tolérerait jamais qu'un peuple libre vécût sous sa suzeraineté, qu'il était incapable de tenir ses promesses et qu'en conséquence les cosaques marchaient à l'assujettissement.

Au premier abord les Ukrainiens montrèrent peu de penchant à renoncer définitivement à leur alliance avec la Moscovie qui leur avait coûté tant de peines à obtenir et Chmelnytsky essaya au début de persuader Charles de ne pas rompre avec la Moscovie et de pas obliger l'Ukraine à le faire. Evidemment l'idée des hommes politiques ukrainiens était de faire de leur pays un état neutre sous la protection de la Moscovie, de la Suède, et peut-être aussi de la Turquie, avec qui Chmelnytsky, après avoir prêté serment à la Moscovie, avait renoué les anciennes relations. Mais était-ce possible de rester longtemps neutre entre la Moscovie et la Suède? Il fallut choisir.

Quand les Suédois, favorisés par la chance, se furent emparés de tout le nord de la Pologne, celle-ci employa tous les moyens pour amener une guerre entre la Moscovie et la Suède. On fit briller aux yeux du tzar l'espoir d'être élu roi de Pologne et d'accroître ainsi considérablement ses états. De cette façon on parvint à signer un armistrice avec la Moscovie qui, sans régler définitivement ses rapports avec la Pologne, entra en guerre contre la Suède. Toutes ces négociations s'étaient passées à l'insu du gouvernement ukrainien, qui ressentit comme une offense cette paix conclue avec son ennemie derrière son dos.

Les Polonais, assurés de ce premier succès, entamèrent avec Chmelnytsky des pourparlers pour annexer l'Ukraine, tout en promettant de laisser au pays une autonomie complète. Mais il eut été dangereux d'accepter une pareille proposition en raison des sentiments qui régnaient dans les masses ukrainiennes envers la Pologne. Une alliance étroite avec la Suède paraissait au contraire d'autant plus désirable que l'éloignement de ce pays excluait toute prétention de sa part à un pouvoir immédiat sur l'Ukraine. Il fallait donc s'attacher à cette alliance, même aux prix d'une rupture avec la Moscovie. Au dire de Vyhovsky, le successeur de Chmelnytsky, ce dernier aurait considéré comme inévitable, déjà en automne 1656, cette rupture avec la Moscovie, à cause des prétentions exagérées du tzar.

On tâcha donc de s'entendre sur les bases suivantes: le roi de Suède acceptait le protectorat de l'Ukraine, assurait l'intégrité de son territoire, garantissait l'indépendance de ses habitants »comme celle d'un peuple libre et ne dépendant de personne«, promettant d'obliger la Pologne à reconnaître la liberté et l'indépendance de »l'Armée Zaporogue«, c'est-à-dire le pouvoir de l'hetman, et l'étendue de son autorité sur l'Ukraine occidentale, pour mieux dire sur tout le territoire ethnographique ukrainien.*

L'Ukraine devait combiner avec la Suède et la Transylvanie ses opérations militaires dont le but était d'amener le partage de la Pologne. Les premiers mois de l'année 1657 virent le début de ces opérations. Elles manquèrent de coordination. De plus la Pologne, ayant décidé les Tartares à faire une descente en Transylvanie, put battre en déroute les troupes transylvaniennes. Même dans l'armée cosaque il ne manquait pas de voix contre cette campagne, qui menaçait de tout briser avec Moscou: Chmelnytsky était alors gravement malade et l'on appréhendait que sa disparition ne fît surgir de nouvelles complications.

Chmelnytsky, en effet, ne tarda pas à mourir, le 27 juillet 1657, laissant le pouvoir entre les faibles mains de son fils, Georges, jeune homme dépourvu de toute autorité, qu'il avait fait reconnaître d'avance à l'armée comme son successeur. D'ailleurs, les chefs militaires le remplacèrent bientôt par une de leur créature, le chancelier de l'armée, Vyhovsky, ce qui fit une fort mauvaise impression sur un grand nombre de cosaques pénétrés de sentiments démocratiques. Dans la crise politique qui régnait alors de pareilles dissensions étaient dangereuses.

Pour faire face aux prétentions formulées par la Moscovie: soumission de l'église ukrainienne, installation de garnisons moscovites dans les villes de l'Ukraine, paiement des impôts aux agents du tzar — les Ukrainiens au pouvoir continuaient leurs pourparlers avec la Suède. Mais juste à ce moment ce pays, attaqué par le Danemark, interrompait sa campagne dans l'est, et, après la mort de Charles X, concluait formellement des traités de paix avec la Pologne et la Moscovie.

Le gouvernement de Vyhovsky se trouva en si mauvaise posture, qu'il ne voyait plus le moyen d'ar-

---

* Le projet de ce traité a été publié, d'après les documents conservés dans les archives de l'état suédois, dans les »Archives de la Russie du Sud-Ouest« p. III v. VI.

river avec Moscou à un arrangement nécessaire pour subjuguer ses adversaires. Le parti qui lui était opposé voulut obtenir lui-même l'aide du gouvernement moscovite, et celui-ci, point du tout fâché d'une division qui favorisait sa propre politique, resta neutre.

Pour mettre fin à cette situation, Vyhovsky, de son propre mouvement et sans s'inquiéter des intentions de Moscou, appela à son aide les Tartares, battit ses adversaires politiques et mit à la raison leurs partisans. Mais, jugeant impossible ses relations avec la Moscovie, il pensa ne trouver son salut qu'en acceptant les propositions faites depuis longtemps par la Pologne au gouvernement ukrainien.

Au cours de son expédition contre ses ennemis politiques au delà du Dniéper, il signa à Hadiatch, le 6 (16) septembre 1658, avec la mission polonaise, le traité d'union, qui a porté depuis le nom de cette ville, par lequel l'Ukraine retournait sous la suzeraineté du roi de Pologne, mais non pas à titre de province, mais en qualité d'état demi-autonome sous le nom de »Grand-duché Russe«, sur le modèle du »Grand-duché de Lithuanie«. Ce nouveau grand-duché, comprenant les palatinats de Kiev, de Braslav et de Tchernyhiv,* devait avoir ses ministres propres, son armée, ses finances et même le droit de frapper monnaie. D'autre part, il n'aurait qu'une diète commune avec la Pologne. A sa tête serait un hetman élu par les classes supérieures de la population, ou pour mieux dire nommé par le roi sur un liste de candidats présentée par les états.

Le gouvernement ukrainien adressa aux puissances de l'Europe un manifeste, dans lequel il exposait les motifs de sa rupture avec la Moscovie. Une agitation intensive fut menée dans la population par les partisans de l'autonomie ukrainienne contre la po-

---

* Quelques mois plus tard il adressa à la diète polonaise un amendement supplémentaire, qui probablement n'avait pas été accepté par les délégués polonais par suite de l'insuffisance de leurs pouvoirs, demandant que dans le Grand-Duché Russe soient aussi compris les pays ukrainiens occidentaux. Mais cet amendement ne fut pas adopté.

litique moscovite. On en exposait le danger, accusant entre autre la Moscovie de vouloir agir en Ukraine tout comme dans la Russie Blanche, de vouloir déporter des citoyens ukrainiens en Moscovie et en Sibérie, de vouloir enlever des membres du clergé ukrainien pour les remplacer par ses créatures etc. Vyhovsky essaya aussi de chasser de Kiev la garnison du voïvode et ne put y parvenir.

A Moscou, on prit connaissance du traité d'union et, pour le briser, les voïvodes furent chargés de proposer des concessions importantes à Vyhovsky, mais celui-ci, considérant le changement comme irrémédiable, n'en continua pas moins sa politique d'union avec la Pologne.

## XXIV.

### L'Ukraine entre la Pologne, la Moscovie et la Turquie.

Dans l'esprit de Vyhovsky l'union avec la Pologne devait lui servir à obtenir l'aide nécessaire pour se débarrasser de la Moscovie et abattre l'opposition qu'il rencontrait en Ukraine même. Mais la Pologne était si affaiblie qu'elle avait besoin elle-même d'un secours qu'elle espérait trouver chez les cosaques. Avec l'aide des Tartares, Vyhovsky parvint à infliger, près de Konotope, une sanglante défaite aux voïvodes moscovites, mais il ne réussit pas à se rendre maître de la situation. La crainte de la domination polonaise et du retour des seigneurs polonais en Ukraine suffisait à éloigner de lui la population. On ne pouvait s'expliquer les motifs qui le faisaient agir. De nouveau on lui opposa Georges Chmelnytsky et toute l'armée cosaque embrassa le parti de ce dernier. Vyhovsky dut abdiquer l'hetmanat.

Obligés par la pression des masses à reprendre le joug de la Moscovie, les dirigeants ukrainiens auraient voulu du moins en obtenir l'assurance qu'elle ne s'immiscerait pas dans les affaires intérieures de

l'Ukraine. Mais le gouvernement du tzar tenait à
profiter de la défaite du parti de Vyhovsky pour
s'arroger les droits les plus étendus. Aussi, après
qu'ils eurent amadoué Georges Chmelnytsky, ainsi que
les principaux chefs et constitué un conseil des cosaques favorable à leurs vues, les voïvodes firent
accepter de nouvelles restrictions à l'autonomie.

Cela n'était pas fait, évidemment, pour concilier
les têtes éclairées au nouveau régime. C'est pourquoi, lorsque, quelques mois plus tard, la Moscovie envoya ses troupes et les cosaques en Galicie et que
cette expédition fut battue par la Pologne, celle-ci
pût espérer renouer ses relations avec les Ukrainiens.
Mais elle tomba dans la même faute que la Moscovie:
elle voulut profiter de la pénible situation des Ukrainiens, causée par la défaite, pour diminuer encore
les concessions, qu'elle avait faite à Hadiatch (quoique,
comme on l'a vu, ces concessions n'eussent contenté
personne à l'époque). De fait, on en arriva à rétablir
le traité d'union de Hadiatch, sous une forme plus dés-
avantageuse pour l'Ukraine (1660), ce qui enlevait à
cet acte toute possibilité de pouvoir servir de base
à des rapports politiques normaux.

Ces mouvements alternatifs, tantôt vers la Pologne,
tantôt vers la Moscovie, auxquels était condamnée la
diplomatie cosaque, devenaient, grâce à la malveillance de ces deux puissances à l'égard des aspirations
nationales et sociales de l'Ukraine, désastreuses pour
ce pays qui, à chaque nouvelle oscillation, restant incapable de faire triompher sa cause, perdait quelque
chose de ses forces.

En réalité, depuis 1660, le territoire ukrainien se
divisait en deux parties: la partie orientale, qui ne
pouvait se défendre contre l'emprise moscovite et la
partie occidentale obligée de s'entendre avec la Pologne sans pouvoir en éluder les exigences. La masse
de la population était excédée des guerres incessantes
et des coups d'état fomentés par les classes dirigeantes, s'évertuant à obtenir une autonomie qu'elles
ne pouvaient atteindre et se refusant malgré leurs
échecs à renoncer à leurs aspirations.

114

Les dissentiments entre le peuple et les classes dirigeantes aggravaient encore la faiblesse de l'Ukraine.
Il était évident que les chefs cosaques aspiraient à
remplacer la noblesse, non seulemnt dans son rôle
politique, mais aussi dans sa situation sociale et
qu'ils voulaient conserver le cadre du droit polonais
pour s'en servir dans l'intérêt de leur classe. C'était
éveiller la méfiance et la malveillance des masses,
qui avaient toujours le soupçon que, sous le couvert
des aspirations à l'autonomie, ne se cachassent des
intérêts de classe, surtout lorsqu'il s'agissait de pactes
avec la Pologne. Aussi par principe tenaient-elles
pour la Moscovie, dont la politique leur était tout
aussi pernicieuse, mais moins connue que celle de la
Pologne, dont elles n'avaient eu que trop de preuves.

La capitale Zaporogue des steppes, la Sitche, conservait dans toute sa pureté la tradition démocratique
des anciens principes et considérait de son devoir
de s'opposer aux aspirations nobiliaires des chefs de
l'armée. Elle surveillait d'autant plus volontiers leurs
ambitions qu'elle ressentait comme une infraction aux
vieux usages que le centre politique de l'Ukraine,
qui avait toujours été dans la Zaporoguie, eut été trans-
féré »dans les villes«. Mais l'immixtion dans la vie
politique des candidats qu'elle proposait pour l'hetmanat, en s'inspirant plus des idées démocratiques
que des besoins politiques, ne faisait que compliquer
la question au lieu de la résoudre.

Pierre Dorochenko, élu hetman en 1665, essaya
de mettre fin à ces oscillations de l'Ukraine entre la
Pologne et la Moscovie, avec l'aide de la Turquie.
C'était reprendre la politique de Chmelnytsky,
lorsqu'il essayait de secouer le joug de la Pologne en
employant les Turcs et les Tartares. La Turquie, après
avoir traversé une période de déchéance, était maintenant mieux en état d'entreprendre une action efficace.
Après avoir gagné les bonnes grâces du Khan, Dorochenko entama directement avec le sultan des
pourparlers, qui aboutirent à un traité, par lequel
l'hetman reconnaissait le protectorat de la Sublime
Porte, tandis que celle-ci s'engageait à aider l'Ukraine

à obtenir son indépendance sur tout son territoire ethnographique — »jusqu'à Peremychl et Sambor (à l'ouest), la Vistule et le Neman (au nord), Sivsk et Poutivl (sur les frontières de la Moscovie)«.

Le Khan reçut l'ordre du sultan de prêter son aide à Dorochenko. Ce dernier, ainsi soutenu, sans briser directement avec la Pologne, mais en attaquant les chefs cosaques, qu'elle soutenait, parvint bientôt à chasser de la rive droite ukrainienne du Dniéper les garnisons polonaises.

Puis il se tourna vers la rive gauche, où gouvernait alors l'hetman Brukhovetsky, un habile démagogue, qui, mis d'abord en avant comme candidat par la Sitche Zaporogue, avait ensuite, pour se concilier la Moscovie, cédé à des exigences de cette dernière qu'aucun de ses prédécesseurs n'avait voulu écouter.

Entre autres choses, il avait laissé réaliser le vieux désir de Moscou d'introduire dans le pays les impôts moscovites. Mais lorsque les agents du fisc commencèrent à établir un cadastre et à lever des taxes, la colère de la population ne connut plus de bornes. Le clergé ukrainien, de son côté, fut révolté par les prétentions du patriarche de Moscou.

Le mécontentement était d'ailleurs général, suscité par l'armistice que la Moscovie venait de signer avec la Pologne, à l'insu des Ukrainiens, lui cédant la partie de l'Ukraine située sur la rive droite du Dniéper, à l'exception de Kiev et ses environs immédiats.

Brukhovetsky, voyant sa position menacée, essaya de passer lui-même au mouvement anti-moscovite. Mais cette manoeuvre de la dernière heure ne put le sauver. L'insurrection, qui éclata au début de 1668 contre les garnisons et la domination moscovites, l'engloutit également. A l'arrivée de Dorochenko, tout le monde joignit son étendard, Brukhovetsky fut tué et les troupes moscovites durent quitter le pays. Toute l'Ukraine cosaque était une fois de plus unifiée sous le commandement de Dorochenko.

Ce premier pas accompli et comptant sur l'aide de la Turquie et de la Crimée, l'hetman voulut réaliser l'ancien projet des autonomistes: faire de l'Ukraine

un état indépendant, sous la protection de ses voisins.
Ayant chassé les garnisons ennemies de la rive droite
du Dniéper, il voulait en faire autant de la rive gauche.
Avant tout, il désirait réduire les droits de Moscou
à ceux d'un véritable protectorat sans immixtion
dans les affaires intérieures et il exigeait en premier
lieu le rappel des voïvodes.

Quelques évènements, qu'il ne prévoyait pas,
vinrent tout d'un coup affaiblir sa position et pri-
vèrent de toute force convaincante ses réclamations
aux yeux de la Moscovie.

Il avait d'abord eu l'imprudence d'abandonner
l'Ukraine de la rive gauche et les troupes moscovites
s'étaient hâtées de retourner dans les contrées de
Tchernyhiv. Les autorités locales, aussi bien que le
clergé et les chefs cosaques, désespérant de jamais
s'en débarrasser, tâchèrent de s'arranger avec Moscou, sans s'occuper de Dorochenko, qui à ce moment
ne pouvait leur être d'aucun secours.

Ils élurent pour eux un hetman particulier, Mnohohrichny, avec le titre »d'hetman des pays de Siver et
de Tchernyhiv«. Celui-ci se déclara prêt à se soumettre au tzar et à rompre toute alliance avec les
Tartares, à condition que l'on donnât des garanties à
l'autonomie ukrainienne, qu'on rappelât les voïvodes
etc. — en un mot, un ensemble de réclamations assez
semblables à celles de Dorochenko. De son côté, la
Sitche Zaporogue poursuivait une politique séparée et
opposait de nouveaux rivaux à Dorochenko.

Le gouvernement moscovite comptait sur ces querelles intestines, aussi ne céda-t-il point. Par ses
agents, notamment par un homme aussi au courant
des choses que le voïvode de Kiev, Cheremetief, il
savait bien que les réclamations de Dorochenko et
de Mnohohrichny correspondaient entièrement aux
aspirations populaires, que la population en avait
assez des voïvodes et était excédée par la licence des
garnisons. Cependant, les milieux influents de Moscou ne voulaient en aucune façon renoncer à leur politique centraliste. Il fallait annexer l'Ukraine, serait-ce
même contre le voeu des populations.

Il ne restait à Dorochenko que de jouer sa dernière carte: l'intervention turque. Politique dangereuse au premier chef, car les cosaques ainsi que les masses avaient grandi dans la tradition de »guerre à l'infidèle«, aussi toute idée d'alliance, les passages fréquents des Tartares dans le pays et les enlèvements d'esclaves qui souvent les accompagnaient, soulevaient-ils un mécontentement général. Dorochenko continuait en secret ses négociations avec la Turquie parce qu'il n'apercevait pas d'autre moyen de salut.

Le sultan, lui ayant promis une aide active, déclara en 1671 la guerre à Pologne, parce qu'elle avait attaqué son vassal Dorochenko. Au printemps il se mit en marche à la tête d'une puissante armée, vint assiéger Kaminetz, la plus grosse forteresse du sud, qui capitula assez rapidement, puis il marcha sur Léopol. La Pologne, se sentant impuissante, se rendit à merci. Par le traité conclu à Boutchatch, le 7 octobre 1672, elle céda à la Turquie la Podolie et à Dorochenko »l'Ukraine dans ses anciennes frontières«. En outre elle promettait de retirer ses garnisons des pays cédés et de payer à la Turquie un tribut annuel.

Cela fit impression sur la Moscovie, qui ne douta pas, que l'été suivant Dorochenko n'amenât les Tartares sur la rive gauche du Dniéper. L'assemblée générale convoquée par le tzar lui conseilla de prendre Dorochenko sous sa protection, puisque la Pologne se désintéressait de l'Ukraine à droite du Dniéper et de satisfaire autant que possible les demandes de l'hetman. Mais la Pologne fit savoir à la Moscovie que ce n'était point son intention de renoncer à l'Ukraine et qu'elle considérerait une démarche dans le sens indiqué par les boïards comme une violation des traités.

Cependant les Turcs ne firent pas de nouvelle expédition. Bien au contraire, l'hetman polonais Sobieski les attaqua, inaugurant cette série de victoires, qui devaient lui valoir la couronne. Par ailleurs, la façon dont les Turcs se conduisaient sur la rive droite du Dniéper produisait un mécontentement, que les ennemis de Dorochenko ne manquaient point de tourner à leur propre avantage. La population fuyait en masse au de là du fleuve et les »régiments« de ces contrées qui tenaient pour Dorochenko se dépeuplaient de plus en plus.

Au courant de ces circonstances, l'hetman de la rive gauche, Samoïlovitch, élu comme successeur de Mnohohrichny, conseilla à la Moscovie de ne point se hâter de s'arranger avec son rival, Dorochenko, dont il voulait se débarrasser. Au lieu d'entrer en pourparlers avec ce dernier, il sembla l'ignorer complètement, fit une expédition de l'autre côté du fleuve et amena les députés des »régiments« de la rive droite à se déclarer pour la Moscovie et à le reconnaître pour hetman. Dorochenko, incapable de continuer la lutte, fit, après deux ans de résistance, sa soumission à Samoïlovitch (1676).

Les Turcs avaient laissé passer le moment favorable. Ils tentèrent encore quelques efforts pour conserver l'Ukraine de la rive droite, en y plaçant d'autres hetmans. Mais c'étaient des gens sans importance et manquant de prestige, qui ne purent entreprendre rien de sérieux.

Ce pays, qui, un demi siècle auparavant, avait été le foyer de la vie ukrainienne, était devenu, par suite des crises qu'il avait traversées, presque désert. Entre 1670 et 1680, une partie de sa population s'était réfugiée sur la rive gauche du fleuve, l'autre partie y avait été transportée de force. Quelques années plus tard on essaya avec quelques succés d'y implanter de nouveau les organisations cosaques. Mais ce territoire redevint l'objet de litiges entre la Moscovie, la Pologne et la Turquie: il fallut l'évacuer encore une fois dans la deuxième décade du XVIII siècle.

## XXV.

### L'époque de Mazeppa.

Pendant que l'Ukraine de la rive droite avait à subir de si terribles catastrophes, la vie nationale venait se concentrer sur la rive gauche du Dniéper, dans l'Hetmanat, comme on l'avait surnommé, qui menait une existence beaucoup plus tranquille. Depuis l'insurrection contre la Moscovie en 1668, jusqu'à la catastrophe de 1708, dont nous parlerons plus loin, il n'y eut ici, dans cette période de 40 ans, aucune perturbation grave. On fit bien quelques petits coups d'état, à l'occasion du changement d'hetman, quelques menues insurrections, mais rien qui causât de grands changements dans la vie publique.

La Moscovie poursuivait toujours sa politique centralisatrice et profitait de toutes les occasions pour restreindre l'autonomie ukrainienne. A chaque élection de l'hetman on renouvelait les pactes fixant les rapports de l'Ukraine à la Moscovie — à cette époque-là cela se faisait sous la forme d'un traité international — et les représentants du tzar y introduisaient chaque fois de nouvelles restrictions.

Lorsque le métropolite de Kiev mourut, en 1684, le gouvernement moscovite réussit à obtenir de l'hetman, qu'on élirait à sa place un homme qui reconnaîtrait l'autorité du patriarche de Moscou, et puis, par l'intermédiaire de la Porte, on obligea le patriarche de Constantinople à sanctionner cet état de choses.

Toutes ces immixtions dans la vie ukrainienne n'étaient pas sans exciter du dépit. Les Moscovites, en effet, étaient considérés comme des barbares: leurs mœurs plus rudes, les formes sévères de leur vie publique, l'atrocité de leurs châtiments corporels, l'affreux banissement en Sibérie, tout cela provoquait l'horreur et la répugnance.

Néanmoins, la population n'avait plus de force de résistance et les gens au pouvoir, les hetmans eux-mêmes, Samoïlovitch et puis Mazeppa, prenaient soin de rester en bons termes avec le gouvernement moscovite et de s'assurer son appui, afin de bien tenir en mains la population ukrainienne. De leur côté, les agents du tzar, instruits par l'insurrection de 1668, se gardaient bien d'exciter les susceptibilités par des immixtions trop brusques et faisaient exécuter leurs desseins politiques par des mains ukrainiennes.

C'est ainsi que se passa cette période de 40 ans, qui marqua l'affaiblissement graduel des libertés du pays, tout en laissant à la vie nationale des possibilités de développement. Le résultat s'en manifeste au tournant du siècle, à l'époque de Mazeppa (1687—1709), quoique tout se préparât déjà dans les vingt années précédentes, au temps de Mnohohrichny et de Samoïlovitch.

Les chefs des cosaques commençaient à former une aristocratie, quoique sans prérogatives légalement définies. Convaincus de leur impuissance contre la politique moscovite, ils cherchent à conserver l'autonomie du pays par des voies pacifiques. Au lieu de heurter de front leurs protecteurs, ils se servent de leur aide pour consolider leur propre position sociale et leurs droits sur les terres qu'ils avaient occupées, ainsi que sur les populations qui venaient s'y installer.

C'est, en effet, sur ces territoires que s'arrêtait le flot des fuyards venant, comme nous l'avons vu, de la rive droite du Dniéper. L'aristocratie cosaque essaya de prendre le rôle, sous une forme quelque peu mitigée de la noblesse polonaise. La vie se reconstruisait ici sur les principes du droit polonais, principalement sur les prescriptions du deuxième statut lithuanien et sur le code de droit municipal (droit de Magdebourg), qui restaient en usage dans les tribunaux locaux, à défaut d'une codification du droit national.

Ces prétentions sociales des officiers cosaques excitaient la méfiance de la population et cette méfiance paralysait toutes les tentatives qu'on aurait pu faire contre la politique du gouvernement de Moscou. Celui-ci tirait avantage de ces discordes: il ne se faisait pas faute de menacer ouvertement ce nouveau patriciat de soulever contre lui les populations, au cas où il s'engagerait dans la voie de l'opposition. Mais en même temps, il encourageait les tendances nobiliaires des chefs cosaques, car elles se trouvaient en accord avec la structure sociale de l'état moscovite, pour qui une classe de paysans libres était une perpétuelle menace et parce que l'asservissement des populations entretiendrait en Ukraine des luttes intestines, qui feraient oublier les aspirations nationales.

Les hetmans choisis par les chefs cosaques, Samoïlovitch et Mazeppa, étaient en quelque sorte les champions de leur programme social. La Sitche, où s'assemblait toujours tout ce qu'il y avait de plus radical et de plus intransigeant dans la nation, formait opposition, mais elle n'était plus en état de mener une lutte active contre »le nouvel asservissement«. La tentative de Petryk Ivanenko, figure intéressante, qui, à la fin du XVII siècle, voulut »renouveler l'oeuvre de Chmelnytsky«, ne put y trouver un appui efficace.

Cette dangereuse évolution intérieure sapait à la base l'épanouissement intellectuel et national qui marqua cette époque. L'hetmanat de Mazeppa est remarquable à cet égard.

C'était un personnage assez étranger au monde ukrainien. Il était arrivé par des voies obscures et tortueuses; il avait en fin de compte acheté l'hetmanat du prince Galitzine, le favori du moment de la régente moscovite. Mazeppa n'était pas populaire dans le peuple, qui le considérait comme une créature du tzar et des seigneurs, un véritable »liakh«, polonais. Il ne le savait que trop et c'est peut-être à dessein qu'il se prit à jouer si ostensiblement au mécène des arts, au patron de l'église. Aucun hetman, avant ou après lui, ne s'est montré aussi libéral. Il faisait des cadeaux aux cathédrales et aux monastères célèbres, bâtissait des églises, leur donnait de saintes icônes, des ornements somptueux, des vases précieux, pour montrer à tous les regards et implanter dans la mémoire du peuple son dévouement à l'église et aux idées nationales.

C'est pourquoi, même après que l'église, qu'il avait si généreusement comblée, eut été obligée, par ordre du tzar, de prononcer solennellement contre lui l'anathème et d'en faire disparaître tout souvenir, l'Ukraine n'en était pas moins pleine de Mazeppa, des témoignages de sa munificence envers l'église; il restait intimement lié avec tout ce qui constituait alors le trésor intellectuel national.

Deux des monastères les plus populaires de Kiev, celui des cavernes et celui de Saint-Nicolas, lui doivent des bâtiments qui en sont restés l'ornement. Pour la vieille confrérie de cette ville, il bâtit une église et édifia la maison de l'Académie. Cette école supérieure ukrainienne reçut alors sa dénomination officielle »d'Académie« du gouvernement moscovite, qui depuis longtemps, il est vrai, songeait à l'abolir, mais qui, sur instances de Mazeppa, lui octroya quelques privilèges. La corporation de ce collège fit souvent appel à la générosité de l'hetman, qu'elle qualifiait de patron et de protecteur.

Les manifestations de l'activité intellectuelle ukrainienne à cette époque présente des traits intéressants; il faut la louer surtout d'avoir puisé à pleines mains dans le fond populaire, en même temps qu'elle se répandait dans les masses. Les influences de l'Europe Occidentale — l'Italie, l'Allemagne, la Flandre — s'unifient alors une fois de plus aux anciennes traditions byzantines pieusement conservées par l'église et la littérature, qui se trouvent rafraîchies et régénérées par le courant de la Renaissance. On se plut à évoquer la mémoire des fondateurs et des protecteurs des trésors sacrés de la nation, on vanta les cosaques comme les héritiers directs et les continuateurs de la gloire et des oeuvres des princes kiéviens.

Dans une grande mesure se faisaient également sentir les apports de l'Orient, qui arrivaient par la Moldavie, la Turquie, la Crimée, par les colonies arméniennes et les vives relations avec les monastères de Balkans. Ils se manifestent surtout dans l'art décoratif, tandis que dans l'architecture dominent les influences occidentales. (Il est, par exemple, interessant de noter cette variante ukrainienne du baroque italien, qui a laissé des traces même dans les constructions religieuses en bois du peuple de l'Ukraine.) Il faudrait encore mentionner l'art graphique, la gravure et la typographie.

La littérature se nourrit largement des luttes héroïques pour la libération nationale, des exploits de cosaques et avant tout de Bohdan Chmelnytsky. Ce

sont des récits d'histoire, des mémoires et des oeuvres
poétiques. A cette époque se crée un nouveau style
épique, ce que l'on a appelé les »douma«, espèces
de récitatifs pathétiques et rythmés. On verse dans
ce moule d'anciens motifs poétiques sur les cosaques,
et, en particulier, se forme le cycle des guerres de
Chmelnytsky. Ces »douma« ont une haute valeur
poétique, mais, n'ayant pas été fixées à l'époque
par l'imprimerie, les folkloristes durent les recueillir
plus tard de la bouche des bardes populaires ou »kobzar«.

C'est alors que la poésie lyrique populaire acquiert
les caractères qui lui sont restés jusqu'à nos jours et
que la musique ukrainienne s'enrichit des dons de
l'occident, qu'elle s'appropriera originalement et à
qui elle donnera une diversité extraordinaire.

La civilisation moscovite était encore bien peu
avancée et ne pouvait influencer l'Ukraine. Elle n'y
prétendait pas d'ailleurs, quoique la censure ecclésiastique se fût mise à fonctionner dès que le métropolite de Kiev se fut soumis au patriarche de Moscou.
Au contraire, dès le milieu du XVII siècle, ce sont
des membres du clergé ukrainien, qui jouent en Moscovie le rôle d'éducateurs et de flambeaux intellectuels.


## XXVI.

### L'alliance avec la Suède et l'interven-
### vention turque.


La tranquillité plus ou moins profonde de la vie
ukrainienne, son évolution sociale et politique furent
troublées par le tourbillon soulevé par l'énergique
activité de Pierre le Grand, qui, vers 1690, prit en
main le pouvoir. Soit qu'il fit la guerre, soit qu'il tra-
mât d'autres projets, toujours il puisait sans compter
dans les ressources de l'Ukraine; il lui prenait ses
forces vives ou ses richesses économiques, sans avoir
égard à la vieille pratique de l'autonomie, sans tenir compte des moyens de la population. Les cosaques

eurent à supporter les fatigues de ses guerres contre
la Turquie, puis contre la Suède et contre le parti
suédois en Pologne. Il les envoyait travailler à
bâtir les forteresses, où ils avaient à subir les mauvais
traitements des chefs moscovites. Il n'est pas étonnant
qu'une irritation profonde s'emparât de la population,
tant contre le gouvernement du tzar que contre les
autorités ukrainiennes, qui, pleines de complaisance
pour Moscou, ne savaient la protéger contre ses exigences.

En même temps, Pierre ne cachait pas qu'il ne
reculerait devant aucun changement radical en
Ukraine, à condition qu'il favorisât ses projets. Ne
voulut-il pas un jour donner ce pays au fameux Marl-
borough pour que ce dernier décidât l'Angleterre à
entrer en guerre contre la Suède? Ne voulut-il pas
récompenser Mazeppa, en lui octroyant le titre de
prince de l'empire romain?

Il y avait de quoi jeter l'alarme dans les milieux
ukrainiens dirigeants, mais Mazeppa, très prudent, ne
risquait aucun pas qui pût le compromettre.
A tout hasard, il entretenait en grand secret des
relations avec le parti suèdois, pour le cas où la
victoire favoriserait le roi Charles XII, mais il avait
soin de garder les apparences d'une grande loyauté
envers son protecteur.

Les choses en étaient là, lorsque, tout à coup, dans
l'automne de 1708, Charles décida de transporter le
théatre de ses opérations contre la Russie en Ukraine.
Cela mit les autorités du pays dans un grand embarras. Les succès de Charles avaient beaucoup
haussé sa réputation et il paraissait bien que le tzar
ne pourrait l'emporter sur un tel adversaire. Etait-il
raisonnable de s'attacher à lui, d'autant plus que
le régime moscovite s'était attiré une telle inimitié
dans le pays qu'on ne pouvait douter qu'à la première
victoire de Charles la population ne se soulevât contre la Moscovie et ses partisans?

D'autre part, l'arrivée des Suédois réveillait de
vieux souvenir d'indépendance. Un demi-siècle aupa-

ravant, les patriotes ukrainiens avaient, comme nous l'avons vu, placé leurs espoirs dans le grand-père de ce même Charles qui venait aujourd'hui. Alors, les aspirations ukrainiennes n'avaient été déçues que par des circonstances défavorables. La Suède était le seul pays qui n'eût pas trahi leur cause: son abandon prématuré n'était pas venu d'un manque de bonne volonté. N'était-ce pas le devoir des fils et petits-fils de ceux qui étaient prêts à s'engager avec Charles X de tenter, avec l'aide de la Suède, de regagner leurs libertés?

Les circonstances exigeaient une prompte décision: Mazeppa, sans avoir eu le temps de bien peser le pour et le contre, se décida à embrasser le parti de Charles XII, et vers la fin du mois d'octobre il arriva, avec le peu de troupes qu'il put ramasser, au quartier du roi de Suède.

On s'entendit sur les conditions d'alliance. On posa en principe que »l'Ukraine des deux rives du Dniéper avec l'armée zaporogue et le peuple petit-russien, devaient être pour toujours libres de toute domination étrangère«. Ni la Suède, ni toute autre puissance ne pouvait »soit comme prix de la délivrance, ou d'un protectorat, soit pour tout autre motif quelconque, prétendre à un droit de domination sur l'Ukraine et l'armée zaporogue, ou prétendre à une prérogative, ou à un droit de vassalité. Nul n'y doit lever des revenus ou tributs de quelque manière que ce soit. Nul ne peut lui reprendre ou occuper les places et forteresses obtenues de la Moscovie par les armes ou par les traités. L'intégrité des frontières, l'inviolabilité des libertés, droits et privilèges, doivent être respectées pour que l'Ukraine puisse en jouir sans aucune restriction.«[*]

Mais les hommes d'état ukrainiens s'aperçurent bietôt qu'ils s'étaient trompés dans leurs calculs.

D'abord, par trop de circonspection et voulant conserver jusqu'au bout sa liberté d'action, Mazeppa

---

[*] Ce sont ces principes qui furent incorporés deux ans plus tard dans la charte d'élection du successeur de Mazeppa. Voir plus bas.

n'avait pas su préparer la population à ce brusque changement. Avant qu'elle en eût eu vent, le tzar avait pris ses précautions pour qu'elle ne pût pas suivre l'exemple de l'hetman. Ses troupes se trouvaient déjà sur le territotoire ukrainien, terrorisaient le pays par des atrocités inouïes et massacraient sans pitié ceux qu'elles soupçonnaient d'avoir des inclinations pour le parti adverse. La plus grande partie des troupes ukrainiennes furent incorporées dans l'armée moscovite et dûrent y rester. La population, tombée sans défense entre les mains du gouvernement moscovite, fut obligée, bon gré mal gré, de se montrer loyale.

Les proclamations que Mazeppa et Charles lui adressaient, accusant la politique arbitraire et astucieuse de Moscou, ne lui arrivaient même pas, tandis que Pierre avait toute facilité de travailler l'opinion publique en sa faveur. Sur son ordre, le clergé prononça solennellement contre Mazeppa l'anathème, excommuniant ainsi l'hetman qui avait le plus mérité de l'église. Du reste, dans ses manifestes aux populations ukrainiennes, le tzar l'inculpait de crimes inouïs.

Il en résulta que Mazeppa ne put apporter à Charles une aide efficace. Le seul appoint important fut la forte et excellente armée de la Sitche Zaporogue.

La Sitche avait alors à sa tête un »Kochovy« éminent, Constantin Hordienko-Holovko, un des plus fidèles et des plus énergiques défenseurs de ses traditions démocratiques. Il s'était par conséquent montré l'adversaire de la politique moscovite et du régime de Mazeppa. Mais dès que ce dernier se déclara pour Charles contre Moscou, il devint immédiatement son adhérent et, malgré les difficultés de la tâche, il parvint à gagner les cosaques de la Sitche à ce nouveau défenseur des libertés ukrainiennes.

Ils se joignirent à l'armée de Charles au commencement de l'année 1709. Il en résulta que le roi de Suède, pour prendre contact direct avec leur capitale, s'engagea trop loin dans le sud et vint sa heurter à Poltava, qui arrêta son élan. Entre temps la Sitche Zaporogue, démunie de ses défenseurs, était

L'Ukraine Orientale de l'époque de Mazeppa (explications
voir à la page 129).

cruellement châtiée pour sa participation à cette campagne. Les troupes moscovites y pénétrèrent, grâce aux indications d'un ancien Zaporogue, le colonel Galagan, et massacrèrent tous ceux qu'ils y trouvèrent.

On sait que Charles XII, pour avoir trop poussé vers le sud avec une partie de son armée, perdit liaison avec les réserves qu'on lui amenait, de sorte que ses troupes affaiblies et démoralisées furent défaites près de Poltava, dans l'été de 1709. Il s'enfuit sur le territoire turc, avec Mazeppa et quelques autres chefs. Un petit nombre de cosaques les suivit et les Zaporogues de la Sitche transportèrent leur résidence en pays tartare, non loin de l'embouchure du Dniéper.

Charles s'installa à Bender et s'attacha à entraîner la Turquie dans une nouvelle guerre contre la Moscovie; ce à quoi il réussit.

Pendant ce temps Mazeppa mourut et les chefs cosaques élurent à sa place le chancelier Orlyk. A cette occasion on élabora une charte constitutionnelle fort intéressante. Son objet était de mettre un frein aux tendances autocratiques des hetmans, qui avaient commencé à se faire jour sous la protection de Moscou (ils avaient adopté la formule: s i c  v o l o, s i c  j u b e o, comme le dit le document). La charte déterminait les formes de la représentation législative cosaque, les assemblées périodiques des députés de l'armée, les dépenses du trésor etc.

Sûr de l'aide de Charles et de la Turquie et ayant à sa disposition les forces Zaporogues, Orlyk, avec

_ _ _ _ — frontière polonaise à partir de 1667.
— . — . — . — frontière orientale de l'Ukraine de l'Hetmanat.
— .. — .. — .. — frontière tartare (frontière méridionale du territoire Zaporogue).
.......... frontière septentrionale des »libertés Zaporogues«.
——————— chefs-lieux de régiments:
dix régiments de l'Hetmanat: Starodoub, Tchernyhiv, Nijyn, Kiev, Péréïaslav, Prylouka, Loubny, Hadiatch, Myrhorod, Poltava;
cinq régiments de l'Ukraine Slobidska: Soumy, Akhtyrka, Charkov, Ostrogojsk, Izium;
centres des régiments résuscités à la fin du XVII siècle: Khvastiv (Fastov), Bohouslav, Korsoun.

ses cosaques, se mit en devoir d'arracher l'Ukraine aux griffes du tzar. Charles et le Khan jurèrent de ne point faire la paix jusqu'à ce que son indépendance soit assurée. La Turquie à son tour entra en guerre, en automne 1710. Il sembla que les voeux des ukrainiens allaient se réaliser.

Parce qu'elle avait prêté ses forces à Charles et à Orlyk, Pierre marcha en 1711 contre la Turquie. Il comptait sur l'appui du voïvode de Moldavie, sur l'insurrection des chrétiens des Balkans et retomba ainsi dans la même erreur que Charles.

Ayant traversé le Pruth, à la tête d'une armée insuffisante, il se trouva cerné par des forces turques bien supérieures et fut forcé de demander la paix. Charles et Orlyk purent maintenant espérer qu'ils forceraient le tzar à renoncer à toutes ses prétentions sur l'Ukraine. Mais Pierre trouva moyen d'acheter le Grand Vizir et le traité fut rédigé de telle sorte que chacun pouvait l'interpréter à sa guise. Charles, Orlyk et le sultan insistèrent pour que la Moscovie évacuât l'Ukraine; Pierre, sorti de ce mauvais pas, ne voulut rien entendre.

La guerre renouvelée n'aboutit pas à un meilleur résultat, car le tzar persuada au sultan, au moyen d'arguments sonnants, d'adopter son interprétation du traité, c'est-à-dire qu'il n'avait renoncé qu'à la rive droite du Dniéper. Là dessus, la Pologne, alliée de la Moscovie, releva ses prétentions sur ce pays et les efforts d'Orlyk et des cosaques de la Sitche pour s'en emparer restèrent vains. D'accord avec la Pologne, la Moscovie, de 1711 à 1714, procéda à l'évacuation de ces contrées où les cosaques s'étaient mis volontairement sous le gouvernement de Mazeppa. Les troupes moscovites, en se retirant, chassèrent la population ukrainienne au delà du fleuve et ne laissèrent aux autorités polonaises que des espaces dévastés.

Encore longtemps après que Charles fût rentré en Suède, Orlyk parcourut les cours occidentales pour en obtenir du secours, mais sans y réussir.

Les cosaques zaporogues demandèrent l'autorisation de retourner dans leur pays, mais la Moscovie hésita longtemps à la leur accorder. In corpore, de crainte de rompre ses relations avec la Turquie. Ce ne fut qu'en 1734, alors que tout faisait prévoir une guerre avec la Porte, que le ban fut levé.

## XXVII.

### Dommages causés à la vie ukrainienne par Pierre le Grand.

Comme nous l'avons vu, la plus grande partie du peuple ukrainien ne participa en aucune façon, et pour cause, aux tentatives de Mazeppa. Du petit nombre de cosaques qui l'avaient suivi, beaucoup étaient retournés bientôt chez eux. Quant à l'aristocratie cosaque, elle s'était en général pressée de l'abandonner en voyant le tour que prenaient les affaires. Le tzar, d'ailleurs, avait proclamé une amnistie pour ceux qui retourneraient de suite.

Par conséquent, les projets de Mazeppa étaient restés l'affaire du petit groupe de personnes qui l'entouraient et des Zaporogues de la Sitche, qui l'avaient suivi en connaissance de cause, au nom de l'idépendance de l'Ukraine et en avaient été atrocement châtiés. Tout le reste s'était haté de témoigner sa loyauté, épouvanté par des formes atroces de supplices encore nouvelles pour les Ukrainiens.

Toutefois le tzar, fidèle aux traditions centralisatrices, jugea bon de profiter de cette »trahison« pour annéantir ce que l'Ukraine avait encore gardé de libertés. Ses suppôts donnèrent aux faits et gestes de l'hetman les proportions d'une trahison presque sans exemple, égale à celle de Judas livrant le Christ. Le peuple ukrainien entier devait en subir le châtiment.

D'abord, alors que le danger suédois n'était pas encore passé et où tout mouvement hostile dans la population aurait pu avoir des suites désastreuses, Pierre ne fit rien pressentir de ses intentions. Loin de là, dans ses manifestes au peuple ukrainien il faisait parade de ses sentiments envers lui, se servant d'une phraséologie pathétique, assurant »qu'aucun peuple sous le soleil ne pouvait se vanter de pareilles libertés et de tels privilèges« que ceux dont jouissaient les Ukrainiens sous sa domination!

Il donna l'ordre d'élire un nouvel hetman à la place de Mazeppa, mais sur ses indications, l'armée nomma le plus incapable des colonels, Jan Skoropadsky. Quant à la confirmation des libertés ukrainiennes, traditionnelle dans de pareilles occasions, il la remit »à des temps plus tranquilles«. Il la donna, il est vrai, un peu plus tard sur les instances de Skoropadsky et des chefs cosaques, mais en fait il réduisit tous ces droits à néant.

Il plaça auprès de l'hetman un résident »pour régler ensemble toutes les affaires d'un consentement mutuel, vu la récente insurrection en Ukraine et la rebellion de la Sitche Zaporogue«. La résidence de l'hetman fut transférée à Hloukhiv, sur la frontière de la Moscovie, où furent installés deux régiments grands-russes. Puis l'Ukraine se trouva envahie par les troupes du tzar, dont les chefs coupaient et tranchaient dans le pays, sans avoir le moindre égard aux autorités locales. Les cosaques ukrainiens, en dépit de tous les usages, furent jetés dans des expéditions lointaines, ou employés aux travaux de fortifications et de terrassement, qui ne correspondaient guère à leurs habitudes militaires. Ils périssaient par milliers, à cause du climat et de la fatigue excessive des travaux, dans les marais autour de Pétersbourg, qui se bâtissait alors, comme on disait en Ukraine, »sur les os des cosaques«, ou bien à la construction du canal du Ladoga, à Astrakhan et à Derbent. Partout ils avaient à subir d'horribles outrages et des peines corporelles de la part des officiers et des surveillants moscovites.

Le tzar s'immiscait sans façon dans les affaires de l'Ukraine, nommait aux fonctions sans le consentement et à l'insu même de l'hetman; il alla jusqu'à confier les postes de colonel, les plus importants dans l'organisation ukrainienne, à des grands-russiens, qui ne connaissaient autre chose que sa volonté.

Il ruina la vie économique du pays, par son système de douanes, ses prohibitions et réglements, qui tendaient à assujettir tout le commerce et l'industrie aux intérêts de la Grande Russie.

Dans le domaine intellectuel, Pierre le Grand, par son triste ukase de 1720, décréta la prohibition de la langue ukrainienne, qui pèsera plus ou moins pendant deux longs siècles sur la nation. Il défendit de publier en Ukraine aucune espèce de livres, excepté des livres religieux et encore ceux-ci devaient-ils seulement reproduire des anciens textes et être soumis à la censure avant d'être publiés dans la même forme que les livres grands-russiens, »afin qu'il n'y ait aucune différence et aucun dialecte particulier«. Un censeur spécial fut désigné, chargé d'examiner les publications ukrainiennes au point de vue de la langue, pour qu'il n'y eût point de »dialecte ukrainien«. Et il s'acquitta si bien de sa besogne que, quelques années plus tard, les prières de Sainte Barbe, composées par le métropolite de Kiev, ne purent être publiées qu'après avoir été traduites en grand-russien.

Cet ukase, qui resta en vigueur sous les successeurs de Pierre, abolit toute activité de la presse, mais surtout porta un coup mortel à la langue ukrainienne littéraire, qui s'était formée aux XVI et XVII siècles. Elle se conserva en Ukraine occidentale, où la censure ne pouvait l'atteindre, mais, dans la Grande Ukraine, elle fut complètement remplacée par le russe dans l'usage officiel, tandis que la langue populaire continuait à être parlée et écrite, mais sans que ses productions pussent être conservées par la presse.

Tout en détruisant la vie ukrainienne et en jetant par ses empiètements la confusion dans l'administration, le tzar ne manquait pas d'en profiter pour la discréditer aux yeux des populations et perdre dans leur estime les avantages de l'autonomie. Un pas décisif dans ce sens fut fait, en 1722, lorsqu'il plaça auprès de l'hetman le »collège petit russien«, composé de six officiers russes des garnisons de l'Ukraine, et présidé par le général de brigade Veliaminoff. Ce collège devait contrôler l'activité de l'hetman et de ses bureaux, voir tous les documents qui y entraient ou qui en sortaient. Il devait percevoir et administrer les revenus de l'Ukraine, surveiller la hiérarchie judiciaire, examiner les plaintes portées contre toutes les instances judiciaires et administratives et surtout avoir l'oeil sur toutes injustices qui seraient causées aux cosaques et aux paysans par la noblesse.

Pierre motivait ainsi sa réforme par son désir de prévenir les torts commis envers le peuple, mettre fin aux acquisitions forcées, à l'asservissement, aux injustices dans la perception des impôts et des revenus du trésor et en même temps il réduisait à rien l'autonomie de l'Ukraine. Il faisait de la démagogie, excitant les paysans et les cosaques contre la noblesse, provoquant leurs plaintes, leur ouvrant les tribunaux russes, avec comme suprême instance le sénat, pour terroriser la noblesse cosaque et la tenir sans résistance entre ses mains. Il la mettait aussi par là dans une mauvaise posture pour jouer les champions des libertés ukrainiennes. Quand Skoropadsky supplia le tzar de ne pas prêter foi aux calomnies qui circulaient sur l'arbitraire de l'administration en Ukraine, le priant de ne pas attenter aux libertés nationales, Pierre se contenta de porter à la connaissance du peuple ses instructions au collège petit russien, en ayant soin de mettre en relief dans son manifeste les motifs susmentionnés, qui semblaient n'être inspirés que par la haine des injustices des chefs contre le peuple. Skoropadsky en mourut de chagrin, mais cet évènement servit seulement d'occasion au tzar pour faire un nouvel empiètement.

Il s'avisa d'abolir complètement le pouvoir de l'hetman et pour en remplir les fonctions il manda au colonel Paul Poloubotok de s'en charger avec quelques grands chefs cosaques, en s'entendant en toutes choses avec Veliaminoff. En même temps l'Ukraine, qui jusque là avait réglé ses affaires avec la Moscovie par l'intermediaire du ministère des affaires étrangères, fut placée dans le ressort du sénat, comme une simple province de la Russie.

Et quand les chefs cosaques se prirent à insister pour qu'il leur fût permis d'élire un nouvel hetman, le tzar répondit qu'il fallait remettre cette affaire

134

jusqu'à ce que l'on trouvât un homme sûr, ce qui ne serait du reste pas facile, puisque les hetmans, à l'exception du premier et du dernier, Chmelnytsky et Skoropadsky, avaient tous été des traîtres et qu'on ne l'importunât pas davantage à se sujet (1723). C'était fermer la porte à toutes réclamations ultérieures.

Néanmoins, les dispositions de l'ordonnance touchaient tellement au vif les ukrainiens, qu'il était impossible de leur fermer la bouche sur leur autonomie.

Veliaminoff commença à commander en maître en Ukraine et les autres agents russes prirent le ton de leur chef. Le collège introduisit des impôts comme il n'en avait jamais existé et disposa à son gré de leur produit. Les colonels russes se permirent beaucoup plus de licences que leurs collègues ukrainiens, de sorte que la population ne trouva aucun soulagement dans le nouveau régime. Au contraire, elle souffrit bien davantage des garnisons russes, tandis que les cosaques continuaient à périr au canal du Ladoga, sur la Volga, dans le Caucase et dans des expéditions lointaines. On évalue à vingt mille le nombre de ceux qui moururent en cinq ans (1721—5), sans compter ceux qui retournèrent chez eux complètement infirmes.

Poloubotok, homme énergique et convaincu de la nécessité d'une autonomie pour l'Ukraine, ne cessait avec les chefs de dénoncer ces illégalités. Et pour désarmer les adversaires de ses idées, il s'employait avec zèle à améliorer l'administration et la justice, s'évertuant à faire disparaître les abus de l'aristocratie dont savait si bien se servir le tzar. Il rédigea une instruction aux tribunaux, qui instituait des collèges de juges, pour remplacer le magistrat unique et qui fixait les diverses instances. La noblesse cosaque reçut des ordres stricts contre l'exploitation abusive des paysans dans leur service privé.

Toutefois ses efforts ne réussirent pas à gagner la sympathie du tzar, qui tenait à son idée fixe et qui même se décida à mettre un terme à l'action énergique de Poloubotok. Il le fit venir à Pétersbourg avec les chefs ukrainiens les plus en vue, et envoya en même temps presque tous les cosaques sur les frontières méridionales pour parer, prétendit-il, à une attaque des Tartares, mais au fond pour qu'il en restât le moins possible dans le pays. Entre temps, Véliaminoff et le collège avaient fait parvenir une soi-disant pétition du »régiment« de Starodoub, dans laquelle la population demandait qu'on lui accordât des tribunaux moscovites.

Le tzar envoya ses agents sur place afinde se rendre compte si les cosaques désiraient vraiement le rétablissement de l'ancien régime, comme l'affirmait Poloubotok, ou bien s'ils préféraient l'administration moscovite, comme il ressortait de la pétition de Starodoub.

Cette enquête n'avait évidemment d'autre but que de préparer le terrain à de nouvelles restrictions des libertés ukrainiennes. Poloubotok, qui le pressentait, envoya des instructions indiquant comment il fallait agir et de quelle façon il fallait répondre. A sa requête, les troupes cosaques, campées sur la frontière, sur les bords de la Kolomak, adressèrent dans le même temps au tzar des pétitions réclamant l'élection d'un nouvel hetman et la suppression du régime moscovite en Ukraine.

Pierre le Grand en fut si courroucé, qu'il fit jeter en prison Poloubotok et les chefs et ordonna d'arrêter et d'amener à Petersbourg les auteurs de ces pétitions. Poloubotok mourut dans son cachot quelques mois plus tard (1724) et cet évènement produisit une grande impression dans le pays, surtout parmi la noblesse cosaque. Ce défenseur de ses libertés devint son héros, son martyr, dont l'histoire s'entoura bientôt d'un réseau de légendes. On raconte que sur son lit de mort il reprocha ouvertement au tzar, qui était venu le voir, sa conduite envers l'Ukraine. Il ajouta qu'il l'assignait devant le tribunal de Dieu, qui bientôt aurait à »juger et Pierre et Paul«. Quelques mois plus tard Pierre le Grand était mort.

# XXVIII.

## Les derniers temps des libertés de l'Ukraine.

La politique que Pierre le Grand avait svuivie en Ukraine, aussi bien que toutes ses entreprises en général, avaient été menées beaucoup trop rondement pour que ses successeurs pussent les continuer avec le même élan, que ne leur insufflaient pas, du reste, les traditions plutôt prudentes et précautionneuses des hommes d'état moscovites. Tout en conservant ses principes, ils les adoucirent dans la pratique. Il faut noter surtout le règne de son petit-fils, Pierre II, pendant lequel s'accusa un retour aux vieilles traditions moscovites. Le collège petit-russien et les impôts introduits sous Pierre I furent supprimés, on institua une enquête sur les faits et gestes de Veliaminoff, l'Ukraine fut replacée dans le ressort du ministère des affaires étrangères et, enfin, on donna l'autorisation d'élire un hetman.

La liberté requise pour cette élection fut d'ailleurs purement illusoire, car le gouvernement donna des instructions à son agent de ne laisser élire qu'une personne de son choix, nommément Daniel Apostol. La noblesse cosaque se soumit à ces voeux et élut le candidat désigné, qui, à vrai dire, ne fut pas un mauvais hetman, mais qui, au contraire, réussit à porter des améliorations dans l'administration de l'Ukraine, en suivant les idées qui avaient animé Poloubotok. Il n'arriva cependant jamais à rétablir l'indépendance du pays dans la mesure d'avant 1722.

A son décès, le gouvernement russe ne donna pas l'autorisation d'élire un autre hetman, mais un nouveau collège fut réinstitué, composé de trois ukrainiens et de trois grands-russiens, avec des droits égaux, au moins en apparence. En réalité le vrai gouverneur de l'Ukraine, c'était le résident russe, le prince Chakhovskoï, président de fait du collège. Par une instruction secrète, il était chargé de surveiller les autres membres du collège, de les arrêter

le cas échéant à la moindre suspicion et en général
d'agir d'après son jugement même à l'encontre des
termes de l'instruction.

Ayant ainsi carte blanche, Chakhovskoï en usa
à sa guise. Par exemple, il arrêta un jour toutes les
autorités municipales de Kiev, saisit leurs archives
et en retira les chartes les plus importantes, pour que
dorénavant la ville ne fût plus en état de s'en prévaloir. C'est le motif qu'il donna de son action au gouvernement. Il considérait d'ailleurs ses façons d'agir
comme trop bienveillantes et conseillait d'écarter
tout-à-fait les chefs cosaques du gouvernement du
pays et de le concentrer entre les mains d'une seule
personne (lui-même, évidemment).

Le gouvernement de Moscou tempérait l'ardeur
de son représentant, lui faisant toucher du doigt
qu'après tout, les membres ukrainiens du collège
n'avaient aucune influence et que leur éloignement
pourrait »provoquer des doutes« dans la population.
D'ailleurs, le pouvoir moscovite lui-même ne se gé-
nait pas de faire intercepter et saisir la correspon-
dance des ukrainiens les plus influents, voire des
membres du collège, comme cela arriva à Lizohoub.
Il destitua le métropolite, ainsi que les abbés de plusieurs monastères, pour avoir omis de célébrer le
T e  D e u m le jour de la fête du tzar. Il suffisait de
la moindre dénonciation d'un aigrefin quelconque
grand-russien, pour qu'on amenât un homme à Pétersbourg, à la chancellerie secrète, d'où il ne sortait, même innocent, que mutilé par les horribles tortures qu'il y avait subies.

A la fin, terrorisée par un pareil système, la
noblesse cosaque se détacha de la politique active,
achetant par cette complaisance la sécurité de sa
vie privée. Les cosaques ukrainiens souffrirent hor-
riblement dans les guerres contre la Pologne ou
contre la Turquie. Les paysans eurent à subir les
les logements des troupes moscovites, les réqui-
sitions exagérées de céréales, de bestiaux et des
moyens de transport. Cela amena l'Ukraine à la ruine.
Voici ce qu'écrivait, en 1737, le ministre russe lui-

même, A. Volynsky: »Jusqu'à mon arrivée en Ukraine
je ne me figurais pas que le pays fut dévasté à ce
point et qu'une si grande quantité de gens eut péri.
Cependant, on envoie actuellement encore tant
d'hommes à la guerre, qu'il ne reste pas assez de
cultivateurs pour qu'on puisse ensemencer les terres.
D'ailleurs il serait difficile de labourer, tant on a
réquisitionné de boeufs et tant il en est mort aux
charrois ...«

L'accession au trône de la tzarine Elisabeth (1741
à 1761) apporta un certain soulagement à cette pénible situation. N'étant encore que princesse, elle
s'était éprise du bel Alexis Razoumovsky, un de ces
chanteurs que l'Ukraine, qui produit de belles voix,
fournissait à la maîtrise de la chapelle impériale.
Elle l'épousa en secret et lui conserva ses faveurs
jusqu'à la mort, après l'avoir fait maréchal et comte
de l'empire romain. Il avait su inspirer à la tzarine
de la sympathie pour sa patrie. En 1744, elle visita
Kiev, où elle fut cordialement accueillie par la population et accepta gracieusement une requête contenant les desiderata ukrainiens, notamment en ce qui
touchait l'élection de l'hetman.

La tzarine avait un candidat à cette fonction, en
la personne de Cyrille Razoumovsky, frère cadet de
son mari. Il était alors très jeune et se trouvait à ce
moment à l'étranger pour se perfectionner dans les
belles manières. A son retour, il fut comblé d'ordres
et de titres et on le maria à une cousine d'Elisabeth.
On décréta les élections et il va sans dire que les
officiers cosaques s'empressèrent de l'élire. Cyrille
Razoumovsky, qui devait être le dernier des hetmans,
fut installé en grande pompe en 1750. L'Ukraine redevint du ressort du ministère des affaires étrangères,
les fonctionnaires grands-russiens s'en allèrent; le
régime d'avant 1722 était rétabli.

Le nouvel hetman resta étranger à la vie ukrainienne: son éducation et ses intérêts le retenaient
à Pétersbourg, où il passait le plus clair de son temps.
Il ne se mêlait que très peu aux affaires et laissait
à la noblesse cosaque le gouvernement du pays. Les

relations qu'il avait dans les plus hautes sphères et l'influence de son frère à la cour, firent que les autorités russes, tant civiles que militaires, ne se risquaient plus à se conduire en Ukraine comme elles l'avaient fait auparavant et que, par conséquent, l'autonomie du pays, dans les limites qui lui avaient été reconnues, fut suffisamment respectée.

La seule cause de discordes était la Sitche Zaporogue, retournée de l'exil en 1734, comme nous l'avons vu, qui avait été aussi placée sous l'autorité de Razoumovsky. Toute loyale qu'elle fut, ses moeurs indépendantes, ses prétentions territoriales, ses tendances démocratiques ne cadraient guère avec les idées moscovites, de sorte que les motifs de querelle ne manquaient pas.

A part cela, la vie ukrainienne s'écoula assez tranquillement pendant une vingtaine d'années (1744 à 1764). La noblesse cosaque trouva la possibilité d'arranger les choses selon ses désirs: ce travail, commencé sous Razoumovsky, se continua après lui et a duré, en somme, jusqu'à nos jours. Là gît l'importance historique du dernier hetman (1750—1764), malgré la parfaite insignifiance de sa personne.

La société démocratique de la République Ukrainienne n'avait pas tardé à se hiérarchiser sous le protectorat moscovite, déjà du temps de Samoïlovitch et de Mazeppa. Cette évolution vers l'oligarchie nobiliaire marcha maintenant à grand pas. On voyait se réaliser la prophétie du roi de Suède que jamais la Moscovie ne souffrirait sous son protectorat un régime de libertés politiques. Bientôt du self-government de la démocratie ukrainienne, il ne resta presque plus rien; il ne se conservait que dans les plus basses couches du peuple, dans les communes cosaques. L'assemblée générale fut réduite à une fonction décorative, inévitable dans certains cas, comme pour l'élection de l'hetman, qui, en fait, comme nous l'avons vu, était nommé par le gouvernement russe. Ce que ce dernier laissait à l'initiative des Ukrainiens était réglé par l'hetman, soit de sa propre autorité, soit avec le concours des grands chefs, de sorte que ce maigre restant de l'autonomie cosaque était passé dans les mains de l'aristocratie.

Celle-ci, sous le nom de compagnons du »bountchouk«* et de l'étendard, ou sous l'appellation de »compagnons illustres de l'armée«, formait une classe privilégiée, une noblesse héréditaire, le »chelakhetstvo« comme elle se nommait officiellement, à l'instar de l'aristocratie polonaise. Sous l'hetmanat de Razoumovsky, elle s'appliqua à augmenter, à consolider ses droits de classe et à raffermir sa mainmise sur l'administration du pays, tâchant de s'approprier les privilèges de la noblesse lithuanienne et polonaise, tels qu'ils étaient exposés dans les recueils juridiques en usages dans la pratique judiciaire de l'Ukraine (Statut lithuanien et Droit de Magdebourg).

Nous avons déjà remarqué plus haut que, pour suppléer au manque d'un droit ukrainien codifié, ces recueils, introduits sous la domination polonaise, étaient encore restés dans la pratique journalière. Quand, sous l'hetmanat de Daniel Apostol, des juristes ukrainiens furent commis à l'effet de rassembler les monuments du droit national pour les soumettre à la sanction du gouvernement russe, ils se contentèrent de faire une compilation des codes ci-dessus mentionnés. Cette oeuvre, rédigée en 1743 sous le titre de »Lois selon lesquelles s'exerce la juridiction chez le peuple petit-russien«, ne fut pas, il est vrai, sanctionnée par le gouvernement, mais elle contribua beaucoup à consolider encore l'autorité des principes qu'elle reproduisait. La noblesse ukrainienne s'habitua à considérer sincèrement ses prescriptions comme la juste expression du droit national, de sorte que, sous l'hetmanat de Razoumovsky, elle les prit pour base lorsqu'elle s'efforça de réorganiser l'administration.

Ces principes se réflétèrent aussi dans la structure sociale. La noblesse cosaque s'identifia à cette classe privilégiée dont parle tant le statut lithuanien, ce

---

* Insigne militaire, orné de queues de chevaux, emprunté aux Tartares.

code de la noblesse au XVI siècle, elle se crut intitulée
aux mêmes droits en Ukraine, elle introduisit les
mêmes droits seigneuriaux sur les terres et sur les
personnes; les paysans se virent dépouillés selon la
lettre de la loi.

Ce régime de l'Ukraine de l'hetmanat pesa longtemps sur le pays et plusieurs articles de ses prescriptions se sont conservés jusqu'à nos jours dans
le droit local des provinces de Tchernyhiv et de
Poltava.

A côté de l'Ukraine soumise à l'hetman, il y avait
l'Ukraine Slobidska, qui n'en était qu'une copie
affaiblie. C'était l'ancien territoire de colonisation
ukrainienne, à l'intérieur des frontières moscovites,
ce qui constitue aujourd'hui le gouvernement de
Charkov et quelques contrées contigües, appartenant
à Koursk et à Voronège. Nous avons vu comment s'y
étaient établis, principalement dans la seconde moitié du XVII siècle, les émigrants de la rive droite du
Dniéper fuyant le joug polonais. Ils s'étaient orga-
nisés en »régiments« comme dans l'hetmanat, les
chefs élus les gouvernaient aussi, mais ils étaient soumis à l'autorité des voïvodes russes, jugés d'après
les lois russes et, en général, se trouvaient dans une
dépendance plus étroite de Moscou, puisqu'on ne
leur avait reconnu aucune autonomie. Cependant
l'élément ukrainien y était très fort, de sorte que ce
pays devait jouer par la suite un rôle considérable
dans le mouvement national.

## XXIX.

### L'autonomie de l'Ukraine finit par disparaître.

La politique bienveillante ou pour mieux dire ré-
servée de Moscou vis-à-vis de l'Ukraine (qui n'arrêta d'ailleurs jamais le processus d'incorporation)
cessa complètement lorsque Catharine II monta sur
le trône. Les façons d'agir de Pierre le Grand étaient
faites pour lui plaire; elle trouva donc nécessaire
d'uniformiser le pays et de supprimer les droits par-

ticuliers dont pouvaient encore jouir certaines provinces. Spécialement en Ukraine, elle était d'avis qu'il fallait »que l'époque et le nom même de l'hetman disparut, qu'aucune nouvelle personne ne fût désignée pour ce poste«. Et quoique Rozumovsky fût un de ses amis fidèles, elle saisit la première occasion de le destituer.

Elle lui fut fournie par une campagne entamée dans le peuple, et à laquelle l'hetman n'était sans doute pas étranger, pour faire signer une pétition demandant que l'hetmanat devint héréditaire dans la famille de Rozoumovsky. Quoique cette supplique n'eût pas le temps de lui être présentée, la tzarine s'empara de l'incident et mit l'hetman au pied du mur, le sommant d'abdiquer, ajoutant que s'il ne le faisait, il serait destitué tout de même, sans parler des désagréments qui pourraient s'en suivre. Bien qu'à contre cœur, il dût céder et, le 10 novembre 1764, Catharine publia un manifeste »au peuple petit-russien«, dans lequel elle portait à sa connaissance l'abdication de Rozoumovsky. Pour récompenser ce dernier de sa docilité, elle lui accorda une pension considérable et lui laissa en pleine propriété les domaines immenses qui avaient été réservés pour l'entretien des hetmans.

Ce trait de générosité fit une excellente impression sur la noblesse cosaque, parce qu'elle se prit à espérer que les biens attachés à la maintenance des autres fonctions (ce que l'on appelait les »biens de rang«) lui seraient également adjugés en pleine propriété, lors de la liquidation de l'autonomie. Ceci explique, au dire d'un historien contemporain, pourquoi elle ne souleva parmi les chefs aucune protestation sérieuse contre l'abolition de l'hetmanat. Il en fut autrement de la population qui prit nettement position contre ces changements, dans les cahiers rédigés trois ans plus tard pour les députés à la »Commission pour la rédaction d'un nouveau code«.

Cette fois l'abolition de l'hetmanat devait être définitive: jamais le gouvernement ne parla plus d'élections. Il promit seulement d'améliorer l'administration de l'Ukraine et entreprit de gouverner provisoirement au moyen d'un nouveau collège, composé de quatre ukrainiens et de quatre grands-russiens, avec un président et un procurateur, tous deux également grands-russiens. A cette occasion, des instructions furent données, pour que les membres siègeassent pêle-mêle autour de la table et non pas, selon l'usage antérieur, les Russes d'un côté, les Ukrainiens de l'autre, ce qui »inspirait aux Petits-Russiens l'idée perverse de se croire un peuple tout-à-fait distinct du nôtre«.

Le président de ce collège, comte Roumiantseff, qui portait le titre de »général gouverneur de la Petite Russie«, tenait en ses mains le pouvoir, les autres membres n'étant là que pour la forme. Dans ses instructions, Catherine le chargeait d'exécuter sans défaillance son programme, de s'attacher à faire disparaître toutes les particularités de l'Ukraine et de les remplacer par les lois et coutumes de l'empire.

Elle appelait particulièrement son attention sur certains défauts, très regrettables à son point de vue, de la législation ukrainienne: par exemple le servage ne s'y était pas encore complètement établi et les paysans pouvaient passer des terres d'un seigneur à celles d'un autre, ce qui n'existait plus depuis long-temps en Moscovie. Elle trouvait inadmissible que les impôts russes n'y eussent pas été introduits et que le trésor n'y puisât pas de revenus. Mais surtout elle lui enjoignait de ne pas perdre de vue »la haine intérieure« que les Ukrainiens nourrissaient contre la Russie, surtout dans la noblesse cosaque, lui recommandant de la contrecarrer en discréditant cette aristocratie aux yeux du peuple. Il suffirait de rendre clair à la population que le nouveau régime lui apportait un soulagement contre les injustices des seigneurs, pour gagner sa confiance, se l'attacher et rendre impossible aux intellectuels ukrainiens de trouver un appui dans le peuple, pour s'opposer au gouvernement russe.

C'était donc toujours la même manoeuvre, d'en appeler aux instincts démagogiques, chaque fois qu'il s'agissait de porter un nouveau coup aux libertés du pays, car la noblesse tremblait d'être exposée au courroux du peuple, trop longtemps excité par les appropriations injustes de terres, les empiètements sur ses droits, l'introduction arbitraire de prestations et de corvées. Et, cependant, le régime russe, pas plus maintenant qu'autrefois, n'apportait aucun adoucissement aux souffrances de la population. Tout au contraire, plus l'Ukraine arrivait à ressembler à la Russie servile et arbitraire, plus elle perdait de ces libertés dont les paysans avaient autrefois joui.

Le programme de Catherine, loin de délivrer le menu peuple de »la multitude des petits tyrans«, comme elle l'avait promis, ne faisait qu'aggraver la tyrannie. On introduisit la capitation russe et la faculté de changer de domicile fut supprimée. Le servage prenait les dures formes moscovites. En 1763, on interdit aux paysans de passer sur les terres d'un autre seigneur sans l'autorisation de leur maître actuel. Les grands propriétaires en profitèrent pour lier les paysans d'avantage, et ces derniers, peu enclins à se soumettre, saisirent aussi l'occassion de s'enfuir. Un ukase de 1783 défendit tout changement de domicile, pour rendre plus facile la perception des nouveaux impôts qu'il introduisait. Les paysans devinrent aussi complètement liés que les serfs moscovïtes. Tout cela pouvait-il gagner leurs sympathies au gouvernement de Moscou?

Une autre partie de la population eut l'occasion de manifester ses sentiments à propos des élections mentionnées plus haut, pour envoyer à Pétersbourg un certain nombre de députés devant faire partie d'une commission chargée d'élaborer un nouveau code des lois de l'empire (1767). Non seulement la noblesse, mais les cosaques, la bourgeosie, le clergé, tout le monde exprima le désir unanime que l'Ukraine fût gouvernée d'après les »articles« de Bohdan Chmelnytsky, réclama l'élection d'un nouvel hetman et le rétablissement de l'ancien régime.

Roumiantseff en fut fort irrité, lui, qui avait usé et abusé de son iufluence pour écarter des voeux aussi désagréables au gouvernement. Il ne se fit pas faute de faire passer à la censure les cahiers d'instructions des députés et même de livrer aux tribunaux ceux qui s'entêtaient dans leur opposition. La tzarine se montra plus accommodante: elle conseilla à son trop fidèle serviteur de ne pas prêter tant d'importance à »ces opinions surannées«, comptant bien que »le désir des titres et surtout des appointements« en aurait raison avec le temps. Elle n'en continua pas moins de poursuivre l'extirpation des libertés ukrainiennes.

Mais ce qui causa la plus profonde impression en Ukraine, ce fut l'anéantissement, en 1775, de la Sitche Zaporogue, ce vieux foyer de démocratisme et de liberté.

Comme nous l'avons dit, la Sitche Zaporogue, malgré les témoignages de sa loyauté, était toujours regardé d'un oeil soupçonneux par les autorités russes. Il y avait trop de divergences entre les points de vue et la question de territoire fournissait à tout bout de champ un brandon de discorde.

Suivant les anciennes traditions, la Sitche Zaporogue considérait comme son territoire exclusif les vastes contrées sur le Dniéper inférieur qui formèrent plus tard les provinces de Katerinoslav et de Kherson — le »territoire des libertés cosaques« comme on l'appelait. Or, le gouvernement russe avait commencé, déjà sous Pierre I, à y édifier »la ligne« des fortifications qui défendaient ses frontières méridionales. Avec toutes sortes de nouveaux venus, il y avait créé des colonies militaires, notamment avec des Serbes qui y avaient immigré vers la même époque, formant la »Nouvelle Serbie«, dont les habitants s'étaient fondus dans la population ukrainienne. Le gouvernement de Catherine II avait fait le projet de fonder une »Nouvelle Russie« sur le littoral de la Mer Noire (nom qui fut d'ailleurs donné plus tard officiellement au pays).

La Sitche n'était pas restée indifférente à la situation économique créée par l'afflux de population agricole qui s'était produit dès que la horde de Cri-

mée eut cessé d'être d'un voisinage dangereux:
elle voulait cependant coloniser son territoire à sa
guise et le garder sous son protectorat, ce qui justement contrecarrait les projets de Moscou. D'ailleurs
l'esprit libéral et démocrate de cette république
cosaque était trop en contradiction avec les tendances autocratiques et bureaucratiques de la Russie.
Et cette contradiction ne faisait que s'accentuer à
mesure que le régime grand-russien pénétrait en
Ukraine.

Dans le territoire des »libertés zaporogues«
s'étaient, en effet, conservés les principes démocratiques. La Sitche était gouvernée par l'assemblée
de l'armée, comprenant tous les cosaques. On pro-
cédait très souvent à l'élection des chefs, qui restaient sous le contrôle permanent de l'armée. Toutes
les richesses naturelles du territoire étaient admi-
nistrées en commun. La propriété privée des terres
n'existait pas et, en général, ce genre de possession
était réduit dans la Sitche au strict minimum. Les
ménages privés et même la vie en famille étaient considérés comme un altération de la pureté des principes. Les cosaques zaporogues formaient dans la
Sitche des communautés ou »kourines«, dans lesquelles tous mangeaient à la même marmite, versant
leur écot à la caisse commune, chacun suivant ses
moyens. C'était donc une confrérie militaire ukrainienne (les Zaporogues se nommaient entre eux confrères). Du reste, depuis longtemps, les historiens ont
fait remarquer les analogies qui existaient avec les
ordres de chevalerie de l'occident.

Au milieu du dépérissement général des idées
democratiques en Ukraine, alors que la noblesse
asservissait les paysans et les simples cosaques, à
mesure que les distinctions entre les classes se creu-
saient de plus en plus, la Sitche Zaporogue, inébranlable dans ses traditions, devait constituer un reproche
vivant pour la noblesse cosaque et pour la Russie
qui favorisait cette évolution aristocratique. Les milliers de jeunes gens, qui allaient passer quelques années à la Sitche, pour y respirer l'air des steppes et

participer aux expéditions organisées par les Zaporogues (haïdamaks), en rapportaient cet esprit de
liberté, qui ne laissait pas s'éteindre complètement
les traditions des ancêtres dans l'hetmanat. C'est
pourquoi la république du Dniéper restait chère aux
coeurs ukrainiens et c'est aussi ce qui devait sceller sa
perte dès que Catherine II eut prit la résolution
d'exécuter ses plans jusqu'au bout.

A la fin de la guerre avec la Turquie, dans laquelle
les Zaporogues avaient rendu d'éminents services,
des détachements russes furent envoyés secrètement
sur le territoire de la Sitche, afin de désarmer les
cosaques, qui, ne se doutant de rien, avaient repris
leurs occupations du temps de paix. Tout à coup les
divers postes cosaques furent assiégés par des forces
russes bien supérieures, munies d'artillerie et le 5 juin
1775, la Sitche elle même se trouva cernée. On somma
ma les Zaporogues de rendre les armes et de quitter
la Sitche et les steppes, faute de quoi ils y seraient
contraints par la voie des armes.

Les cosaques surpris ne savaient à quoi se résoudre.
Pierre Kalnychevsky, leur »kochovy« (président de
la république), finit par les persuader que toute résistance était impossible et qu'il fallait se rendre. La
Sitche fut détruite de fond en comble, car le décret
de la tzarine portait qu'elle devait être rasée au point
que »le nom même de cosaques zaporogues soit ané-
anti«. Leur territoire fut divisé en immenses domaines, qui furent distribués aux seigneurs russes. Les
chefs cosaques, en dépit de la loyauté qu'ils avaient
témoignée à l'empire, furent jetés dans les horribles
cachots des monastères. Kalnychevsky vécut encore
trente ans, complètement isolé, dans une affreuse
casemate du monastère de Solovki, près d'Archangel.
Il ne mourut qu'en 1803, à l'âge de 112 ans.

On avait imposé aux cosaques de se faire inscrire
comme paysans ou citadins, ou bien de s'engager
dans les régiments de »piquiners« (cavaliers armés de
piques, lanciers). Mais ils préférèrent s'enfuir en
Turquie, où ils fondèrent la nouvelle Siche non
loin des embouchures du Dniéper et du Dniester.

Rien n'empêchait plus le gouvernement de Cathérine II de mener à bout son entreprise néfaste, de supprimer les institutions cosaques. Un ukase de 1780 établit dans l'hetmanat le système de division en gouvernement, qui régnait en Russie. Déjà, en créant les gouvernements de Nouvelle Russie et plus tard celui d'Azof, on y avait englobé le régiment de Poltava et une partie de celui de Myrhorod. Les autres régiments eurent maintenant le même sort.

Le collège petit-russien et le tribunal général étaient supprimés un an après, avec l'administration des régiments; leurs bureaux devaient exister encore quelques temps pour mener à bonne fin les affaires en cours.

En 1783, on abolit les unités militaires cosaqes, qui furent transformées en régiments de carabiniers, tout comme les unités cosaques de l'Ukraine Slobidska avaient été transformées en régiments de hussards. Les cosaques formèrent une classe de paysans libres, obligés au service militaire dans ces régiments. La noblesse cosaque obtint les mêmes privilèges et organisation que la noblesse russe. La bourgeoisie des villes et la population agricole furent soumises à la même législation que les classes moscovites similaires. Ce qui restait de l'indépendance du clergé ukrainien disparut en 1786, lorsque l'on s'empara au profit du trésor des biens des évêchés et des monastères. On fit pour ces derniers un règlement qui fixait le nombre des moines que chacun d'eux pouvait abriter et les appointements qu'ils devaient toucher de l'état. Les évêques et le clergé régulier furent dès ce moment complètement dépendants du gouvernement de l'empire.

**XXX.**

L'Ukraine occidentale et l'Ukraine
de la rive droite du Dniéper.

L'histoire de l'Ukraine orientale, dans la seconde moitié du XVII siècle et dans le courant du XVIII,

**149**

a pour un moment occupé notre attention, et nous y étions obligés parce qu'en effet c'était là que, dès le temps de Sahaïdatchny, s'était fixé le centre de gravité de la vie non seulement politique mais aussi intellectuelle de la nation.

A Léopol, que nous avons vu, à la fin du XVI siècle, rassembler autour de sa confrérie les éléments nationaux de l'Ukraine occidentale, ces éléments se sont peu à peu polonisés ou ont disparu. Sans parler des classes supérieures, cette forte bourgeoisie, qui avait été le noyau de l'organisation ukrainienne, a dépéri. Dans le cours du XVII siècle, par suite de la politique à vue courte de la noblesse polonaise, l'importance économique de la ville alla en s'affaiblissant. La population eut beaucoup à en souffrir, surtout l'ukrainienne qui s'évertua toujours en vain d'obtenir des droits égaux à ceux de la bourgeoisie polonaise et ne parvint jamais à pénétrer dans l'administration municipale, pas plus que l'aristocratie ukrainienne n'était admise à gouverner le pays. Aussi les plus énergiques se mirent-ils à émigrer, comme c'était le cas pour tous les pays ukrainiens de l'occident, et allaient se plonger à l'est dans le tourbillon des luttes politiques et nationales, où ils pouvaient prêter à la cause le concours de leurs forces, et aussi acquérir de l'influence, du pouvoir ou simplement de la fortune.

A Kiev, nous l'avons vu, le mouvement national et progressif se trouvait, au temps de Sahaïdatchny, entre des mains galiciennes, qui avaient fortement contribué à le créer. Plus tard, jusque dans le XVIII siècle, nous rencontrons dans toute l'Ukraine orientale une foule de noms venus de Galicie ou de l'Ukraine occidentale, soit parmi les cosaques, le clergé, la bourgeoisie ou les paysans; la colonisation ukrainienne s'enrichit de l'affaiblissement de l'occident.

La confrérie de Léopol nous offre un exemple de ce dépérissement. Elle fonctionne encore, mais dans un cadre toujours plus restreint. L'école, qui avait été son principal ornement, cesse tout à fait vers le milieu du siècle. Sa contribution à l'éducation publique se borne à imprimer quelques livres, pour la

plupart des livres religieux, qu'elle débite dans tout
le pays. C'est pour elle une source de revenus, aussi
tient-elle à en conserver le monopole. Mais dès lors
Kiev étati redevenu le foyer de la vie ukrainienne, et
l'occident ressentait profondément tout ce qui le séparait de cette ville.

Ce fut le cas lorsque le territoire ukrainien se trouva scindé par suite de la paix conclue entre la Pologne
et la Moscovie. Cette dernière trahissait ses coréli-
gionnaires, elle les livrait malgré leurs protestations
et leur colère, pieds et poing liés, à la Pologne. Plus
tard, la mise de l'archevêché sous la suffragance du
patriarche de Moscou, à l'encontre des voeux de la
population ukrainienne, rompit presque les rapports
ecclésiastiques et intellectuels. Les Polonais en profitèrent pour introduire dans le pays l'union des
églises. A partir de ce moment, l'Ukraine occidentale
et l'Ukraine orientale suivent des chemins différents;
celle-ci cède de plus en plus aux influences russes,
l'autre va se polonisant.

Quoique le pays n'ait pas accepté l'union de
Brest-Litovsk, la Pologne continua obstinément à
vouloir catholiser l'église orthodoxe en Ukraine occidentale. Les édits de tolérance de 1632 avaient, il est
vrai, reconnu l'existence légale de cette église à
côté de l'église uniate, mais le gouvernement n'était
point satisfait. En 1676, la diète polonaise défendit
sous peine de mort aux personnes appartenant au
rite orthodoxe de se rendre à l'étranger ou respective-
ment d'entrer dans le pays, d'entretenir aucune relation avec les patriarches de leur église et de soumettre à leur jugement leurs affaires religieuses.

L'évêque de Léopol, Joseph Choumlansky, un ancien uniate, qui n'avait adopté l'orthodoxie que pour
obtenir son diocèse, se chargea, avec d'autres candidats à l'épiscopat (J. Vynnytsky, V. Cheptytsky)
d'aider le gouvernement à soumettre la population
orthodoxe à l'union et de l'isoler de toutes influences
étrangères. On s'empressa de l'investir de la fonction
de métropolite pour tout le territoire polonais et on
ne distribua plus de postes ecclésiastiques que sur la

recommandation de Choumlansky et de son entourage
à des adhérents de l'union. On imposa encore d'autres
restrictions aux orthodoxes, par exemple on leur interdit, de par la loi, d'occuper des fonctions municipales.

Par ses agissements cauteleux Choumlansky parvint à affaiblir à un tel point l'élément orthodoxe
qu'il ne craignit plus de jeter le masque et de se déclarer ouvertement avec ses collaborateurs pour les
uniates. L'édit d'union fut proclamé dans le diocèse
de Peremychl et quelques années plus tard (1700))
dans celui de Léopol. Choumlansky dût s'emparer
de force de l'église de la confrérie. Les confrères
eurent beau protester, il les força de capituler ayant
établi provisoirement pour leur faire concurrence une
imprimerie dans le but de les évincer du commerce
des livres religieux (1708).

Quelques années après ce fut le tour du diocèse de
Loutsk de tomber dans les mains des uniates, qui im-
posèrent leur église à la population. Dans le cours de
la première moitié du XVIII siècle, toute l'Ukraine
occidentale qui se trouvait sous la domination polonaise fut, presque sans exceptin, soumise à l'union.

Déjà dans le même temps on l'introduisit au delà
des Carpathes, puisque ces pays dépendaient du diocèse de Peremychl. Ils avaient vécu, au XVI et XVII
siècles, dans un liaison spirituelle étroite avec la
Galicie, vivant de sa civilisation et de sa littérature,
comme le prouvent les documents de l'époque.
L'échange de population entre les deux pays était
resté assez actif.

Cette Ukraine d'au delà des Carpathes, coupée de profondes et nombreuses vallées, dont les rivières coulent
vers le sud, avait une population que la configuration du
sol reliait aux centres méridionaux magyares, roumains
ou slovaques, au lieu de l'unir et de favoriser la formation de centres intellectuels qui lui fussent propres.
Deux monastères celèbres concentraient la vie religieuse: Saint Nicolas de Mounkatch et Saint Michel
de Hrouchev dans le district de Marmaros. On donnait
comme fondateur au premier le prince Théodore

Koriatovitch. Ce neveu d'Olguerd, expulsé de la Podolie par Vitovte (1394), avait obtenu l'administration du district de Mounkatch et puis était devenu gouverneur de Bereg. Dans les cervelles de ces montagnards ukrainiens, habitants d'une contrée pauvre en évènements et en personnalités historiques, il se forma plus tard une légende qui attribuait toutes sortes de choses à ce personnage d'importance. La colonisation ukrainienne même, quoique bien antérieure à son époque, aurait été établie par lui au delà des Carpathes. C'est lui qui aurait fondé une partie des institutions nationales, entre autres le monastère de Mounkatch.

Dans ce monastère on trouve des évêques indépendants dès le XV siècle, mais le diocèse ne fut organisé que beaucoup plus tard. Les paroisses faisaient partie du ressort de l'évêché de Peremychl. La population, du reste, dépourvue de tous moyens d'instruction, avait continué de croupir dans l'ignorance et était fort peu au courant des subtilités religieuses. Il semblait donc qu'il serait facile de la gagner à l'union. Dans la deuxième moitié du XVII siècle, sur le désir d'un des seigneurs locaux (un magyar bien entendu, car ici les Ukraines n'avaient point d'aristocratie), l'évêque de Peremychl fit proclamer l'union par le clergé qui dépendait de lui. Mais les populations tenaient extrèmement au rite orthodoxe: n'était-ce pas par là que se manifestait leur âme commune? N'était-ce pas la marque de leur nationalité? Une véritable insurrection éclata; les paysans, armés de fourches et de bâtons, chassèrent les uniates et ainsi ce premier assaut contre leurs croyances fut repoussé.

Mais le premier pas était fait. Les seigneurs et le clergé catholique, loin de se tenir pour battus, employèrent toute leur habileté à gagner les évêques et les prêtres locaux à l'union, en leur promettant des droits égaux à ceux des prêtres catoliques et l'affranchissement du servage, auquel les membres du clergé orthodoxe étaient soumis, comme en Hongrie et assez souvent même en Galicie. Dès 1649, ce genre de propagande avait fait de nombreux prosélytes et cette même année l'union pouvait être proclamée formellement à Oujhorod. La résistance des populations était cependant loin d'être vaincue; ce ne fut que vers 1680, lorsque l'administration autrichienne eut pris solidement pied dans la Hongrie orientale, que l'union put se propager assez rapidement dans les comitats de Bereg, d'Oujhorod et de Zemplin. A dire vrai, ce ne fut pas tant par le persuasion qu'elle fit des progrès que par la pression exercée par les fonctionnaires autrichiens, les peines édictées contre les relaps, sans mentionner l'usage fréquent de la force armée.

Néanmoins, au XVIII siècle, la partie occidentale de l'Ukraine des Carpathes pouvait être considérée comme complètement soumise à l'union. Seule la partie orientale (les comitats d'Ougotcha et de Marmaros) résistait encore, parce qu'elle subissait les influences venues de la voisine Moldavie, pays orthodoxe et dont la partie septentrionale, connue plus tard sous le nom de Bukovine, était peuplée d'Ukrainiens. Jusqu'en 1735, il y eut dans ces comitats un épiscopat et plus tard encore des prêtres orthodoxes, ordonnés par les évêques moldaves ou serbes. En 1760, il se déchaîna là dans la population ukrainienne et roumaine un mouvement contre l'union, assez sérieux pour inquiéter le gouvernement autrichien de Marie Thérèse.

Mais la lutte religieuse et nationale acquit sa plus grande intensité sur la rive droite du Dniéper, par suite de la façon dont ces pays avaient été repeuplés.

En exécution du traité avec la Pologne, le gouvernement russe, vers 1714, ramena au delà du fleuve l'armée restituée des cosaques, aussi bien que la population civile, de sorte que la rive droite du Dniéper et le bassin du Bog redevinrent le champ de l'expansion religieuse et nationale de la Pologne. Les descendants des familles polonaises qui avaient dû quitter ce pays à l'époque de Chmelnytsky, y revinrent maintenant, ou bien y envoyèrent leurs agents, pour organiser les villes et les villages, où ils attiraient les colons des contrées plus densément peuplées. Comme 150 ans auparavant, commencèrent à

154

y affluer des multitudes de fugitifs de la Polissie, de
la Volhynie et de la Galicie, se flattant d'y trouver la
liberté et dans moins de vingt ans ces espaces dévastés
se couvrirent de fermes et de villages, au milieu desquels se bâtirent les villes, les résidences des seigneurs, les églises et les monastères catholiques.

Lorsque la colonisation fut devenue assez dense,
la noblesse recommença à exploiter la population, en
lui imposant de lourdes redevances et de pénibles
corvées, et aussi, comme 150 ans auparavant, l'exas-
pération éclata contre l'oppression, contre les privilèges et la domination polonaise. Le souvenir de l'organisation cosaque, des insurrections populaires et
de la liberté, n'était pas encore éteint et l'on brûlait
de les faire revivre. Cependant le gouvernement polonais, instruit par de si cruelles expériences, s'était
bien gardé de rétablir les anciennes organisations cosaques, de sorte qu'il n'y avait pas de cadre qui pût
coordonner et régulariser le mouvement populaire.
Mais à chaque fois que des cosaques ou des soldats
russes paraissaient dans le pays, ils étaient sûrs d'y
trouver l'aide et la sympathie de la population et l'insurrection était déclenchée.

Ces mouvements, qui se réduisaient souvent aux
exploits de bandes, composées moitié de pillards, moitié de rebelles, comme celles qui ne cessèrent sous la
domination polonaise de parcourir l'Ukraine occidentale pendant près d'un siècle, trouvaient ici un
terrain plus favorable, prenaient des proportions
plus considérables et s'enflaient jusqu'à donner lieu à
ces sortes de guerres populaires, qui ont rendu célèbre
le nom des haïdamaks.*

La Sitche Zaporogue, dès l'instant qu'elle se fut
réinstallée sur son ancien territoire, devint le foyer
principal de la rébellion.

En 1735, lorsque, par suite de l'interrègne en Pologne, les troupes russes entrèrent dans ce pays, on
s'imagina dans le peuple que l'Ukraine de la rive

---

* Mot turc qui désignait ceux qui participaient à ces expéditions.

droite allait être réunie avec l'Ukraine de la rive gauche et que les seigneurs seraient chassés. Il n'en fallut pas davantage pour faire éclater une insurrecion, qui fut d'ailleurs réprimée par ces mêmes troupes russes, saluées en libératrices, mais qui, après avoir replacé Auguste III sur le trône, s'empressèrent, à la demande de ce dernier, de tourner leurs armes contre les Ukrainiens.

Cela se répéta encore, mais sur une plus grande échelle, en 1768, lorsque, sur la demande du gouvernement polonais, les Russes franchirent de nouveau le Dniéper pour mettre à la raison les seigneurs révoltés. De nouveau les Ukrainiens se figurèrent que l'armée russe était envoyée pour les délivrer du joug des Polonais et il courait de bouche en bouche que la tzarine avait, par »un manifeste d'or«, fait appel à la population, afin qu'elle exterminât les polonais et les juifs, à cause des torts qu'ils avaient causés à la religion orthodoxe.

A la tête du mouvement des »kolyi« était un cosaque zaporogue du nom de Maxime Zalizniak. Le point culminant de l'entreprise fut la prise d'Oumane, place des mieux fortifées, dans les remparts de laquelle s'étaient réfugiés une multitude de polonais et d'israélites. Un centurion de la garde du magnat polonais, Ivan Honta, passa aux insurgés, devint un de leurs chefs et ce fut grâce à lui que Oumane fut prise. Quelques autres villes et forteresses, toutes pleines de fuyards, furent également détruites. Ces succès furent de courte durée: les troupes russes, revenant de châtier les seigneurs polonais, ne tardèrent pas à défaire les rebelles. Leur chefs furent faits prisonniers et jetés en prison, tandis que les simples partisans furent livrés à des cours martiales, qui employèrent sans pitié les tortures et la mort, pour enlever à la population l'envie de recommencer. Cependant ce ne fut pas la terreur, mais l'annéantissement, quelques années après, de la Sitche zaporogue qui mit fin à ces insurrections en masse.

Nous ne devons pas manquer de remarquer que le trait saillant de ces soulèvements fut qu'ils eurent

entre autres caractères, celui de luttes religieuses, pour
la défense du rite orthodoxe contre l'introduction
forcée de l'union, que les seigneurs et les autorités
polonaises s'efforçaient de faire passer dans la pratique sur la rive droite du Dniéper. C'est pourquoi les
moines des monastères orthodoxes peuvent être regardés en partie comme les instigateurs et parfois les
organisateurs des haïdamaks, qui, quelques autres
motifs qu'ils pussent avoir, contribuaient surtout à
augmenter la force de résistance des populations
ukrainiennes contre l'oppression et les violences des
catholiques. Melchisédech Znatchko-Iavorsky, supé-
reur du monastère de Sainte Matrone, est considéré comme le principal instigateur de l'insurrection 1768. Le grand poète ukrainien, Chevtchenko, né
lui-même dans le pays où s'étaient passés ces évènements, nous l'a dépeint dans ce rôle, en se servant
de la traditon orale populaire, recueillie sur place,
dans son poème célèbre »Haïdamaky« (1841). Un des
principaux épisodes relate la mort d'un marguillier de
Mliev: il fut brûlé vif par les Polonais, pour avoir
exécuté l'arrêt de la commune, qui se refusait d'accepter pour pasteur un prêtre uniate (1766). Les
orthodoxes de son temps lui décernèrent la gloire
et la couronne du martyre.

XXXI.

D é p é r i s s e m e n t  d e  l a  v i e  n a t i o n a l e  d a n s
l a  s e c o n d e  m o i t i é  d u  XVIII  s i è c l e.

Par suite des évènements que nou venons brièvement de rapporter, la vie nationale du peuple ukrainien tomba, dans la seconde moitié du XVIII siècle,
dans un extrème dépérissement. Sa force de résistance
est brisée, elle disparait complètement de la scène
politique. Cet intervalle d'assoupissement, de suppression d'activité extérieure a fourni des armes à
ceux qui affirment que le peuple ukrainien n'existe
pas et qu'il n'a jamais existé, qu'il n'y a dans ce

157

mouvement qu'une lutte religieuse, des aspirations sociales, mais aucune apparence de nationalité.

En réalité l'âme du peuple ukrainien n'était point morte, son activité se manifestait aux points de contact où la hiérarchie ecclésiastique et l'école plongeaient leurs racines dans le peuple. Plus tard elle commencera à vibrer dans des cercles intellectuels de plus en plus élevés, elle se raffermira et prendra conscience d'elle-même. Mais, tous les heureux usurpateurs, qui s'étaient enrichis des ruines de l'Ukraine et qui les cachaient aux yeux du monde sous les brillantes apparences de leur splendeur repue, s'efforçaient d'étouffer toute lueur de renaissance. Et quand ils sentirent circuler la vie dans le grand corps engourdi, ils nièrent effrontèment qu'il y eût un peuple ukrainien, une civilisation ukrainienne. Cela »n'avait jamais existé, n'existait pas et ne pouvait exister«, comme le dira plus tard (1863), en une formule lapidaire, un ministre russe.

En Ukraine occidentale et jusqu'au Dniéper, si l'on excepte une étroite zone le long du fleuve et, bien entendu, dans les territoires ukrainiens par de là des Carpathes, on polonisa à outrance. La capitulation de la population ukrainienne dans la question de l'union, c'est-à-dire, dans ce qu'elle avait de plus cher et de plus nationalement à elle, en fut le résultat le plus clair, témoignant à quel degré d'inertie elle en était venue. Cette défaite ne fut pas sans causer, pour un temps, une désorganisation et une démoralisation profonde. Le compromis était si pénible que d'abord on ne put trouver pour remplir les postes de l'église, ce qui équivalait alors à la direction de presque toute la vie intellectuelle, que des renégats, des gens tarés et sans scrupules. Il fallut qu'il s'écoulât plusieurs décades jusqu'à ce que des générations nouvelles parussent, pour lesquelles l'église uniate n'était plus un compromis, mais avait définitivement passé dans le sang de la nation, de sorte que l'on pouvait s'en servir pour réorganiser la vie nationale en Ukraine occidentale.

158

Les Polonais commirent d'ailleurs une lourde erreur: les promesses qu'ils avaient prodiguées pour gagner les orthodoxes à l'union, ils se gardèrent bien de les tenir. Notamment ils n'accordèrent pas des droits égaux à ceux du clergé catholique aux prêtres uniates, ne considérant cette église que comme une religion inférieure, une étape de transition, pour arriver au catholicisme. Les intérêts nationaux et économiques s'en mêlant, on ne fit rien pour améliorer leur condition sociale, beaucoup de prêtres restèrent soumis au servage et leurs fils y étaient condamnés, à moins qu'ils ne se vouassent au sacerdoce. Les catholiques firent tout leur possible, pour détourner les uniates de leur rite, qu'ils traitaient avec mépris comme quelque chose d'à demi schismatique. Cette façon d'agir ne pouvait manquer d'amener finalement une vive opposition contre le catholicisme et le régime polonais: le clergé uniate se ligua avec les masses populaires ukrainiennes et parvint à se les attacher aussi fortement que l'avait fait autrefois l'église orthodoxe.

Mais, avant que ce processus se fût définitivement accompli en Ukraine occidentale, il fallut traverser une période de marasme national, dans laquelle les anciennes traditions semblaient devoir périr. Toutes les hautes dignités dans l'église uniate furent confiées à des gens plus ou moins étrangers et même à des Polonais. Le clergé régulier — les »Basiliens« ou moines de l'ordre de Saint Basile le Grand — qui représentait la classe la plus avancée intellectuellement, céda surtout à la polonisation. L'école nationale disparut: les prêtres souvent ne savaient pas lire en slavon, de sorte que dans le monastère de Potchaïv, qui était un des plus grands centres intellectuels du pays à cette époque, on publiait pour eux les livres du culte en caractères latins avec interprétations des mots slaves en langue polonaise.

La production littéraire se tarit: on ne publiait presque rien hors les livres nécessaires au service divin. La plus importante acquisition de l'époque, c'est un recueil de cantiques et de poésies religieuses, imprimé dans ce même monastère de Potchaïv en 1790, sous le titre de »Bohohlasnik« (Voix religieuses). Cette publication avait pour objet de lutter contre les chansons profanes. Elle obtint plus de succès qu'elle ne méritait: beaucoup des pièces qu'elle contenait devinrent la propriété des plus larges masses du peuple. Ce recueil présente, d'ailleurs, un grand intérêt littéraire à cause des échantillons de la poésie du temps qu'il nous a conservés. Nous y découvrons même dans des acrostiches les noms des auteurs, qui seraient autrement demeurés inconnus. De plus, il existait beaucoup d'autres recueils manuscrits, où étaient rassemblés non seulement des poëmes religieux, mais encore de nombreux spécimens de cette poésie lyrique, satirique et érotique, et qui circulèrent encore longtemps en dépit du »Bohohlasnik«. Mais ils ne furent pas jugés dignes d'être imprimés et n'eurent par conséquenut pas d'influence bien marquée sur le mouvement littéraire.

En Ukraine orientale, c'est un tableau semblable qui se présente à nous, mais avec des touches un peu moins sombres. Ici les luttes héroiques pour la liberté étaient trop récentes pour que se soit effacé dans la mémoire du peuple le souvenir des droits foulés aux pieds et anéantis par le gouvernement russe. Sans doute la vie nationale cesse de se manifester sur la scène officielle, mais l'énergie du peuple n'est pas brisée.

A la suite du décret de prohibition, ci-dessus mentionné, on ne publie plus de livres en langue ukrainienne. Dans l'administration, dans l'église et dans l'école cette vieille langue littéraire est remplacée par le russe.

Les écoles ukrainiennes sont, du reste, en décadence, après avoir pris un caractère purement théologique. La vieille académie de Kiev, ce flambeau national, a vu passer, dans la première moitié du XVIII siècle, la dernière période brillante, où son éclat attirait plus de mille étudiants autour de ses chaires. Ses rejetons, les collèges, qu'elle avait fondés dans les autres centres importants de l'Ukraine, dégénèrent en séminaires ecclésiastiques. La population avait bien demandé que l'on transformât la vieille alma mater en université et que l'on fondât une autre de ces institutions à Batourin, l'ancienne capitale de l'Hetmanat, mais le gouvernement russe s'y était refusé. Il préférait que les jeunes ukrainiens se rendissent à Pétersbourg ou à Moscou, pour s'y russifier plus radicalement.

La noblesse cosaque se montrait, d'ailleurs, très accessible de ce côté, comme l'avait été l'aristocratie ukrainienne du XVI siècle aux influences polonaises. Elle s'efforçait de s'accommoder aux exigences de Moscou et, puisque l'autonomie disparaissait, de s'assurer une carrière dans la hiérarchie de l'empire, tâchant même de dissimuler autant que possible les liens qui la rattachaient aux masses cosaques, d'où elle était si récemment sortie et dont elle s'était séparée de fait, mais non complètement en droit. Son ambition la plus chère était de devenir légalement une classe privilégiée, jouissant des mêmes droits que l'aristocratie russe et, pour y arriver, elle sacrifiait tout à ses desseins. Elle faisait parade de raffinement, rattachait volontiers sa généalogie à des familles étrangères et surtout polonaises, envoyait ses enfants étudier en Allemangne ou en Pologne, abandonnait les moeurs nationales et le costume, pour adopter les usages européens, elle délaissait la langue populaire, en un mot, le procédé de désertion nationale s'accomplissait comme deux siècles auparavant.

Cependant son apostasie ne fut pas si complète, ni si irrévocable qu'autrefois.

Il faut noter que la noblesse ukrainienne, tout en se pliant aux exigences du gouvernement russe, en adoptant les moeurs et la langue des Grands-Russiens, ne cessait pas de regarder ces derniers comme un peuple distinct et culturellement inférieur. On remarque ce sentiment d'une distinction et même d'éloignement dès les débuts de la symbiose politique entre les deux peuples, au milieu du XVII siècle. Certains facteurs communs de leurs civilisations, comme, par exemple, l'héritage auquel ils prétendaient tous deux du royaume de Kiev, ne faisaient que souligner les différences de leurs physionomies ethniques, les contrastes de leurs traditions.

Le peuple ukrainien ressentit si vivement l'âpreté, l'agressivité, l'autoritarisme des Grands-Russiens qu'il dût capituler devant eux, mais il garda la conscience, qu'il cédait à une force brutale, barbare et intellectuellement inférieure. Il y avait en Moscovie des choses qui lui était si étrangères, et qui lui semblaient aussi atroces qu'incompréhensibles. C'étaient, pour n'en nommer que quelques-unes, le despotisme du tzar, le servilisme général qui faisait ramper tout le monde devant lui, le manque de dignité personnelle, les moeurs grossières, une législation inhumaine et un système pénal d'une cruauté inconcevable.

Il est arrivé jusqu'à nous des échos de l'opinion publique, lorsque déjà à l'époque de Vyhovsky les gens s'émouvaient à la perspective de tomber sous la férule de la Moscovie; on racontait avec frayeur que l'on exilerait une partie de la population dans les pays moscovites et que ceux, qui resteraient en Ukraine, seraient forcés de s'habiller à la moscovite, qu'on leur enverrait des popes grands-russiens et toutes sortes de bruits à l'avenant. Etre banni en Moscovie ou en Sibérie, comme le pratiquait souvent le gouvernement russe, c'était la pire menace qui fût suspendue sur un ukrainien. Même plus tard, lorsqu'on eut commencé à visiter les centres russes de son propre gré, soit pour faire carrière, soit pour compléter son éducation ou gagner sa vie — la politique centralisatrice russe était arrivée à ses fins — il semblait que ce fût comme un exil dans un pays inhospitalier, au milieu d'une population hostile et barbare.

Quoique l'autonomie de l'Ukraine eût été complètement abolie, il restait cependant la conscience d'une distinction, un patriotisme ukrainien si non politique du moins géographique et intellectuel. Le

162

général gouverneur Roumiantseff avait constaté avec
dépit que, malgré leurs dehors européannisés, la
langue russe et leur docilité politique, quoiqu'ils aient
cultivé les sciences et séjourné à l'étranger, ses admi-
nistrés ukrainiens restaient toujours des »cosaques«,
gardaient toujours au cœur un amour ardent pour
»leur propre nation« et »la douce patrie«, comme ils
appelaient l'Ukraine.

»Cette poignée de gens,« continue Roumiantseff
dans ses lettres à la tzarine, »n'a rien d'autre à la
bouche que c'est eux qui sont les meilleurs de l'uni-
vers, qu'il n'y a personne de plus fort qu'eux, de plus
brave qu'eux, de plus intelligent qu'eux; qu'il n'existe
nulle part rien de bon, d'utile, de vraiment libre qui
puisse leur servir d'exemple et que tout ce qui sort
de chez eux est le meilleur.« Il va de soi que toutes
ses louanges que s'adressaient les Ukrainiens avaient
leur complément dans le profond mépris qu'ils avaient
pour tout ce qui était moscovite.

Et cependant, en comparant si avantageusement
l'Ukraine à la Moscovie, ils n'avaient pas tout-à-fait
tort. Malgré tous les efforts du gouvernement russe,
pour européaniser ses sujets, il n'en était pas arrivé
si loin pour que, alors comme cent ans auparavant,
la vie ukrainienne ne se distinguât pas par son éducation, son humanisme, sa civilisation plus avancée,
aussi bien que par sa simplicité et son démocratisme.
On pourrait trouver la clef de cette aversion qui
irrite si fort Roumiantseff, dans les œuvres et la
vie du philosophe moraliste Hrihory (Grégoire) Sko-
voroda, l'écrivain le plus populaire à cette époque
en Ukraine. Et si l'on ajoute que les avantages posi-
tifs de la vie nationale, comme par exemple l'expansion de l'instruction populaire, la hiérarchie ecclésiastique basée sur le système électoral, le régime
démocratique, disparaissaient sous la pression russe,
on pardonnera aux patriotes ukrainiens l'amertume
de leur ton et l'éclat de leurs invectives.

Ce patriotisme sincère et quelque fois ardent était
le gage sûr de la renaissance politique. Chassée de

la scène officielle, la civilisation ukrainienne continue de se développer dans la vie privée. La production littéraire en langue populaire ne cesse pas. Au contraire: puisque la langue officielle et littéraire, mélangée de slavon et de polonais, est étouffée par la censure, le simple parler populaire n'en acquiert que plus d'importance pour exprimer les sentiments intimes, surtout dans la forme poétique.

Dans le courant du XVIII siècle, la littérature lyrique et dramatique prend un nouvel essor. Les oeuvres trouvent une large diffusion dans les masses, où elles se conservent dans la mémoire du peuple ou dans les répertoires des chanteurs ambulants. Un drame de Noël, appelé »Vertèpe« (la grotte, où est né le Christ, qui formait le décor de la scène), joué d'abord dans les écoles, se répandit, avec ses chants et ses vers humoristiques, dans toute l'Ukraine et s'y est conservé jusqu'à nos jours. Ses parties profanes tirent leur origine des intermèdes joyeux dont on entrelardait dans les écoles les drames religieux, et qui donnèrent aussi naissance à la comédie légère de la renaissance ukrainienne. Nous possédons encore des vers travestis dans le ton des drames de Pâques, qui servirent de modèle aux parodies postérieurs. Les auteurs de ces pièces, qui sortirent presque toutes de l'académie de Kiev, comme M. Dovhalevsky, qui vivait dans la première moitié du XVIII siècle et plus tard G. Konisky, étaient célèbres à l'époque. Ces oeuvres, n'ayant jamais eu l'honneur de la presse, ne nous sont arrivées qu'à l'état fragmentaire, quoique nous sachions qu'elles étaient fort estimées et pieusement copiées à la main par les patriotes ukrainiens. Il nous est resté une lettre d'un des représentants de l'aristocratie ukrainienne, le général Lobyssevytch, adressée dans les dernières années du siècle à l'archevêque G. Konisky, le priant de lui envoyer une copie des intermèdes de Kiev; la valeur littéraire de ces sortes d'ouvrages y est hautement appréciée et en général on y trouve les reflets d'une sincère sympathie pour tout ce qui est ukrainien.

164

Et c'était là la supériorité de l'Ukraine Orientale
sur l'Ukraine Occidentale, que dans ce pays, sous
le vernis d'une russification extérieure, il s'était conservé une classe bourgeoise et même une aristocratie,
qui, pour si profondément qu'elle se fût détachée des
masses populaires, n'en conservait pas moins de l'intérêt pour leurs traditions et se montrerait prête à
soutenir les premiers pas de la renaissance nationale.

## XXXII.

### La renaissance se prépare.

L'Ukraine Occidentale si profondément déchue, si
atrocement dénationalisée doit sa résurrection aux
évènements qui remplirent la fin du XVIII siècle. Le
partage et la fin de la Pologne firent tomber les
chaînes qui étreignaient sa vie nationale et mirent
fin à une situation qui semblait devoir être sans issue.
Le premier partage, opéré en 1772, réunit à l'Autriche toute la Galicie Orientale et quelques terres
contiguës du pays de Kholm, de la Volhynie et de la
Podolie, »en vertu des droits historiques« que les
rois de Hongrie avaient anciennement sur la Galicie.
En 1774, l'Autriche consolida ses nouvelles posses-
sions, en occupant la Moldavie septentrionale, qui
prit plus tard le nom de principauté de Bukovine,
afin de relier directement la Galicie Orientale à la
Transylvanie. A la suite du deuxième partage, en
1793, la Russie s'incorpora la Kiévie, la Volhynie et
la Podolie. Elle profita du troisième partage pour
s'emparer des terres ukrainiennes et blanc-russiennes,
qui restaient encore à la Pologne. Le congrès de
Vienne de 1815, procéda à une nouvelle répartition
entre la Prusse, l'Autriche et la Russie, consacrant
un état de choses, qui a duré jusqu'à la récente guerre
mondiale.
Dans les pays incorporés à la Russie, il ne s'en
suivit aucune amélioration de la vie nationale ukrainienne. Au contraire, l'asservissement des masses par
la noblesse polonaise ne fit qu'augmenter, parce que

les droits et prétentions des grands propriétaires fonciers trouvèrent désormais un appui efficace dans la bureaucratie policière et solidement organisée de la Russie de Catherine II et de ses successeurs. A côté du propriétaire foncier se trouve maintenant l'agent de police russe, à sa solde. Toute opposition, la moindre apparence d'une revendication sociale est punie impitoyablement. Le gouvernement russe n'entend prêter la main à aucun progrès national ou religieux, qui gênerait les maîtres polonais: le régime foncier seigneurial est regardé comme le premier fondement de l'état et, à ce point de vue, on ne peut faire de différence entre les privilégiés, qu'ils soient russes ou polonais.

Quelle sympathie pouvaient d'ailleurs attendre les ukrainiens de la part de Moscou? Le rite orthodoxe, qui chassa de nouveau les doctrines uniates, était complètement russe, de sorte que ce dernier retranchement, où la polonisation n'avait pu définitivement prendre pied, fut également perdu pour les patriotes. Les séminaires ecclésiastiques étaient entièrement russifiés, les sermons se faisaient en russe, les textes slavons du rituel devaient être prononcés à la manière de Moscou et non plus à celle de Kiev. On en arriva même à défendre de construire des églises dans le style traditionel ukrainien.

Au contraire le passage sous la domination autrichienne, pour les pays qui échurent aux Habsbourg, fut le signal de la renaissance. Non pas que ces derniers s'intéressassent aux aspirations nationales des Ukrainiens. Elles reçurent par la suite une teinte par trop radicalement démocratique pour n'être pas diamétralement opposées aux idées qui dominaient à Vienne. Mais déjà, dans les vingt cinq premières années de l'incorporation, la politique habile de Marie Thérèse et de Ioseph II sut se servir des aspirations ukrainiennes, pour mettre un frein aux ambitions russes et polonaises, dès que ces dernières paraissaient dangereuses.

Avant même que la Galicie eût été incorporée à l'Autriche, on se souvient que le gouvernement de

Marie Thérèse s'était inquiété du mouvement qui s'était manifesté contre l'union des églises dans le pays de Marmaros. On en trouva l'origine dans l'ignorance des masses et du clergé uniate: les gens n'auraient pas remarqué qu'on les soumettait à l'union, puisque les cérémonies du culte étaient restées les mêmes, mais dès qu'ils en auraient eu connaissance, ils auraient exigé de retourner à la vieille foi et appelèrent des prêtres orthodoxes. Cependant les rapports revélaient des détails peu rassurants pour Vienne: à l'agitation religieuse s'étaient jointes ici comme dans les pays ukrainiens de la Pologne, des espérances en certains »souverains de l'est«, qui auraient promis aux orthodoxes leur protection et l'affranchissement du servage.

Pour parer au retour de pareilles intrigues, on jugea bon d'améliorer la situation de l'église uniate, de relever le niveau intellectuel et moral de son clergé, de propager l'instruction et d'apporter quelques soulagements à la détresse de la population, afin de l'attacher au régime. Le diocèse de Mounkatch fut rendu indépendant de l'évêque catholique dont il avait jusque-là dépendu, on fonda une école secondaire dans la ville de ce nom pour les candidats au sacerdoce et les revenus du clergé uniate furent augmentés.

Lorsque la Galicie revint à l'Autriche, on y pratiqua la même politique. Il y eut à Vienne un séminaire pour les étudiants uniates et un autre fut établi à Léopol. Quand on fonda une université dans cette ville, quelques chaires en langue »ruthène« furent instituées pour les ukrainiens et un lycée fondé pour les étudiants de cette nationalité, afin qu'ils pussent se préparer aux études universitaires. Plus tard, lors de l'organisation de l'instruction publique, on arrêta que l'enseignement dans les écoles primaires serait donné dans la langue du pays, par conséquent aussi en ukrainien. On plaça la pratique du servage sous le contrôle vigilant de l'administration, de sorte que les personnes qui y étaient soumises furent dans une cer-

taine mesure protégées contre l'arbitraire du propriétaire foncier.

Dans la pratique l'exécution de ce programme laissa
beaucoup à désirer et la plupart de ses innovations
furent dans la suite considérablement diminuées à
chaque fois que la noblesse prenait de l'influence à
la cour. Les Ukrainiens, du reste, n'avaient pas su
profiter des bonnes dispositions du gouvernement.
La direction intellectuelle du pays était entre les
mains du clergé qui se servait d'une langue littéraire que le peuple comprenait à peine, de sorte que la
production littéraire et scientifique, qui caractérise
cette période des débuts, ne pouvait acquérir sur la
renaissance nationale une influence comparable à celle
que s'acquerra plus tard, dès son apparition, la littérature en langue populaire. Mais cette dernière ne
devait venir que vers 1830—1840 s'opposer à la
routine des hommes de lettres et savants galiciens et
poser le problème de la langue. D'un autre côté, la
réaction, grâce à l'influence de nouveau acquise de
la noblesse et du clergé polonais, ne devait pas tar-
der à se faire sentir.

Toutefois cette protection du gouvernement, pour
si limitée et mesquine qu'elle fût, opéra un grand
changement dans le sentiment national. Le désespoir
disparut, l'idée de ressusciter la nation acquit chaque
jour des adeptes. Des séminaires nouvellement établis,
des universités, sortaient des prêtres, patriotes instruits, animés du désir de travailler pour leur peuple
»ruthène«.

Il n'y avait encore presque pas de laïques éclairés;
ceux-ci n'apparaîtront que dans la deuxième moitié
du XIX siècle. C'est pourquoi la renaissance en Galicie garde un caractère clérical et conservatif. Elle
est bien en retard sur le mouvement qui se dessinait
à la même époque en Ukraine Orientale. Mais
n'était-ce pas déjà quelque chose que ce nationalisme
formel, qui pouvait s'enrichir d'aspirations politiques
et sociales?

Ce qui devait lui donner de la substance était en
train de s'élaborer sous des influences bien diffé-

168

rentes en Ukraine Orientale. Ici le clergé, en tant que classe sociale et force intellectuelle, n'avait aucune importance. Le gouvernement russe l'avait pris à sa solde et les prêtres, n'étant plus que des fonctionaires »du ressort ecclésiastique«, sentaient le peuple leur glisser des mains. Mais les familles ecclésiastiques[1]) et les séminaires, que fréquentaient aussi les fils de paysans, fournissaient des collaborateurs éclairés au mouvement national, car, vivant au milieu des populations campagnardes, ils se retrempaient dans le peuple, comme c'était d'ailleurs le cas pour les familles des propriétaires fonciers, surtout de ceux qui ne possédaient pas de domaines très étendus.

Cette dernière classe traverse une période où, matériellement rassasiée par les mesures du gouvernement russe lors de la liquidation de l'Hetmanat, elle prend volontiers une attitude frondeuse et le patriotisme lui fournit des raisons toutes trouvées pour cela. La noblesse cosaque avait, en effet, obtenu les mêmes droits que la noblesse russe, elle formait une classe à part se gouvernant elle-même, jouissant d'une grande influence dans l'état, qui lui assurait la possession des terres dont elle s'était emparée et les populations, courbées sous le même joug que les serfs russes, lui étaient complètement livrées. Mais la satiété engendre le mécontentement: on commence à parler, tout d'abord à voix basse, des droits politiques perdus, on se rappelle le régime de l'Hetmanat, les pactes de Bohdan Chmelnytsky et on regrette les libertés cosaques.

Généralement ces regrets et ces plaintes se font jour dans des conversations entre amis et en restent là, mais parfois l'on va plus loin. Nous avons, par exemple, appris récemment par le dépouillement des archives secrètes de Berlin que, vers 1790, des patriotes ukrainiens avaient envoyé à l'étranger deux rejetons d'une famille aristocratique du pays, les

---

* Les prêtres et les diacres étaient généralement mariés, tant dans l'église orthodoxe que dans l'église uniate.

frères Kapniste, pour susciter une intervention européenne en Moscovie, afin de délivrer l'Ukraine. En
1791, l'un des deux frères eut plusieurs entretiens
avec le ministre Herzberg pour tâcher de s'informer
si, le cas échéant, il serait possible de compter sur
l'aide de la Prusse, dont les relations avec la Russie
étaient justement très tendues. A ce qu'il disait, ses
compatriotes avaient été poussés aux dernières limites
du désespoir par la tyrannie de Catherine II et de
son favori Potemkine, les cosaques étaient fort irrités
d'avoir vu leurs anciennes libertés abolies et leurs
régiments transformés en troupes de réguliers, ils
étaient prêts à secouer le joug de la Russie, à condition
que l'on pût compter sur des secours de l'étranger.
Le ministre se contenta de donner une réponse vague,
ne croyant pas prudent d'engager son pays dans une
lutte avec la Russie. L'autre frère Kapniste se serait
adressé à la diplomatie française sans aboutir à un
meilleur résultat.

Un moment il sembla que l'ancien état de choses
allait être rétabli, lorsque Paul I, après la mort de
Catherine (1795), se mit de propos délibéré à abolir
les réformes de sa mère. Le régime autonome de l'U-
kraine commença à se reconstruire. On en attribua
l'honneur à Al. Bezborodko, ancien chef du régiment
de Kiev et alors ministre tout puissant auprès du tzar.
Il est possible que si ce régime eût continué longtemps, l'Ukraine aurait reconquis ses libertés. Mais le
tzar Paul fut assasiné, en 1801, et son successeur
Alexandre I reprit les traditions de Catherine II.

L'esprit frondeur se ranima. Nous avons appris
accidentellement qu'il existait à Poltava une société
secrète, composée de membres de l'aristocratie,
ayant pour objet de travailler à libérer l'Ukraine.
Une oeuvre anonyme et de talent, »L'histoire des
Russes ou de la Petite Russie«, moitié pamphlet,
moitié histoire pittoresque, en tous cas pénétrée d'un
ardent amour de la patrie et de la liberté, se répandit
à cette époque en d'inombrables copies et devint le
livre de chevet de tous les ukrainiens instruits. Les
patriotes comptaient sur les regrets poignants qui

s'emparaient du peuple au souvenir des libertés cosaques, et qui se manifestaient de temps à autres par
des rébellions locales. Pour la dernière fois les paysans de la Kiévie se soulevèrent dans ce but en 1855,
pendant la guerre de Crimée. Le gouvernement soup-
çonnait toujours quelque descendant du dernier hetman de vouloir se faire proclamer à cette dignité ren-
due, sacrée par la tradition.

En résultat, il ne resta de tout cela rien de réellement acquis, mais les énergies politiques et l'esprit
patriotique en gardèrent plus de vigueur. Si ces forces
nationales ne laissent pas beaucoup de traces dans
l'histoire politique, elles se reflètent dans la littérature, qui devient l'arme principale du mouvement
patriotique. C'est pourquoi, sans sortir de notre rôle
d'historien, nous sommes obligé de jeter un coup d'oeil
rapide sur la littérature ukrainienne, en tant qu'elle
touche à l'évolution nationale.

<h2 style="text-align:center">XXXIII.</h2>

La renaissance ukrainienne dans la
première moitié du XIX siècle.

La renaissance en Ukraine Orientale eut cet avantage inappréciable sur le mouvement contemporain en
Ukraine Occidentale qu'on s'y servit, dès le début,
comme instrument littéraire de la langue populaire.
De là le succès éclatant des premières oeuvres de talent dans les masses, leur cachet démocratique, qui
assura la liaison intime entre les intellectuels et le
peuple.

L'histoire sociale du siècle précédent nous a fait
voir comment s'était creusé un abîme profond entre
les couches inférieures et la classe cultivé, sortie du
corps d'officiers cosaques, grâce à l'appui du gouvernement russe, qui pour prix de sa renonciation à
ses droits politiques, lui avait accordé tous les avantages d'une classe privilégiée au détriment du reste
de la nation. Cette nouvelle noblesse avait asservi
le bas peuple, en ayant soin d'effacer, autant que faire
se pouvait, les marques qui trahissaient son origine

populaire. Elle avait abandonné la langue, le costume, les moeurs familiales de la nation, s'était européanisée, pour se distinguer davantage de la masse, qui, restée fidèle à sa nationalité et privée de tous moyens de s'instruire, était livrée à elle même, aussi dépourvue de classes dirigeantes que les populations de l'Ukraine Occidentale.

Le culte des choses du passé qui s'éveilla chez les lettrés ukrainiens vers la fin du XVIII siècle ne pouvait suppléer à ce défaut, tant que leur intérêt restait théorique, même s'il s'adressait à la langue populaire et à ses monuments. Il en pouvait résulter des travaux lexicographiques ou archéologiques, tout au plus »une école ukrainienne« dans la littérature russe, comme ce fut le cas, vers 1830, dans la littérature polonaise. Car il paraissait bien, au tournant du siècle, que l'élément ukrainien allait définitivement mourir. Pavlovsky, l'auteur de la première grammaire du langage populaire (publiée en 1818, mais écrite dix ans auparavant), le considère comme un »dialecte ni mort ni vivant qui va disparaitre«; c'est pourquoi il juge nécessaire d'en noter les formes grammaticales avant qu'il soit complètement mort. De même Tserteleff, en publiant le premier recueil de la poésie populaire (1819), en parle comme de »l'écho mourant des harmonies qui se sont jadis fait entendre sur les rives du Dniéper« et il dit que la langue est considérée comme un archaïsme par les Ukrainiens eux-mêmes. Que pouvaient donc produire ces curiosités de savants et d'hommes de lettres pour les particularités »désuètes« de la vie ukrainienne? Mais dès qu'ils se servirent pour s'exprimer de la langue parlée, les intellectuels devinrent une véritable force sociale. Etant forcés de se tourner vers le peuple pour cueillir leurs mots sur sa bouche, ils se pénétrèrent tant de sa poésie, de ses moeurs, de ses aspirations qu'ils devinrent les porte-paroles de la masse de la nation.

On date généralement le commencement de cette évolution de la publication, en 1798, de »L'Eneïde travestie« en langue ukrainienne, composée par Jean Kotlarevsky. Mais c'est affaire de convention, car la production en langue vulgaire avait commencé beaucoup plus tôt.*

Les trois premiers chants de cette parodie, publiés en 1798 par un »amateur du parler petit-russien« dérivent évidement des oeuvres de ce genre, qui firent les délices des »amateurs« ukrainiens dans le courant du XVIII siècle. Il est probable que Kotlarevsky n'attachait pas plus d'importance à cet ouvrage, que les autres auteurs de petits vers n'en attachaient aux leurs. Il semble même que les chants aient été publiés sans son autorisation et à son insu. Ses oeuvres dramatiques postérieures — »Natalka Povtalka«, »Le Moscovite magicien« — dans lesquelles il prend en mains la cause nationale, surtout celle de l'élément démocratique et du petit peuple, furent écrites quelques vingt-cinq ans plus tard et appartiennent à un autre stade du développement, à une période, où le sentiment patriotique s'est approfondi sous l'influence du romantisme européen, grand vivificateur du culte du passé national. »L'Eneïde« sert de transition et se place au milieu du chemin parcouru entre les vieilles »plaisanteries« en langue populaire et la littérature nouvelle consciente de sa mission démocratique. Elle marque ainsi une date importante dans l'histoire du mouvement ukrainien.

Par le talent elle dépasse de beaucoup tout ce qui nous est connu de la production du XVIII siècle. Ce travestissement de Virgile, inspiré par la médiocre parodie russe d'Ossipoff, s'élargit sous la plume de Kotlarevsky en un tableau extrèmement vivant des moeurs populaires, entrecoupé d'allusions non déguisées à l'asservissement des masses, de coups de griffe contre l'oppression bureaucratique et aristocratique, ainsi que de regrets douloureux de »l'hetmanat de glorieuse mémoire«. L'Odyssée des Troyens,

---

* L'Enéïde n'est pas non plus la première oeuvre en langue vulgaire qui ait été imprimée: quelques années auparavant avait paru une poésie de A. Holovaty, écrite à l'occasion d'un octroi de privilèges par la tzarine à l'armée nouvellement formée des cosaques de la Mer Noire et quelques chansons ukrainiennes avaient été imprimérs dans les recueils de chansons russes.

après la destruction de leur ville, rappelait aux contemporains les aventures des cosaques Zaporogues, ces favoris errants du peuple ukrainien, qui, chassés de leur »mère la Sitche«, et réduits à chercher un refuge au milieu d'obstacles infinis, campèrent tantôt près du liman du Dniéper, tantôt à l'embouchure du Danube, puis à Banate, avant de venir se fixer dans le Kouban, que la tzarine leur choisit pour domicile. L'oeuvre produisit une grande impression de son temps, devint un livre des plus populaires en Ukraine et ne manqua pas d'être imité. Parmi les ouvrages qui se sentent de son influence, le plus remarquable est une courte satire sur le servage de Houlak-Artémovsky, intitulé »Le Maître et le Chien«, qui parut une vingtaine d'années plus tard en même temps que la »Natalka Poltavka« (1819).

A cette époque de nouvelles idées étaient venues vivifier la vie intellectuelle de l'Europe Orientale et avaient éclairé sur bien des faces le mouvement qui grossissait en Ukraine. Là aussi était arrivé de l'occident cet amour pour la poésie populaire et pour tout ce qui touchait au peuple, qui fut un des traits saillants du romantisme, mouvement gros de consèquences pour les peuples slaves et qui aida tant à leur renaissance au XIX siècle. En Ukraine, comme autre part, on se met à recueillir les fleurs qui ont poussé spontanément dans le champ populaire, on les publie, on s'étonne de la fécondité de cette muse jusque-là dédaignée, sa variété enchante, l'enthousiasme s'empare des lettrés, qui tournent leur coeur vers le peuple, créateur de cette poésie.*

Dans le même temps on commençait à s'occuper d'établir théoriquement les droits à l'existence de la

---

* Parmi les folkloristes, le premier qui eût de l'importance fut Khodakovsky. Le premier recueil publié fut celul de Tserteleff cité plus haut. Celul de Maxymovitch publié en 1828 et précédé d'une remarquable préface est plus important encore. Un des amateurs les plus enthousiastes de la poésie populaire fut l'écrivain ukraino-russe Hohol (Gogol), qui en recueillit des spécimens et ne trouve pas dans ses lettres d'expressions assez chaudes pour exprimer son enchantement (»Les chants, c'est ma vie!«).

littérature ukrainienne, de la culture, de la langue ukrainiennes. Y avait-il si longtemps que l'on avait considéré tout cela comme un archaïsme mourant, une chose du passé, qui n'était qu'un reflet de la gloire d'autrefois? Et maintenant Kotlarevsky et ses successeurs (surtout Kvitka-Osnovianenko, créateur de la nouvelle ukrainienne et de la prose artistique) ne prouvaient-ils pas par leurs oeuvres resplendissants de jeunesse vigoureuse et de beauté que la source populaire était loin d'être tarie? Ne considéraient-ils pas le parler du peuple comme le meilleur instrument de l'oeuvre littéraire? Les adeptes du mouvement prédisaient à la littérature, ainsi armée, un brillant avenir, un épanouissement prochain dont les oeuvres de Kotlarevsky et d'Artémovsky n'avaient été que les hirondelles printanières.

L'Ukraine, d'ailleurs, avait fini par obtenir du gouvernement russe l'école supérieure, si souvent demandée, si longtemps refusée. C'est à Charkov que s'était établie l'université, fondée au moyen des contributions, recueillies des mains de la noblesse de l'Ukraine Slobidska. Il est vrai, qu'elle avait été érigée encore dans le temps où, surtout dans les milieux gouvernementaux, parler de l'Ukraine semblait un anachronisme. On lui avait donné un caractère purement russe et complété le collège des professeurs avec des Allemands. Mais l'élément ukrainien en tira grand profit et ce que le gouvernement russe craignait au XVIII siècle se réalisa au XIX: autour de l'université de Charkov se rassemblent les forces vives de la nation, là se forme le premier cercle littéraire, qui groupe les efforts jusque-là dispersés et fait école. Les lettrés de Poltava avaient mis en branle le mouvement de la renaissance ukrainienne, mais il n'y eut jamais là de centre d'organisation comparable à ce que devint Charkov vers le milieu du XIX siècle.

La nouvelle université ne resta pas seulement le point de réunion des lettrés de la ville, mais elle en attira des quatre coins de l'Ukraine. C'est à Charkov que naissent et que sont pour la plupart éditées les

poésies originales de Maslovitch (1816), celles d'Arte-
movsky (1819), la première grammaire de la langue
ukrainienne de Pavlovsky et le premier recueil de
poésies populaires de Tserteleff, que nous avons
déjà cités. C'est d'ici que sont lancés les premiers
ouvrages apologétiques en défense du mouvement,
ceux de Levchin, ceux de Sreznevsky, auteur célèbre
des »Antiquités Zaporogues«, une espèce d'histoire
poétique de l'Ukraine, qui contribua tant à la formation des idées directrices de la nation. Sous l'influence
du milieu local, débute Nicolas Kostomarov, originaire
de l'Ukraine Slobidska et plus tard l'un des guides
du mouvement. Ici aussi déploie son activité Kvitka-
Osnovianenko, une des plus fortes têtes du groupe
et la personnalité la plus importante après Kotlarevsky. Il fut l'ornement de cette période: homme
du monde et très populaire à Charkov, il tira des
nouvelles et des pièces de théâtre des incidents de
la vie du petit peuple (1833—1843).

Le groupe ukrainien de Charkov représente entre
1830 et 1840 la fine fleur de la culture nationale en
qui reposent les espérances d'alors. A Pétersbourg, les
attraits de la capitale avaient amené depuis un
demi-siècle nombre d'ukrainiens et quelques-uns des
plus éminents, entre autres le célèbre Hohol, qui,
malgré son patriotisme poursuivait son oeuvre littéraire en russe. (Seulement ses premiers essais trahis-
sent l'influence de la littérature ukrainienne, notamment de Kotlarevsky et de son propre père, qui a
écrit dans la langue du pays natal.) Maintenant sur
les bords de la Néva on fait des projets de publications, pour lesquelles on compte sur l'aide de Charkov. Hrebinka, qui en est le centre, un des écrivains les plus éminents de cette époque, rêve d'une
revue de ce genre qui serait purement ukrainienne.
Un de ses collaborateurs devait être Chevtchenko,
qui étudiait alors dans la capitale à l'école des beaux
arts. Le célèbre poète est, d'ailleurs, un disciple de
ce cercle pétersbougeois, et dans une de ses premières poésies il s'adresse à Kvitka, qu'il considère
comme le chef du mouvement contemporain, comme

**176**

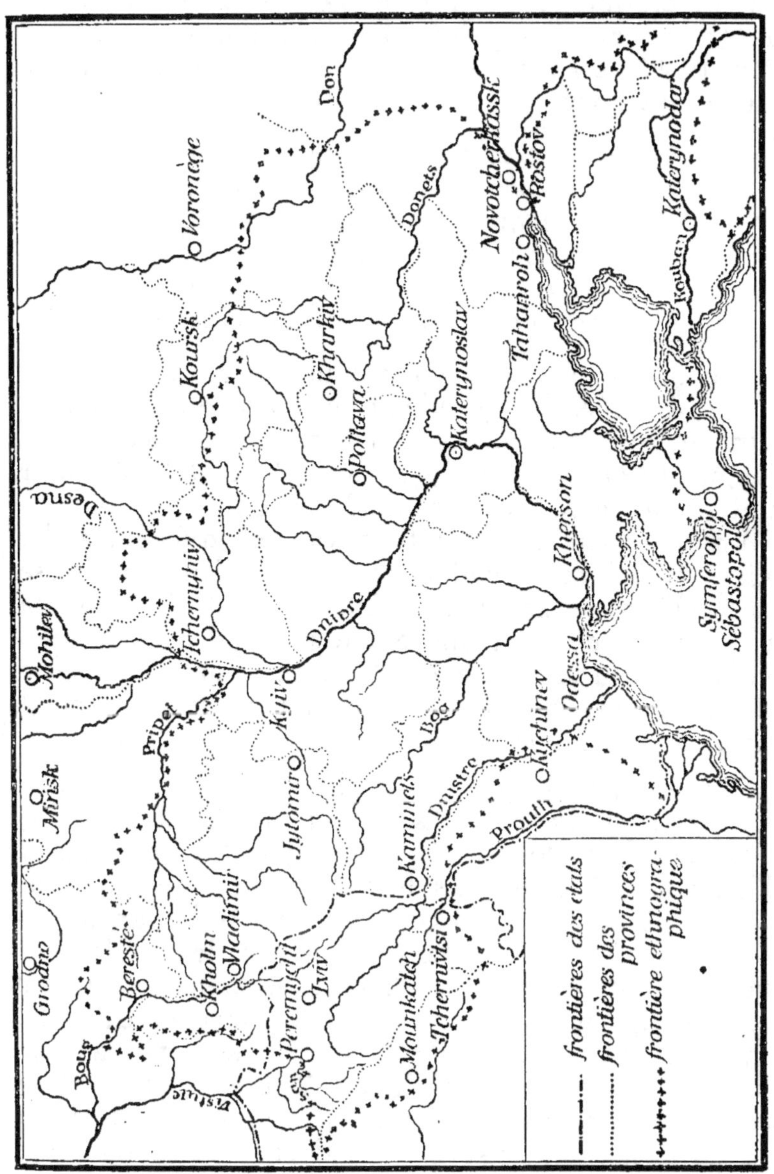


L'Ukraine au XIX siècle.

le »père et otaman«.* Il le supplie de révéler au monde
la grandeur et les peines du passé ukrainien, dont se
nourrit l'âme nationale et dont la beauté fait résonner
sa propre lyre:

> Chante, père, de façon qu'il t'entende
> ce monde sourd, même s'il ne veut pas;
> chante ce qui s'est passé en Ukraine,
> dis nous, pourquoi elle a tant souffert
> et pourquoi la gloire des cosaques
> s'est répandue dans tout l'univers.     (1839)

Ce qui se passait à l'orient ne resta pas sans effet
sur la Galicie. Le problème de la langue s'y imposa
aux lettrés, qui, en comparant ce que produisait la
langue littéraire dans leur pays et au delà des Carpathes avec les succès de la langue populaire en
Ukraine orientale, furent convaincus que cette dernière était l'instrument le plus apte à faire progresser
la renaissance nationale. Entre 1830 et 1840, les con-
troverses à ce sujet allèrent leur train, mais en définitive ce furent, comme d'habitude dans ces sortes
de questions, non pas les arguments qui gagnèrent la
partie, mais les faits.

Un groupe de jeunes étudiants de l'université de
Léopol, animés du plus ardent patriotisme et de
l'exemple qui leur était donné par les écrivains de
l'Ukraine orientale, résolurent de marcher sur leurs
traces et d'adopter dans leurs écrits la langue populaire. Ces jeunes gens devinrent les chefs de la
nouvelle littérature en Ukraine occidentale. Il faut
citer en première place le poète Markian Chachkevytch, qui est considéré comme le fondateur des
lettres modernes en Galicie. Toutefois le premier
recueil qui sortit de ce cercle, la »Zoria« (1834), fut
prohibé par la censure. On décida de le publier à
Budapest, où il parut, en 1837, sous le titre de »Roussalka«, mais il fut saisi par la police de Léopol qui ne
leva son interdiction qu'en 1848. Quoi qu'il en soit, on
était entré dans la bonne voie.

---

* Chef.

Nous devons ici ouvrir une parenthèse, pour faire remarquer au lecteur, qui l'aura sans doute remarqué lui-même, pour peu qu'il nous ait suivi jusqu'á présent, combien sont erronés et dénués de fondement les bruits malicieusement mis en circulation, prétendant que le mouvement ukrainien aurait pris son origine en Autriche et qu'il ne pouvait prendre naissance que grâce à l'appui du gouvernement de Vienne. (D'ailleurs les publicistes russes accusaient également les Polonais de l'avoir créé, pour essayer de troubler »l'unité du peuple russe«.) Comme on vient de le voir le véritable berceau de ce mouvement a été l'Ukraine orientale, l'Ukraine d'au delà le Dniéper, pays complètement hors de la portée des influences autrichiennes et polonaises. Ses fondateurs ont été des étudiants des écoles russes, surtout des pupilles des séminaires ecclésiastiques, c'est-à-dire, des établissements les plus conservateurs qui soient et les plus hostiles à toutes les idées étrangères. Ses premiers centres furent Poltava et Charkov et la plupart des écrivains de la rive droite, comme Artémovsky et plus tard Chevtchenko, étaient les disciples spirituels de l'Ukraine de l'Hetmanat et de l'Ukraine Slobidska. C'étaient les traditions des anciennes libertés cosaques et le souvenir des luttes pour leur indépendance qui avaient retrempé les âmes et les avaient tournées contre la Pologne, l'éternelle violatrice des droits nationaux, et contre la nouvelle tyranie russe. La Galicie et, en général, toutes les contrées ukrainiennes qui se trouvaient sous la suzeraineté autrichienne n'eurent pas d'abord d'influence sur le mouvement, mais, au contraire, les tendances populaires si prépondérantes dans la seconde moitié du siècle, ne s'y développèrent que grâce à l'exemple, donné par l'Ukraine orientale. Nous verrons que ce n'est que dans les vingt-cinq dernières années du XIX siècle que Léopol devient le centre du mouvement; non pas que les pays autrichiens aient manifesté une plus grande énergie intime, mais parce que les porte-paroles de l'Ukraine avaient été bâillonnés en Russie.

## XXXIV

## La Confrérie de Cyrille et de Méthode.

Nous avons vu que Pétersbourg avait failli, vers 1840, devenir le foyer de la littérature ukrainienne, comme il le devint en effet pour quelques temps vingt ans plus tard. Cette fois cependant il n'en fut rien, car les collaborateurs pétersbourgeois et ceux des autres pays allaient trouver un autre lieu de ralliement en Ukraine même. Le gouvernement fonda une nouvelle université à Kiev, en remplacement de celle de Vilna et du lycée de Kremenets, qui avaient été fermés à la suite de l'insurrection polonaise de 1831. Là se rassemblèrent les représentants les plus qualifiés du mouvement national: l'éminent philologue et ethnographe Maxymovitch, qui avait travaillé auparavant à l'université de Moscou; Kostomarov, un des élèves de Charkov et plus tard célèbre historien de l'Ukraine; Koulich, poète, homme de lettres, ethnographe, qui venait de Pétersbourg; Houlak, élève de l'école allemande de Dorpat, qui se spécialisa dans l'histoire du droit slave et, enfin, Chevtchenko, poète de génie, l'âme de la Jeune Ukraine, à qui l'on donna, en qualité de peintre, une place dans la commission d'archéologie et à l'Université et qui, en 1845, arriva à Kiev.

C'étaint, pour la plupart, des gens dans la force de l'âge, resplendissants de force et l'esprit ouvert aux idées du siècle; ils saisissaient avec avidité les tendances européennes, le socialisme français, la philosophie allemande, la renaissance slave et cherchaient à leur trouver des points de contacts avec le passé de la nation, en même temps qu'ils en tiraient des forces pour façonner son avenir. Ils faisaient des prosélytes parmi la jeunesse des écoles et dans la société, surtout sur la rive gauche du Dniéper, et cherchaient des adeptes pour les idées et les projets nouveaux qui sortaient des vives discussions de leurs assemblées.

Période extraordinaire, traversée d'un grand élan
vers l'idéal, comme l'Ukraine n'en avait encore jamais
vu; tendances, idées s'entrechoquaient en une mêlée
intense, d'où sortirent les principes dominants de la
Jeune Ukraine. Chevtchenko les rendait tangibles
en des visions poétiques, qui enivraient les masses.
»Ces chants étaient, en vérité, comme les sons de la
trompette de l'archange de la résurrection« — dira
plus tard Koulich — »si jamais l'on a pu dire avec
raison que les coeurs se soient ranimés, que les yeux
se soient allumés, que du front de l'homme aient
jailli des flammes — cela s'est passé à Kiev, à cette
époque.«

La ville elle-même était alors un centre intéres-
sant où se croisaient bien des courants divers: il y
avait de nombreux lettrés russes et polonais, les traditions de l'hetmanat et de l'autonomie municipale
étaient encore fraîches dans les mémoires et on y
rencontrait des traces encore vivantes des anciennes
libertés. Vers 1825, quand se répandirent dans
l'Ukraine, principalement parmi les officiers, les organisations secrètes qui avaient pour objet d'arracher
au tzar une constitution pour la Russie, il y avait à
Kiev ce que l'on appelait la »Société des Slaves Unifiés«, aspirant à créer une fédération slave. Kostomarov et Houlak, qui se livraient à l'étude des antiquités slaves, suivant le mouvement général de renaissance qui se faisait sentir alors, surtout en Bohême, adoptèrent les idées fédéralistes locales, en
firent leur programme d'action politique, après avoir
fait reconnaître l'Ukraine comme membre indépendant de la future fédération des républiques slaves.

Comme les autres slavophiles occidentaux contemporains, ils avaient été amenés, au cours de leurs
études, à considérer la monarchie et l'aristocratie,
comme une importation romano-germaine, complètement étrangère à la vie slave, qui se développait le
mieux sous un régime autonome et démocratique.
L'organisation cosaque, par exemple, était non seulement conforme aux aspirations du peuple ukrainien,

mais elle constituait la vraie expression de l'esprit slave, tandis que la monarchie moscovite et le régime aristocratie polonais n'en étaient que des aberrations causées par des influences étrangères. C'étaient les idées qu'exposait Kostomarov dans un pamphlet intitulé »La genèse du peuple ukrainien«, ouvrage de talent et de style expressif, qui fut, d'ailleurs, saisi par les autorités russes avant qu'il ait pu atteindre une grande popularité.

Chevtchenko qui, déjà dans ses premières productions, à Pétersbourg, s'était montré ardent panégyriste des cosaqués et des haïdamaks, ces anciens champions des libertés ukrainiennes, était profondément pénétré de leur démocratisme et de l'idée de la fraternité slave. Mais lui qui avait vécu dans le servage et n'en avait été affranchi que récemment, ce qui l'intéressait à un plus haut degré que les autres membres du cercle, c'étaient les injustices sociales dont souffrait le peuple ukrainien. Il avait quitté l'Ukraine encore tout jeune, et lorsqu'il y revint devenu homme et en pleine maturité intellectuelle, il entreprit, emre 1843 et 1846, quelques voyages à travers le pays. L'asservissement des masses qu'il y rencontra et de sa propre famille en particulier, violation inouïe des droits naturels de l'homme dans les descendants mêmes des héros de la liberté, blessa profondément en lui la haute idée qu'il avait de la dignité humaine. Son coeur s'enflamma de colère et il reprocha l'hypocrite mensonge de leurs déclarations à certains patriotes qui demandaient à grands cris les droits et les libertés de l'Ukraine, mais qui n'en continuaient pas moins d'user avec rigueur de leurs privilèges de propriétaires fonciers sur leurs compatriotes asservis. Il lança sa profession de foi dans son »Epître«. A ses yeux, il n'y avait qu'un seul remède à cette injustice sociale: un soulèvement général, l'anéantissement complet de la classe des propriétaires fonciers, »de façon qu'il n'en reste plus de traces en Ukraine«. Il les menaça de la vengeance du peuple, prophétisant une revanche sanglante et prochaine. (»Le vallon froid« 1845).

Uu semblable programme ne pouvait manquer d'effrayer les membres modérés du cercle. Ils voulaient, eux, arriver à délivrer le peuple par la propagation des grands principes humanitaires, en créant une littérature pénétrée de ces idées et qui serait gcûtée à la fois de la foule et des lettrés. Mais la jeunesse, plus ardente, prêtait une oreille attentive aux prédications radicales de Chevtchenko et lui fournissait des partisans. En 1846, se forma la Confrérie de Cyrille et de Méthode, les deux apôtres des slaves, qui en un tour de main rassembla près de cent membres.

Elle avait pour but l'abolition du servage et de toute espèce d'asservissement qui pesait sur les masses, l'établissement de l'égalité sociale complète, la suppression de toutes restrictions à la liberté de conscience et à la liberté de la parole, le remplacement du régime bureaucratique par un régime électoral, la transformation des pays slaves en une série de républiques démocratiques, ayant chacune sa langue, sa littérature et réunies en une fédération républicaine avec une »assemblée slave« commune ou avec un »Sobor«, composé des représentants de toutes les républiques soeurs.*) Des proclamations, adressées aux Ukrainiens, aux Grands Russes et aux Polonais, exposaient brièvement les points de ce programme et faisaient appel à toutes les forces pour en obtenir la réalisation.

---

* Comme siège de cette assemblée et capitale de la fédération slave, les membres de la Confrérie avaient désigné Kiev parce qu'ils avaient foi en la mission politique de cette ville dans l'avenir. Kostomarov, dans un de ses romans, met dans la bouche d'un de ses héros la prédiction que, la cloche de Sainte Sophie de Kiev sonnerait un jour annonçant la délivrance de tous les pays slaves et réunissant leurs représentants. Et ce n'est pas seulement chez des Ukrainiens que l'on rencontre à cette époque de pareilles idées: l'écrivain polonais et ukraïnophile, Tchaïkovski (Sadyk Pacha), en décrivant avec enthusiasme la cérémonie religieuse du jour des Rois à Kiev, s'arrête avec complaisance sur les chants solennels qui »retentissent dans tous les pays slaves« et la bénédictions u r b i  e t  o r b i du métropolite, »car Kiev est la capitale de tous les slaves«.

Ce mouvement fut arrêté dès le début même par
le gouvernement: un étudiant russe, qui avait surpris les conversation des affiliés, dénonça l'organisation aux autorités et, au printemps 1847, les membres
de la confrérie furent arrêtés, jetés en prison ou envoyés en exil. La littérature ukrainienne fut proscrite,
quelques éditions de livres publiés auparavant furent
détruites. La censure reçut l'ordre de ne plus rien
laisser passer qui pût servir de pâture au patriotisme ukrainien, »de ne permettre aucune prédominance de l'amour du pays natal sur celui de la patrie«.
Ce fut le signal d'une véritable orgie: on biffa même,
sur des documents historiques, les passages qui auraient
pu entretenir le sentiment national.

Le mouvement littéraire sur le territoire de la
Russie subit un arrêt d'une dizaine d'années. Néanmoins les idées de la Confrérie de Cyrille et de
Méthode restaient vivantes et se propageaient. Elles
se conservaient dans des milliers de coeurs ukrainiens
qui en étaient si pénétrés qu'ils étaient prêts à donner leur vie pour les voir réalisées, comme écrivait à
Chevtchenko exilé un jeune enthousiaste, du nom
d'Holovko. De sorte que, en dépit de toutes les pro-
scriptions, ces idées servirent de fondement à tout
le mouvement ukrainien postérieur.

## XXXV.

### 1848—1863.

Tandis que dans la Grande Ukraine il fallait se
terrer pour échapper aux représailles du gouvernement, la vie publique ukrainienne, ou, comme elle
était appelée officiellement, ruthène, s'épanouissait
inopinément en Ukraine occidentale, sous les rayons
de la faveur du gouvernement autrichien. Ce n'est
pas que ce flirt durât longtemps, mais il fit
assez d'impression sur la vie locale pour avoir des
conséquences très importantes.

Les Ukrainiens d'Autriche dûrent cette chance
inattendue à la révolution de 1848, qui, comme on sait,

opéra ici le partage des nationalités. Les Magyars et
les Polonais profitèrent de la révolution allemande à
Vienne pour adresser au gouvernement leurs réclamations et les appuyer par la force. Les autres
nationalités, menacées dans leurs intérêts si leurs
grandes rivales qui participaient à la révolution réus-
sissaient à établir leur prédominance, se rangèrent
du côté du gouvernement pour lui prêter main forte.
C'est l'attitude qu'adoptèrent les Tchèques, pour
les mêmes raisons, contre les Allemands, les Croates,
les Serbes et les Ukrainiens contre les Magyars ou les
Polonais.

Vienne, se trouvant dans une situation critique, se
hâta de saisir la main qui lui était tendue, se gardant
bien de refuser l'aide de ces nationalités, pour ainsi
dire de deuxième classe, pour être à même de mater
les nationalités de premier choix. En Galicie, l'administration aida les Ukrainiens à former leur organisation politique, c'est-à-dire, à créer la »Rada* principale Ruthène«, qui servit de contre-poids à l'organisation nationale polonaise et à constituer une garde
nationale pour s'opposer à la garde polonaise et
aux troupes révolutionnaires hongroises. Le gouvernement promit d'examiner avec sympathie les recla-
mations politiques et nationales, émises par les Ukrainiens: administration séparée pour les parties ukrainiennes de la Galicie, abolition du droit des seigneurs,
emploi de la langue nationale dans les écoles de
toutes catégories, non seulement primaires, mais
secondaires et aussi à l'université de Léopol etc.

D'aussi hauts encouragements remplirent d'espoir
les Ukrainiens qui tracèrent un programme assez hardi
et conséquent, dans lequel ils déclarèrent faire partie
du peuple »russe« (c'est-à-dire ukrainien dans les
sens d'aujourd'hui), d'un peuple »qui compte quinze
millions d'âmes«,** tout aussi distinct du peuple po-

---

* Conseil.

** Nous rappellons qu'en Ukraine Occidentale, où la
population ukrainienne avait eu affaire aux Polonais, aux
Roumains, aux Magyars et aux Allemands, mais point aux autres
slaves orientaux, l'ancien nom de Roussine, Rousnak s'est con-

lonais que du peuple grand-russien et qui doit prendre soin de sa littérature et de sa civilisation propre. La société littéraire »Mère russe de Galicie« fut fondée à cette époque. On créa à l'université de Léopol une chaire d'ukrainien; J. Holovatsky, l'un des membres du cercle de Chachkevytch, à qui elle fut confiée, inaugura son cours par un hardi panégyrique de la langue nationale. L'enseignement en langue ukrainienne à la même université devait être introduit dans le plus bref délai.

Cependant cet épanouissement d'espérance, cette floraison de projets ne dura pas longtemps. Tout ce qui fut réalisé ce fut l'abolition, en 1848, des privilèges des propriétaires fonciers. Cette réforme, accueillie par la population avec enthousiasme, lui parut comme une conquête sur l'éternel ennemi, la noblesse polonaise. On fêta encore longtemps la mémoire de cet évènement dans les campagnes, et en même temps cela rappelait au gouvernement les bonnes promesses qu'il n'avait pas eu le courage de tenir. Car la séparation de la Galicie ukrainienne sous une administration séparée, quoique déjà formulée par une loi, n'entra jamais dans la pratique. Comme on le sait, le gouvernement sortit bientôt d'embarras: en octobre la révolution à Vienne était déjà étouffée. La réaction qui s'en suivit fournit l'occasion à l'aristocratie polonaise de reprendre en main l'administration du pays et d'en écarter les notables ukrainiens, en

servé jusqu'à nos jours. Mais la confusion résultant de l'usage du mot »Rousï« ou »Rousky« (avec un s), alors que les Grands Russes et les gens mêmes du pays d'orientation moscovite étaient appelés »Rousï« ou »Roussky« (avec deux s), prêtait à toutes sortes de malentendus. C'est pourquoi, en fin de compte les Roussines ou Ruthènes ont adopté les nom »d'Ukraine« et »d'Ukrainien«, pour se désigner, eux et leur pays. Ces appellations avaient été mises en usage par le cercle de Charkov pour désigner la langue populaire dont ils se servaient, puis la littérature à qui elle servait d'instrument, enfin le peuple de la bouche duquel on l'avait prise. Popularisées encore davantage par la Confrérie de Cyrille et de Méthode (surtout par Chevtchenko) ces désignations ont fini par supplanter les termes officiels de »Petite Russie« et »Petit-russien«, en dépit des efforts de la censure, qui ne pouvait souffrir le nom »d'Ukrainien«.

186

jetant sur eux le soupçon de sympathiser avec la
Russie orthodoxe.

En vain les personnalités »ruthènes« les plus no-
toires, le métropolite et les chanoines de la cathédrale en tête, s'évertuèrent-ils à donner les preuves
de leur loyauté inébranlable à l'état et à la dynastie;
en vain rappelèrent-ils les services rendus par »les
Tyroliens de l'Est«, lors de la révolution; en vain ré-
primèrent-ils toute allusion à la liberté et se gar-
dèrent-ils dans leurs actions et dans leurs écrits de
tout ce qui pouvait ressembler à de l'opposition et
provoquer le mécontentement des milieux réactionnaires viennois — tout cela ne servit à rien. La noblesse
polonaise resta maîtresse de la Galicie et les façons
d'agir réactionnaires auxquelles s'étaient habitués les
notables ukrainiens, n'aboutirent qu'à amener un dépérissement de la vie nationale, entre 1850 et 1860,
qui nous paraît d'autant plus sombre et regrettable
qu'il contraste plus vivement avec les belles espérances de 1848. La langue populaire, proclamée avec
tant d'insistance comme l'unique instrument de la
culture nationale, est obligée de faire place à la langue
»d'instruction«, un affreux jargon de l'ancienne langue
littéraire, matiné d'archaïsmes russes. L'intérêt pour
les moeurs du peuple va en s'affaiblissant; la littérature dégénère.

Heureusement la Grande Ukraine remet au premier plan les intérêts vitaux. L'entr'acte causé par
les représailles de 1847 prend fin à la première manifestation des tendances libérales du nouvel empereur
Alexandre II, instruit par les pénibles expériences de
la guerre de Crimée (1855). Sans doute le gouvernement ne se hâta pas d'abandonner, à l'égard des nationalités, les vieilles méthodes si en vogue sous le
sombre règne de Nicolas I, mais il y eut, tout de même,
quelques allégements. Les hommes politiques en
exil obtinrent l'un après l'autre l'autorisation de retourner au pays et y reprirent leur besogne. La plupart s'assemblèrent à Pétersbourg où les nouvelles
moeurs libérales s'acclimatisaient plus rapidement.
Koulich, une personnalité si diversement douée,

devient le centre de ce groupe pétersbourgeois, où
il déploie une activité qui marquera dans l'histoire du
mouvement. Kostomarov en fait partie; il cherche
avec le talent, qui lui est personnel, à populariser
l'histoire, il voudrait baser les idées fédéralistes de
1846 sur la tradition historique. Chevtchenko, brisé
par un douloureux exil, ne vient que pour finir ses jours
dans son entourage. Parmi les nouveaux enthousiastes,
il faut donner la première place à la jeune Marie Vilin-
ska-Markovytch, connue sous le pseudonyme de Marko
Vovtchok, l'auteur de ces excellentes nouvelles en
miniature tirées de la vie populaire.

Les anciens projets de la Confrérie de Cyrille et
de Méthode sur l'action révolutionnaire et la transformation de l'Europe orientale, ne semblent pas
avoir trouvé à Pétersbourg un terrain favorable. Des
tendances plus modérées y prévalaient, des tendances
vers l'organisation et l'instruction, mises à l'ordre du
jour par les réformes du tzar. Emanciper les paysans, organiser les villages dans de meilleures conditions, répandre l'instruction, créer une littérature populaire, éditer des manuels pour les écoles ukrainiennes, tel était leur programme qui rappelle les idées
évolutionnistes des membres modérés de la Confrérie
de Kiev. La revue mensuelle »Osnova« paraît (1861 à
1862) et devient l'interprète de ces idées devant le
public, réalisant ainsi le projet d'une revue ukrainienne, née ici même vingt ans auparavant. Cette
publication, malgré son existence éphémère, porta
une grande animation dans la vie littéraire; elle réunit
autour d'elle les aînés — comme le romancier Storo-
jenko et le poète Chtchoholiv — mais surtout la jeunesse, dont les coryphées débutèrent pour la plupart
dans ses pages — comme les poètes Hlibiv et Konisky, les romanciers Mordovets et Netchouï-Levytsky,
les savants Antonovytch, Jytetsky et beaucoup d'autres.

Il faut noter qu'elle apporta dans la littérature
un nouveau ton, une dignité démocratique, humanitaire
et civique, condamnant et repoussant toutes les tendances à la frivolité, dans laquelle les aînés, en imi-

tant l'Eneïde travestie et les petits vers du XVIII siècle, étaient si souvent tombés.

Mais cela ne devait durer que quelques années. L'insurrection polonaise de 1863 fournit un prètexte au gouvernement pour arrêter la propagande ukrainienne. On mit en prison et on envoya en exil des patriotes »pour avoir organisé des cercles qui, sous l'apparence de sociétés éducatrices, ont pour objet de susciter dans le peuple du mécontentement contre le gouvernement et de viser à la séparation de la Petite Russie«. On interdisait les écoles privées, supprimait les journaux; la littérature et le mouvement ukrainien, furent dénoncés comme des intrigues et des inventions des Polonais. (Ces derniers d'ailleurs ne manquèrent pas d'accuser leurs anciens ennemis et d'exciter contre eux les autorités.) Un nouveau mot, mis en vogue par la guerre civile qui battait alors son plein aux Etats-Unis, »séparatisme«, fut bientôt sur toutes les lèvres.

A l'occasion d'une plainte des bureaux de la censure de Kiev sur l'accroissement systématique des publications »en dialecte petit-russien«, le ministre de l'intérieur, Valoueff, envoya, dans l'été de 1863, aux comités de censure sa fameuse circulaire, dans laquelle il exposait l'attitude du gouvernement à l'égard de la littérature ukrainienne et du mouvement national. »Il n'a jamais existé de langue petite-russienne distincte«, écrivait-il, »elle n'existe pas et ne peut pas exister«; le mouvement ne serait dû qu'à une manoeuvre polonaise; les censeurs recevaient l'ordre de ne plus laisser paraître à l'avenir de livres scientifiques ou religieux destinés »à la lecture élémentaire du peuple«. En vain le ministre de l'instruction publique protesta-t-il, le point de vue de Valoueff prévalut: trois ans plus tard la dîte circulaire fut confirmée par un décret ordonnant aux censeurs de n'autoriser aucune publication populaire et de ne laisser passer aucun livre ukrainien sans l'avoir préalablement censuré, même les ouvrages volumineux, qui auraient dû, selon la loi, échapper à ces prescriptions.

On poussa le zèle inquisitif jusqu'aux matières ethnographiques.

Il en résulta un nouvel arrêt dans le développement ukrainien en Russie, de sorte que les patriotes, interrompus au plus fort de leur activité,
commencèrent à tourner leurs regards au delà des
frontières, vers l'Ukraine autrichienne où le droit
de parler et d'écrire n'était pas formellement dénié.
Ils envoyèrent leurs contributions littéraires aux périodiques de Léopol, autour desquels se groupait la
jeunesse, grande admiratrice de la littérature de
l'Ukraine orientale, de Chevtchenko et de sa pléiade.
Cet appui, prêté aux lettrés galiciens, aiguillonna leur
courage, les incita à suivre les traces de leurs modèles et d'en adopter les principes démocratiques et
radicaux. On vit bientôt paraître des écrivains de
talent: le premier qui eût une importance générale
pour l'Ukraine, fut Fedkovytch, »le rossignol de Bukovine«, auteur de poésies et de nouvelles de valeur,
écrites sous l'influence de Marko Vovtchok. Le
mouvement populaire se dessine, s'accroît et bientôt
donne le ton à la vie galicienne.

L'Autriche traversait les crises de 1859 et 1866.
Le prestige du gouvernement était ébranlé par les
défaites et, par suite, cette politique servile et ultra-
conservatrice, que suivaient les milieux dirigeants,
perdait de son autorité. Son impuissance était évi-
dente. La noblesse polonaise reprit la haute main en
Galicie, l'aristocratie magyare en Hongrie et elles
s'appliquèrent à garrotter l'élément ukrainien, pour
qu'il ne puisse les gêner dans leurs desseins. Les
patriotes conservateurs, surtout dans le clan du
clergé, indignés de se voir trahis par l'Autriche, se
tournèrent vers la Russie. Celle-ci avait prêté ses
soldats pour étouffer l'insurrection magyare, en 1849,
et elle dut s'en servir encore, en 1863, pour jouer
le même rôle chez elle, dans l'insurrection polonaise.
Cela fit naître l'espoir que le tzar russe viendrait un
jour ou l'autre délivrer la »Russie asservie« du joug
des Polonais de l'Autriche-Hongrie. C'était la ferme
opinion des milieux russophiles, ou »catsapes«, comme

les surnommaient leurs adversaires et ils se mirent à prêcher »l'unité du peuple russe des Carpathes jusqu'au Kamtchatka«, l'unité de la langue littéraire russe et à s'opposer au mouvement populaire venu de l'Ukraine orientale, lui reprochant, entre autres crimes, ses tendances révolutionnaires.

Ils furent cependant bien loin d'atteindre le succès qu'ils espéraient. Au contraire, le mouvement populaire et démocratique continua à prendre des forces et le sentiment d'une solidarité avec les patriotes de la Grande Ukraine, pénétra jusque dans les masses profondes. Un redoublement de la persécution en Russie, vers 1876, fit affluer dans les pays autrichiens les énergies et les moyens, qui y vinrent renforcer les efforts indigènes et donnèrent plus d'unité au mouvement littéraire et politique.

## XXXVI.

### L'édit de 1876.

Pendant la dizaine d'années qui suivirent les représailles de 1863, le mouvement ukrainien avait perdu sa publicité, ses centres d'organisation avaient disparu, il subit un véritable arrêt dans son développement organique.

Des courants divergents s'affirment et se contrarient dans la vie nationale. L'élément le plus actif, principalement la jeunesse, reconnait de plus en plus la nécessité d'une révolution, à mesure que la politique gouvernementale s'éloigne des principes libéraux, qui avaient été proclamés au début du règne d'Alexandre II. L'explosion, dans l'idée des ukrainiens révolutionnaires, devait être prochaine, aussi remettaient-ils »au lendemain de la révolution« la solution de la question nationale.

D'autres plus fidèles à l'idée nationale protestaient contre cet ajournement, contre cette mise au second plan de la question vitale. Ils dénonçaient amèrement les tendances centralisatrices des organisations révolutionnaires russes et soutenaient que les vrais amis du peule devaient poursuivre leur activité sans séparer leurs aspirations nationales de leurs buts politiques et sociaux. C'étaient les idées que popularisait avec ardeur, aidé de son talent et d'un logique irréfutable, l'homme politique le plus actif de son époque, Michel Drahomanov, professeur à l'Université de Kiev, qui connut plus tard les amertumes de l'exil.

Les intellectuels de droite, effrayés par les persécutions sévères, tenaient pour nécessaire »de se concilier le gouvernement«; ils auraient voulu le persuader que les aspirations ukrainiennes ne menaçaient en rien la solidité de l'état. A leur avis, on devait s'attacher à des buts plus pratiques: faire introduire dans les écoles la langue maternelle au lieu de la langue russe qui retardait l'éducation des masses, créer une littérature populaire, un théâtre, un art national et abandonner toutes visées politiques.

Quelques-uns de ces opportunistes allaient même jusqu'à dire qu'il était complètement superflu de créer une littérature scientifique en langue ukrainienne, et d'encourager autre chose que la création d'ouvrages purement populaires. C'était le point de vue que défendait à cette époque Kostomarov, ancien révolutionnaire de 1846 et savant estimé.

Mais cet opportunisme n'était-il pas condamné à échouer contre la politique gouvernementale qui s'en tenait aux anciens principes de Pierre I et de Catherine II? Les autorités ne veillaient-elles pas sur l'unité de la langue? Ne s'efforçaient-elles pas d'exterminer toute conscience d'une distinction dans l'âme des Ukrainiens? Elles ne toléraient aucun mouvement nationaliste, qu'il soit modéré ou radical, aucune littérature particulariste, qu'elle soit destinée aux lettrés ou »à l'usage domestique«. Il n'y avait donc pas de place pour une action conciliatrice et l'échec des modérés ne faisait que fournir de nouveaux partisans au radicalisme politique et national.

Cependant l'administration locale de l'Ukraine ne pouvait employer sans mesure les méthodes inexorables préconisées en haut lieu. En contact direct avec la vie ukrainienne, elle se rendait mieux compte de la

192

réalité des faits. Elle connaissait l'inanité des insinua-
tions voulant représenter le mouvement national
comme la création des intrigues étrangères, soit polonaises, soit autrichiennes. Elle en connaissait la
croissance organique; elle savait combien il était lié
à la vie du peuple et répondait à ses besoins réels.
Ce n'était pas un secret pour elle que la russification
à outrance, poursuivie depuis deux siècles, souvent
par les moyens les plus cyniques — ne donnait-on
pas un supplément de traitement aux fonctionnairs
non-ukrainiens en Ukraine? — avait amené le peuple
au bord de l'abîme économique et social. Elle voyait
que l'instruction publique était restée au niveau le
plus bas, que les enfants ne profitaient pas de l'école
russe, car quelques années après en être sortis, ils
avaient oublié de lire, n'ayant pas de livres ukrainiens et ne possédant pas assez le russe, pour pouvoir se servir des livres écrits dans cette langue.
Elle n'ignorait pas que le bâillonnement de la vie
publique était la cause de l'exploitation éhontée de
l'Ukraine par toutes sortes d'étrangers, que, sous
la protection de ce régime, la bourgeoisie polonaise
consolidait ses positions et que les frontières de la
colonisation allemande s'avançaient systématiquement vers la Mer Noire.

Aussi, dans la mesure de ses larges attributions,
toléra-t-elle plus d'une fois que l'activité des ouvriers
intellectuels de l'Ukraine prît un certain développement, jusqu'au jour où une circulaire arrivait de
Pétersbourg qui rétablissait la tension de la chaîne.
Ce fut le cas pour l'administration de Kiev entre
1860 et 1864 et encore une fois de 1870 à 1874. Des
savants ukrainiens obtinrent l'autorisation d'organiser
une société scienfitique pour l'exploration de l'Ukraine;
elle portait le titre officiel de »Section du sud-
ouest de la Société géographique de Russie«, mais
réunissait dans son sein le plus grand nombre des
énergies locales. Nous lui sommes redevables, tant
par ses publications que par les travaux perso-
nels des savants qui la composaient, d'une série
d'oeuvres capitales sur l'ethnographie, l'économie et

la nature du pays. Il faut surtout mettre en relief un énorme recueil de matières ethnographiques, publié entre 1872 et 1878, sous le titre de »Travaux de l'expédition dans les pays du sud-ouest«. C'est à cette société qu'il faut attribuer encore l'éclatant succès du Congrès archéologique, tenu à Kiev en 1874, où les savants indigènes exposèrent dans de magistrales conférences les résultats de leurs études archéologiques, historiques et philologiques, donnant ainsi une base solide à la pensée ukrainienne.

A cette période de Kiev appartiennent les premiers succès sérieux de la musique nationale (l'opéra de Lyssenko, »La nuit de Noël«) et aussi l'essor du théâtre ukrainien, grâce surtout aux efforts de Kropyvnytsky et de Starytsky, sans compter les progrès considérables dans les belles lettres (les nouvelles de Levytsky-Netchouï, celles de Konisky, les poésies de Roudansky etc.).

Mais le succès provoque l'envie: une opposition acharnée des partisans de »l'unité du peuple russe« se déchaîne dans la presse et envahit le monde officiel. A la tête du mouvement national de Kiev, il n'y avait guère que des modérés qui saisissaient toutes les occasions pour en souligner le caractère non-politique, pour en faire ressortir la valeur civilisatrice, en démontrer les fondements scientifiques; malgré qu'ils se montrassent adverses au mouvement révolutionnaire, le gouvernement continuait de prêter l'oreille aux ukrainophobes. A la suite d'une dénonciation, faite par un des suppôts jurés de »l'unité«, M. Jousefovytch, contre la »Section du Sud-Ouest« et ses membres, dans laquelle les idées ukrainiennes étaient accusées de servir de manteau au »socialisme le plus pur« et aussi — quoique le rapprochement dût paraître bien extraordinaire — à l'intrigue autrichienne, le gouvernement central intervint. Une enquête minutieuse ne découvrit dans les publications incriminées aucune trace compromettante, néanmoins la »commission extraordinaire«, institué par les autorités de Pétersbourg, jugea qu'il fallait arrêter la productivité littéraire ukrainienne, comme »une atteinte à l'unité et

à l'intégrité de la Russie«. Conformément à cet avis,
dans l'été de 1876, juste au moment où la Russie
retentissait de clameurs enthousiastes, présageant
la délivrance des Slaves des Balkans du joug de la
Turquie, fut rendu le fameux ukase (à Ems, 18 (30)
mai), qui mit pour longtemps dans de lourdes chaînes
le mouvement ukrainien en Russie.

Cet édit, qui resta en vigueur pendant trente ans
et a acquis ainsi une triste célébrité, prescrivait que
pour l'avenir aucune publication »en dialecte petit-
russien«, éditée à l'étranger, ne pourrait être introduite en Russie sans une autorisation spéciale. Dans
l'empire même, toutes oeuvres originales ou traductions en ce »dialecte« étaient sévèrement inter-
dites, à l'exception des documents historiques, à condition de conserver l'orthographe de l'original, et des
oeuvres de pure littérature, à condition d'observer
soigneusement les règles de »l'orthograhe russe généralement en usage«. De même étaient prohibées
toutes représentations scéniques, toutes conférences
et même la publication des textes des oeuvres musi-
cales »en dialecte petit-russien«.

Il est clair que l'ukase ne trahissait aucune dou-
ceur pour la culture ukrainienne. Cependant la censure et les fonctionnaires reçurent encore de nombreuses instructions supplémentaires qui laissaient à
l'interprétation assez de marge pour que l'on pût
aggraver ces prohibitions. Par exemple, quoique
l'édit n'eût pas parlé de la presse quotidienne, il était
admis dans la pratique qu'elle était également inter-
dite. Il en était de même pour les traductions, quoique
l'ukase semblât bien les autoriser. On ne pouvait
non plus éditer de livres pour les enfants. On recom-
manda aux censeurs de se servir de tous les moyens
pour restreindre en général cette littérature »à visées
exclusivement étatistes«. Ils biffèrent partout le mot
»Ukraine«, non seulement l'expression: »la langue
ukrainienne«, mais aussi celle-ci: »la langue petite-
russienne«, car ce n'était, paraît-il, qu'un dialecte.

Il se forma tout une jurisprudence chicanière autour
de ces prohibitions quelquefois grotesques; car que ne

pouvait-on pas tirer, par exemple, de cette exigence
irréalisable dans la pratique, que les mots ukrainiens
fussent écrits selon l'orthographe russe? Quelques
censeurs étendirent cette règle bizarre non seulement à l'orthographe phonétique, mais à la morpho-
logie. De peur qu'on n'oubliât de se prévaloir de
quelque prétexte, les manuscrits ukrainiens étaient
encore soumis à une double censure, d'abord exa-
minés par les comités locaux, ils étaient en outre
envoyés au bureau central. Cela causait des désagréments sans nombre aux auteurs et aux éditeurs, les
courages mal aguerris s'énervaient, bien des projets
littéraires ne purent voir le jour. Néanmoins ces mesures n'atteignirent qu'à moitié leur objet, qui consistait à enrayer la propagation dans les masses des
lumières et de la conscience nationale.

Le mouvement littéraire ne devait plus s'arrêter.
Dans le quart de siècle qui suivit le premier arrêt
de 1847—56, il n'avait fait que s'accroître et prendre
de l'influence. Le tranchant des représailles s'émoussa
par l'usage trop souvent répété. Cette fois encore, en
1876, il y eut des expulsions, des suspensions, on supprima des organisations — en premier lieu la Section
du Sud-Ouest — mais les gens à la longue avaient fini
par apprendre à s'accomoder aux circonstances. On
avait »des positions préparées d'avance« — en Galicie.

En effet les relations nouées par les gens de lettres
et les hommes politiques de la Grande Ukraine avec
les éditeurs et les groupes galiciens en 1861—62, loin
de se rompre, n'avaient pas cessé de se raffermir et
même de s'étendre. La menace gouvernementale étant
toujours suspendue sur les têtes, on avait pris des
mesures pour y parer. Grâce aux efforts communs,
fut fondée, en 1873, une nouvelle institution, »La
Société Chevtchenko«, à l'aide de fonds ramassés
dans la Grande Ukraine. On acheta pour elle une imprimerie qui devait être un instrument de culture pour
l'avenir. La revue mensuelle »Pravda«, fondée à Léopol en 1867, devint l'organe commun des écrivains de
la Galicie et de l'Ukraine. Plus tard elle céda la place
à une revue hebdomadaire la »Zoria«. Les Ukrainiens

**196**

de Russie, privés chez eux de la possibilité d'avoir un
organe qui leur appartint, prêtaient leurs concours à
ces publications. Ainsi donc toutes les difficultés créées
par l'ukase de 1876 eurent, entre autres résultats, de
faire transporter le flambeau national sur le sol galicien
où, au lieu de s'éteindre, il brûlera d'un plus vif éclat
que dans le passé.

## XXXVII.

### Les dernières décades du XIX siècle.

L'ukase de 1876 devait rester en vigueur exactement trente ans, mais il y avait plusieurs manières
d'en appliquer les prescriptions, dont quelques-unes
étaient trop absolues pour pouvoir se maintenir dans
la pratique. Il se passa quelques années, pendant lesquelles on ne permit ni spectacles, ni concerts ukrainiens et où les chansons populaires étaient rendues
dans une traduction française (!). En fin de compte,
les autorités locales et en tête les gouverneurs généraux de Kiev et de Charkov firent entendre en haut
lieu qu'il n'était point raisonnable d'irriter ainsi la population et d'exposer l'administration au ridicule. On
permit les représentations scéniques ukrainiennes, mais
toujours avec des restrictions aussi bizarres qu'embar-
rassantes, comme pour les livres. La censure fit de
véritables prouesses sur ce terrain: il n'était pas permis de jouer des pièces qui fussent prises de la vie des
classes supérieures, qui touchassent en rien aux
problèmes sociaux ou simplement patriotiques. Les
pièces autorisées devaient être données en même
temps que des oeuvres russes ayant le même nombre
d'actes etc.

Le théâtre ukrainien supporta gaillardement cette
oppression. Les entrepreneurs se pliaient à toutes ces
formalités ou les éludaient, car la population manifestait
un enthousiasme sans bornes pour l'art dramatique
national, qui justement s'épanouissait rapidement.
Toute une pléiade de dramaturges de talent créait
alors un style artistique ukrainien, qui se distinguait

par un noble réalisme dans le drame de genre ou le drame historique. Ils eurent d'ailleurs beaucoup à faire pour relever le contenu d'un art à qui la censure ne laissait que des matières insignifiantes. Malgré tout, la scène devint un facteur précieux dans l'éducation des masses, à une époque où la liberté de la presse et de la parole n'existait pas, où il n'y avait pas d'écoles et presque pas de littérature.

A peu près dans le même temps où l'on permettait le théâtre ukrainien à Kiev, on y donnait l'autorisation de publier une revue consacrée à l'histoire de l'Ukraine (»Kievskaïa Starina« depuis 1882). Il fallut la publier en russe et placer à sa tête un écrivain qui était p e r s o n a  g r a t a  auprès des autorités, mais qui l'était beaucoup moins dans le peuple. Néanmoins l'énergie des lettrés en fit en peu de temps une sorte de foyer national, dont l'horizon ne se borna pas aux recherches scientifiques. Dès qu'elle put obtenir le droit de le faire, elle publia des oeuvres littéraires, s'intéressa aux questions de la vie journalière et servit sous cette forme de succédané à la revue ukrainienne que le gouvernement s'obstinait à ne pas autoriser.

N'était-ce point là la preuve de la vitalité du mouvement national? Il sembla que l'on n'eût qu'à planter un rameau desséché dans le sol ukrainien, pour qu'on le vît fleurir et produire des fruits. Et, quand même, ces perspectives étaient bien insignifiantes comparées aux besoins d'un grand peuple, au dénuement de ces millions de travailleurs obscurs, condamnés à la misère et à l'ingnorance. Et ce rayon d'espoir même était si menacé par la grande ombre de la tutelle administrative qu'au lieu de satisfaire l'âme ukrainienne, il y faisait naître l'inquiétude et la colère. D'autant plus que tout près, au delà des poteaux jaunes et noirs de la frontière, les compatriotes jouissaient d'une liberté assez limitée, il est vrai, mais incomparablement plus large.

La constitution autrichienne de 1867 ne se distinguait pas par ses hautes qualités. Elle avait été octroyée dans l'intention d'assurer une influence aussi large que possible à l'aristocratie foncière et à la bourgeoi

sie des villes aux dépens de la population paysanne;
le système électif à deux degrés et à bulletin ouvert,
laissait à l'administration un rôle beaucoup trop grand
dans les élections. Bureaucratisme et domination de la
noblesse polonaise se complétaient mutuellement.
Après une courte bouderie, qui suivit la révolution de
1848, la noblesse était passé au gouvernement et grâce
à cette entente avait repris le pouvoir en Galicie.
L'administration était entre ses mains, ainsi que les
municipalités électives. Elle avait soin d'arranger les
scrutins, pour que les Ukraïniens ne passassent qu'en
nombre infime, encore fallait-il que ce soit des gens
»modérés«. C'est pourquoi la population ukrainienne,
aussi nombreuse que la polonaise dans la Galicie entière, n'était représentée au parlement que par une
dizaine députés, et n'avait dans la diète territoriale
que 10% des sièges. Les conseils d'arrondissements
étaient formés de la même façon. Toute cette machi-
nerie était donc entre les mains de la noblesse polonaise, qui s'en servait pour brider l'élément ukrainien,
empêcher le développement économique et intellectuel des masses paysannes, barrer le chemin du pouvoir aux autres nationalités et assurer la prépondérance de l'élément polonais.

Tous les efforts des hommes politiques ukrainiens
pour se soustraire à cette domination restaient sans
résultat. Les coquetteries du gouvernement ne se
répétèrent pas, de sorte que, bon gré mal gré, on fut
obligé de prendre au parlement la voie de l'opposition.
Les modérés, pour la plupart membres du haut clergé
ou de la bureaucratie, furent obligés de céder leurs
sièges à des éléments plus radicaux, qui s'unirent
d'abord dans le parti populaire (narodovtsi) après
s'être séparés des conservateurs d'extrème droite
(vers 1885). Plus tard l'aile gauche de ce parti se détacha à son tour pour former le parti radical (1889).

Michel Drahomanov, dont nous avons mentionné le
rôle de leader avancé du mouvement de Kiev, devint
l'esprit directeur de cette opposition radicale. Originaire du gouvernement de Poltava, élevé à Kiev,
historien spécialisé, voilà l'homme qui pendant un

quart de siècle sera un des guides principaux de la
politique en Ukraine. Dénoncé au gouvernement russe
pour son activité en Galicie et ne trouvant pas dans
ce dernier pays des garanties suffisantes de la liberté
de propagande, il s'établit à Genève, où, avec quelques
autres émigrés ukrainiens il commença une campagne
énergique et grosse de coséquences. La revue fondée
par eux, la »Hromada« (1878), fut la première tri-
bune, où les patriotes ukrainiens, et en première ligne
Drahomanov lui-même, purent exposer ouvertement
et motiver abondamment leur programme. Ils reprirent les idées de la Confrérie de Cyrille et de
Méthode, en y apportant les changements nécessaires après trente ans d'évolution et, à l'exemple de
leurs prédécesseurs, ils conduisirent le mouvement
national vers le démocratisme et le socialisme, es-
sayant, à l'aide de ce flambeau, de jeter de la lumière sur les aspirations sociales et poltiques d'antan,
de faire voir dans les ancêtres les précurseurs des démocrates et des socialistes modernes, de rattacher le
passé au présent. C'est ce qui était exprimé méta-
phoriquement dans l'article-programme, dans les premières pages de la »Hromada«:

»Nos lettrés sauront-ils saisir le bout de ce fil qui
se file de lui-même dans notre monde paysan? Sauront-ils le raccorder à ce qui a été tissé pendant les
XVII et XVIII siècles, dans la pensée des gens dont
l'histoire ne s'est pas interrompue? Sauront-ils rattacher ce fil, filé dans l'obscurité et le silence, qui est
plus souvent un désir qu'une pensée claire, au
grand réseau d'idées scientifiques et sociales du monde
européen? Voilà qu'elle doit être la tâche des
intellectuels de l'Ukraine.«

Partant de là, Drahomanov formulait ainsi le programme ukrainien: fédéralisme dans la politique, liberté individuelle dans la vie sociale, socialisme dans
la vie économique, rationalisme et réalisme dans les
sciences et dans les arts. Sur ces bases, il critiquait
vivement les opportunistes, les conservateurs et les
chauvins de la Galicie et de la Grande Ukraine, il les
invitait à un travail politique et civilisateur con-

séquent, animé d'un large démocratisme national
dans sa forme et universel dans son esprit. Il se montra
l'adversaire des méthodes révolutionnaires pratiquées
alors en Russie et désapprouvait surtout les actes de
terrorisme. Il s'adressait surtout aux intellectuels de
Galicie, puisque la presse de ce pays le lui facilitait,
tandis que la presse russe était soumise à la censure.
Ce fut là aussi que se firent le mieux sentir les résultats de son influence. Nous y trouvons ses partisans les
plus ardents: O. Terletsky, M. Pavlyk et surtout Ivan
Franko, le plus noble représentant de l'Ukraine galicienne, poète, savant et publiciste des plus pénétrants
et des plus féconds (1856—1916). Ces écrivains se pro-
posent de réaliser le programme de Genève sur le sol
de la Galicie, ils attaquent énergiquement les restes
du vieil opportunisme et du cléricalisme. ils luttent
contre l'éloignement que les générations précédentes
avaient montré envers le peuple, et s'imposent comme
tâche immédiate la formation d'un parti paysan par
excellence, ayant pour but l'instruction des masses
campagnardes et leur organisation politique.

Puisque en Ukraine Occidentale aussi bien qu'en
Ukraine Orientale la vie ukrainienne s'était réfugiée
presque exclusivement dans les campagnes, il fallait
que le parti paysan prît sur lui les tâches nationales
et que par conséquent il obtînt la prépondérance dans
la représentation politique du pays. Aussi sa formation
n'alla-t-elle pas sans une critique énergique des tendances antidémocratiques des partis de droite ukrainiens. Ces divergences étaient surtout criantes en
Galicie. Le parti nationaliste ne pouvait abandonner
ses anciens rêves d'obtenir la faveur du gouvernement et, comme le gouvernement était représenté ici
par la bureaucratie ou pour mieux dire la noblesse
polonaise, ses leaders essayèrent de s'entendre avec
elle aux prix de certaines concessions (1890).

Ce pas imprudent souleva l'indignation populaire
et ce fut à cette occasion que se forma le susdit parti
radical paysan, à la tête duquel se mirent les partisans
de Drahomanov, réclamant énergiquement une opposition intransigeante contre le régime de la noblesse.

Ces querelles produisirent dans la population et entre
les partis ukrainiens une tension sans exemple dans les
annales politiques du pays. La Grande Ukraine fut en-
traînée dans ces débats; ce fut un flot de discussions
sur les questions politiques et sociales, sur l'opportunisme dans la vie publique et le conservatisme
national.

A défaut de presse dans la Grande Ukraine, les
revues et les journaux galiciens deviennent l'arêne
animée où s'échangent les idées, où se rencontrent et
s'entrechoquent les tendances diverses. On se pro-
nonce ouvertement sur les questions vitales conser-
nant l'Ukraine Orientale, et on ne manque pas de se
répandre en critiques acerbes contre le régime de la
Russie et contre sa politique hostile aux nationalités.
Le gouvernement de Pétersbourg peut bien fermer
ses frontières aux publications galiciennes, mais elles
pénétrent dans l'intérieur, malgré toutes les précautions, et y attisent l'opposition radicale et démocratique dans les populations.

## XXXVIII.

### Au tournant du siècle.
### (1898—1906.)

En Russie, l'administration eut beau faire et, en
Galicie, le »travail organique« des Polonais se continuer, il n'en est pas moins vrai que, vers la fin du siècle,
le mouvement ukrainien avait pris une ampleur que
l'on aurait eu peine à s'imaginer vingt ans auparavant.
Ses conquêtes ne se bornaient pas au domaine politique, il manifestait aussi sa puissance dans la littérature, les sciences et les arts. Il ne se contente plus
de prouver théoriquement son droit à l'existence,
mais il passe au travail d'édification sur le terrain de
la pratique.

En Galicie, la chaire d'histoire à l'université de Léopol, que les patriotes ukrainiens étaient parvenus à

202

obtenir, leur servit de point de départ pour étendre
leurs ambitions; ils se rappelèrent que le gouvernement autrichien avait promis que cette université tout
entière serait l'apanage des Ukrainiens, comme celle
de Cracovie celui des Polonais et que, par conséquent, cette institution n'était passée que de fait entre
des mains étrangères. La lutte s'enflamma à ce sujet;
pour le moment on réclama un certain nombre de
chaires séparées, pour en arriver peu à peu à une
université ukrainienne. Il fallait trouver des professeurs: les étudiants ne se contentent pas d'organiser
des manifestations en masse, pour réclamer leurs
droits, mais ils se livrent aussi à un travail scientifique
intense. L'ancienne »Société Chevtschenko«, dont
nous avons mentionné la fondation à Léopol par les
patriotes de la Grande Ukraine, se transforme en une
institution scientifique, se réorganise sur le modèle
des Académies des sciences de l'Europe et peut
bientôt leur être comparée. Autour d'elle se groupent
les savants des deux Ukraines qui contribuent à ses
publications. (L'auteur de ces lignes, ukrainien originaire de l'Ukraine Orientale, chargé de la chaire
d'histoire nouvellement créée, a eu l'honneur de pré-
sider pendant vingt ans aux destinées de cette société.)
Le peuple lit et s'intéresse à lire dans les salles de
lecture que l'association »Prosvita« ouvre dans tout
le pays. Les belles lettres s'enrichissent alors d'une
série de talents brillants, qui ne le cèdent en rien aux
écrivains de l'Europe. Ils surgissent dans la Grande
Ukraine aussi bien qu'en Ukraine Occidentale, qui
n'avait pas jusqu'ici été féconde à cet égard; ce sont,
après Fedkovitch et Franko déjà nommés, les romanciers V. Stefanyk, Z. Martovytch, O. Kobylanska, pour
ne citer que ceux-là et, en Grande Ukraine, Tobi-
levitch, Kotsłubynsky, Samiylenko, Lessia Oukaïnka
et d'autres encore. Le centième anniversaire de la
renaissance de la littérature ukrainienne, à compter
de 1798, année de l'apparition de l'Eneïde de Kotlarevsky, fut célébré en Galicie au milieu de l'enthousiasme délirant des foules et donna l'occasion de jeter

un regard en arrière sur les progrès accomplis pendant un siècle, malgré les difficultés du chemin. Les plus mauvais jours étaient passés, l'avenir s'ouvrait plein de promesses. C'était une année de jubilés: celui de l'abolition du servage en Autriche en 1848, celui de la grand insurrection de 1648. Aussi dans le prologue écrit à cette occasion par Franko, le plus grand poète national alors en vie, on croyait entendre le son de la trompette annonçant la prochaine insurrection populaire, la pochaine révolution qui délivrerait l'Ukraine.

L'organisation et l'instruction des masses avaient fait dans les dix dernières années d'énormes progrès. La grande majorité des paysans constituait déjà une armée politique solidement organisée, sur laquelle ses chefs pouvaient compter. Elle avait renversé une à une, avec une tenacité et une discipline admirables, les barrières élevées par la classe dirigeante polonaise. Son stoïcisme, son abnégation trouvaient leur écho dans les oeuvres des romanciers galiciens (les nouvelles de Martovytch particulièrement sont les fastes de ces héros obscurs).

A cet égard la Grande Ukraine était restée bien en arrière. Quels que fussent les défauts de la constitution autrichienne, ils n'approchaient en rien de l'arbitraire qui régnait en Russie, mettant à l'instruction politique des masses et à leur éducation nationale des obstacles insurmontables. Les succès des intellectuels de la Galicie étaient pour ceux de la Grande Ukraine une sorte de reproche vivant, une source intarrissable d'indignation contre un régime oppresseur.

Ce même anniversaire de la rennaissance, qui avait »des positions préparées d'avance« — en Galicie, donna lieu en Russie à une manifestation jusque-là sans exemple, lors de l'inauguration à Poltava du monument de Kotlarevsky, originaire de cette ville. L'administration permit seulement aux délégués venus de de Galicie de prononcer à la cérémonie des discours en ukrainien, tandis que cela restait interdit aux gens du pays. Ces derniers déchirèrent ostensible-

ment les adresses qu'ils apportaient et se refusèrent à
prendre la parole. Et le plus remarquable pour l'époque
c'est que cette démonstration resta impunie!

D'ailleurs les autorités s'étaient lassées en reconnaissant leur impuissance à arrêter le mouvement.
D'année en année il se faisait des brèches toujours
plus grandes dans le système. La censure devenait
moins sévère, l'administration plus coulante dans la
pratique. On sentait que la conscience nationale des
masses était prête à se réveiller. Les partis politiques
commençaient à s'organiser: »le parti ukrainien révolutionnaire« est fondé en 1900 et prend pour devise:
»L'Ukraine indépendante«. L'année 1904 amena la
guerre russo-japonaise, dans laquelle l'observateur
le plus superficiel pressentait une répétition de la
guerre de Crimée et le commencement de la ruine
de l'autocratisme. Le gouvernement en eut conscience
lui-même et commença de parler de sa »confiance
dans la population«. Au mois de décembre de la
même année, le conseil des ministres se souvint de la
question ukrainienne et exprima l'opinion que toutes
les représailles pratiquées par le gouvernement depuis trente ans, d'ailleurs impuissantes à atteindre
leur but, n'avaient été qu'une longue erreur: le
mouvement ukrainien ne présentait en réalité aucun
danger pour l'état et toutes les mesures prises pour
l'enrayer n'avaient fait que nuire au développement
matériel et intellectuel des masses. Les autorités
compétentes consultées furent du même avis, notamment le gouverneur général de Kiev, l'université de
cette ville et celle de Charkov et l'académie des
sciences de Pétersbourg. Quelques spécialistes de
cette académie rédigèrent même un mémoire dans
lequel ils réfutaient impitoyablement les arguments
qui avaient servi à étayer la politique gouvernementale: la langue littéraire russe n'était point une langue
»panrusse«, familière à tous les Slaves orientaux,
c'était simplement la langue des Grands Russes; elle
ne pouvait remplacer pour les Ukrainiens la langue
maternelle qui avait toujours existé à côté de la
langue russe et avait droit à sa place au soleil

ainsi que littérature ukrainienne ou »petite-russienne«.

Le conseil n'avait pas encore eu le temps de prendre des mesures en conséquences que le flot révolutionnaire se soulevait et forçait le gouvernement à
faire des concessions plus larges, qui abolissaient les
prescriptions spéciales contre le mouvement ukrainien. Le 17 (30) octobre 1905, la constitution russe
vit le jour; les »règlements provisoires sur la presse«,
publiés au mois de novembre suivant, donnèrent la
liberté aux journaux et d'autres suivirent pour les
publications non-périodiques (mai 1906), qui annu-
lèrent tacitement toutes les restrictions de 1876 et
mirent les langues allogènes sur le même pied que
la langue russe. Les Ukrainiens ne manqèrent pas
d'en profiter, les premiers quotidiens et les premières
revues sortent des presses: vers le milieu de 1906,
on comptait déjà 35 publications périodiques en
langue nationale. Des sociétés pour propager l'instruction se forment en grand nombre sur le modèle de la »Prosvita« de Galicie et sous le même
nom. A Kiev commence ses travaux une société ukrainienne des sciences organisée à l'instar de celle de
Léopol. Les livres s'emparent des thèmes qui avaient
été jusque-là prohibés en Russie. La »Revue des
sciences et des belles lettres«, que l'on entretenait
depuis dix ans en Ukraine autrichienne était transportée de Léopol à Kiev.

Les élections au premier parlement de Russie, à la
»Douma de l'Empire« eurent lieu au printemps de
1905; elles envoyèrent à Pétersbourg une proportion
considérable de députés, qui reconnaissaient le
mouvement national et qui, au nombre d'environ cin-
quante, formèrent à la Douma la fraction ukrainienne.
Son programme politique fut établi sur les traditions
nationales: fédéralisation de la Russie, établissement
immédiat de l'autonomie en Ukraine, enseignement
dans la langue maternelle, emploi de l'ukrainien dans
l'administration et dans la vie publique, garantie des
intérêts nationaux des minorités.

# XXXIX.

## La réaction et la guerre.
### (1907—1916.)

Le peuple ukrainien allait-il enfin, après tant de
siècles de souffrances, entrer dans la voie du développement normal et guérir des blessures qui avaient été
infligées à sa vie national? Il parut, au moins par
moments, qu'il en serait ainsi.

Les centres géographiques naturels de l'Ukraine
redeviennent aussi les foyers de la civilisation nationale. La liberté de parler, de se réunir, de s'organiser
donnait aux intellectuels la possibilité de renverser
les barrières de l'ignorance entre lesquelles la politique russe avait parqué les masses. Jusque-là non
seulement il ne pouvait être question d'éduquer politiquement le peuple au moyen de la presse, mais
la moindre velléité d'un intellectuel à vouloir se rapprocher des couches profondes pouvait lui coûter
cher. Le philosophe bien connu Lessevytch n'avait-il
pas été banni en Sibérie pour avoir introduit chez lui
à la campagne la langue ukrainienne dans l'école et
éveillé les soupçons des autorités par son attitude
bienveillante envers les paysans?

Mais maintenant il semblait que le livre et le journal
pourraient pénétrer dans les villages et ouvrir les
yeux des travailleurs du sol sur leurs besoins matériels et intellectuels, que leurs frères, déjà éclairés,
pourraient aller s'informer auprès d'eux de leurs
idées, de leurs aspirations; que les voeux de ces
souffre-douleurs jusque-là muets se feraient entendre
par la voix de leurs représentants à la Douma; que
les organes de l'administration locale s'autonomise-
raient et se démocratiseraient. Ces succès constitu-
tionels, fruits de la révolution, aiguillonnent les ar-
deurs en Occident. La lutte reprend de plus belle en
Autriche pour l'obtention du suffrage égal, direct et
au scrutin secret (il n'était ici qu'universel et inégal)
et les Ukrainiens de Galicie y prennent part avec une

énergie qu'anime la délivrance de leurs frères en Russie.

Dans l'empire des tzars, les chants de triomphe se turent bientôt. Le chemin de la liberté n'était pas si court, ni si facile à monter. La réaction ne se laissa pas abattre, elle tint bon sur toute la ligne. Le manifeste constitutionnel était à peine promulgué, malgré les efforts contraires des réactionnaires que les pogromes commencèrent aussitôt. Descentes de police, assassinats, condamnations à mort à foison, les cours martiales accompagnèrent les élections. Quand la Douma voulut élever sa voix contre ce régime pseudo-constitutionnel, elle fut dissoute dans le troisième mois de son existence et un grand nombre de ses membres furent jetés en prison et privés de leurs droits politiques pour avoir protesté contre la dissolution. La seconde Douma, contenant encore beaucoup trop de députés d'opposition, fut également dissoute. On altéra la loi électorale pour placer le scrutin sous l'oeil de l'administration. Cette tutelle se fit surtout sentir dans les provinces, dans les villages chez les paysans. Leurs députés furent, en fait, désignés par le gouvernement et l'Ukraine, qui avait été représentée dans la première et la deuxième Douma par un nombre considérable de députés, fut dans la troisième privée de toute représentation. Et si ses mandataires n'avaient pu, grâce à une procédure législative des plus compliquées, faire passer aucune loi favorable à ses aspirations, que pouvait-elle espérer d'une majorité gouvernementale et réactionnaire? Il ne se trouva pas de voix suffisantes pour appuyer une mesure aussi raisonnable que l'introduction de la langue maternelle dans les écoles primaires de l'Ukraine: la Douma se prononça pour l'introduction d'autres langues dans ces écoles, mais l'ukrainien fut exclu. Dans ses dix ans d'existence le parlement ne trouva rien à donner à ce pays.

En même temps l'arbitraire continuait de régner parce que l'administration tenait à sa vieille routine et ne tenait aucun compte des nouvelles lois, surtout lorsqu'elles ne cadraient pas avec ses idées.

Ainsi, à les prendre à la lettre, les nouvelles prescriptions ne faisaient aucune distinction entre la
langue russe et les autres langues de l'empire, entre
une organisation russe et une organisation allogène,
mais la censure, la police et l'administration avaient
deux paires de balances: ce qui était permis en langue
russe ne pouvait paraître d'aucune manière en ukrainien. Cette dernière langue opérait, à les en croire,
d'une façon magique sur l'imagination populaire, de
sorte que la traduction du texte russe le plus inoffensif pouvait avoir une portée incalculable. Les livres
ukrainiens, qui pouvaient maintenant être publiés
sans censure préable, servaient de prétextes à des
procès politiques dont l'issue était souvent des plus
funestes pour les auteurs. Les articles de journaux
qui ne pouvaient donner prise à la censure ou à l'intervention du tribunal étaient toujours exposés aux
chicanes de l'administration. Conformément aux
ordres secrets des autorités, les quotidiens disparaissaient à la poste et n'arrivaient jamais aux paysans et
aux ouvriers. Leurs abonnés avaient à subir le ressentiment de la bureaucratie. Les organisations ukrainiennes n'obtenaient pas l'autorisation ou étaient plus
tard fermées, au mépris des lois. Cette pratique illégale trouvait l'approbation des autorités suprêmes
tant qu'elle était appliquée aux nationalités indésirables.

Le sénat, ce gardien suprême des lois, décida en
dernier appel, sur une plainte des Ukrainiens de Poltava contre l'administration qui ne leur permettait
pas d'ouvrir leur section locale de la »Prosvita«, que
les organisations ukrainiennes n'étaient pas désirables
même si elles poursuivaient des buts légaux (1908).
Plus tard le premier ministre, Stolypine, déclara plus
expressivement encore que le gouvernement restait
fidèle à la vieille politique de lutte contre tout particularisme ukrainien et, en général, contre tout ce qui
pouvait porter atteinte à l'unité des Slaves orientaux.
(Il faut noter que dans cette circulaire, malgré
la théorie officiellement admise de »l'unité du peuple russe«, les Ukrainiens sont clairement comptés

parmi les nationalités allogènes). L'administration
n'avait donc point besoin de s'embarrasser des apparences de la légitimité. Ainsi, sans le moindre motif,
on ferma, en 1910, la plus importante société d'instruction de l'Ukraine, la »Prosvita« de Kiev, ce qui fit une
pénible impression sur la population, habituée du reste
à de pareilles violations de droits.

En Autriche-Hongrie, les Ukrainiens avaient subi
un échec, moins brutal sans doute, mais tout aussi
sensible. La réforme électorale avait été adoptée,
mais on l'avait défigurée dans la pratique pour qu'elle
fonctionnât au profit des nationalités et des classes
sociales privilégiées, de sorte que l'égalité devant le
scrutin n'était plus qu'une phrase vaine. Les arrondissements électoraux avaient été répartis de telle
façon, qu'il y avait un mandat pour 40 mille Allemands, ou pour 80 mille Polonais, ou pour 150 mille
Ukrainiens. Ces derniers n'envoyèrent donc qu'un
petit nombre de représentants à ce »parlement populaire« qui ne répondit aucunement aux espoirs qu'on
avait placés en lui. Les dissensions entre les nationalités prirent la prépondérance sur les luttes de classes
et firent échouer les projets de réforme. Le règlement des élections pour les diètes provinciales avait
été laissé à la compétences de ces diètes mêmes. En
Galicie les discussions à ce sujet furent si acharnées,
la lutte prit des formes si inouïes, que les relations
entre la population ukrainienne et la polonaise furent
à jamais rompues.

C'est à cette époque que l'on commença à mettre
en circulation les bruits mensongers, d'après lesquels
les organisations ukrainiennes auraient reçu des subsides de l'Allemagne et que le mouvement lui-même
ne se maintenait qu'à l'aide du »mark allemand«. Il est
inutile d'ajouter que ces inventions étaient dénuées
de tout fondement, car, non seulement les Ukrainiens
n'avaient l'appui d'aucune puissance étrangère,* mais

---

* »Le mark allemand« servait en effet à gâter la bonne
humeur des politiciens polonais, mais d'une autre manière. Au
commencement du nouveau siècle, éclata une grande grève d'ouvriers agricoles, qui fut étouffée par l'administration polonaise.

spécialement les Allemands manquaient complètement d'intérêt pour leurs aspirations, puisqu'ils les
regardaient sous le même jour que les publicistes et
savants russes, à qui ils s'en rapportaient là-dessus. *
Néanmoins la presse nationaliste russe et polonaise
fit tout pour propager ces inepties et même le ministre Sazonoff ne craignit pas de les répéter à la tri-
bune de la Douma. Cela ne fit qu'exaspérer les pas-
sions, qui devinrent incontrolables lorsque la guerre
éclata.

On la sentait venir à la tension des rapports austro-
russes, depuis l'annexion de la Bosnie, et tous ceux
que gênait le mouvement ukrainien et qui voyaient
d'un mauvais oeil l'extension qu'il avait prise pendant
les dix dernières années, espéraient profiter de l'occasion pour l'anéantir. Et ils étaient nombreux: chauvins polonais en Galicie, chauvins russes dans la
Grande Ukraine et tous les rénégats à qui la renaissance ukrainienne semblait un reproche vivant. Aussi
le premier coup de canon donna-t-il le signal d'une
atroce persécution.

En Russie, dès le début de la guerre, on supprima
les journaux ukrainiens. L'administration, usant largement des pouvoirs extraordinaires que lui donnait la
loi martiale, se mit à arrêter les patriotes et à faire
disparaître les organisations. La censure ne manqua
pas l'occassion de renouveller arbitrairement les anciennes prescriptions que les publications ukrainiennes employassent exclusivement l'orthographe
russe et les mit par ses exigences dans l'impossibi-
lité de paraître.

---

Les sociétés économiques ukrainiennes organisèrent l'envoi en
Allemagne, pour les travaux de la saison, d'ouvriers agricoles
ukrainiens. En Galicie le niveau des salaires s'en ressentit au
grand dam des propriétaires fonciers polonais.

* Comme président de Société des sciences de Kiev, je me
rappelle un incident caractéristique. Cette société proposa un
échange de publications à d'autres sociétés savantes, notamment à l'académie des sciences de Berlin et leur envoya la
collection complète de ses publications. Les berlinois les ren-
voyèrent en remarquant qu'elles ne présentaient pour eux aucun
intérêt. Autant qu'il m'en souvient, rien de pareil n'arriva même
avec les institutions russes ou polonaises!

La situation n'était guère plus supportable en Autriche. L'administration polonaise en Galicie, la bureaucratie hongroise dans les Carpathes, fortes de la puissance dont elles étaient revêtues en temps de guerre, s'apprêtèrent à rendre inoffensifs à jamais les intellectuels ukrainiens. Des centaines et des milliers de »suspects« furent arrêtés, exilés dans les provinces occidentales, parqués dans les camps de concentration ou jetés en prison. Lorsque les troupes russes franchirent la frontière les autorités civiles quittèrent le pays, mais les autorités militaires qui les remplacèrent pour un temps firent fusiller à leur gré et sans aucune forme de procès.

L'occupation par les troupes russes, en automne 1914, fut encore plus désastreuse. Le gouvernement du tzar ne crut-il pas tenir entre les mains le centre du mouvement ukrainien, oubliant que la Galicie n'avait été que son refuge depuis le décret de 1876, mais que son véritable berceau était l'Ukraine même? D'ailleurs, les imputations calomnieuses d'une intrigue autrichienne ne continuaient-elles pas de circuler? N'étaient-elles pas devenues comme une sorte d'hallucination des sphères officielles, qui auraient pourtant bien pu vérifier les faits? Mais ne s'agissait-il pas d'une simple vengeance? En tous cas les autorités russes se mirent à l'ouvrage avec acharnement.

On exila les intellectuels ukrainiens et même des citadins et des paysans qui semblaient avoir une certaine éducation. Femmes, vieillards, enfants étaient traînés de prison à prison ou menés en exil dans la Russie orientale ou la Sibérie, sans vêtements, sans souliers, dans un état de détresse épouvantable. Les institutions et les publications nationales furent supprimées, la langue ukrainienne fut chassée de l'école et de l'administration, où l'on n'admit plus que le polonais et le russe. Ce fut un rude coup et tout-à-fait inattendu pour la population qui s'apprêtait à accueillir avec joie la réunion de toutes les terres ukrainiennes, même sous le régime beaucoup plus sévère du tzar.

212

Lorsque au printemps de 1915 l'offensive allemande commença à se faire sentir en Galicie et en Volhynie, les persécutions reprirent avec de nouvelles horreurs. La population ukrainienne fut forcée par la pointe des baïonnettes russes à évacuer le pays de Kholm, la Volhynie et la Podolie, menacés par l'ennemi. Les paysans durent amener leurs bestiaux et leurs chariots, chargés d'outils et de hardes jusque dans les gouvernements de la Russie orientale, qui leur furent assignés pour résidence. On incendiait les villages, on détruisait tout, pour ne rien laisser à l'ennemi. De longs trains de fourgons non chauffés, bourrés à éclater, sans qu'on eut pris aucune précaution hygiénique ou assuré le ravitaillement, roulèrent jusque dans le creux de l'hiver vers Moscou, Kazan, Simbirsk et Perm, où débarquaient des spectres hagards, transis de froid, pour qui aucun asile n'avait été préparé. Il se passa des choses incroyables. Un médecin qui fut chargé de recevoir quelques-uns de ces trains, chargés de soi-disant, réfugiés, m'a raconté qu'il ouvrit un jour un de ces fourgons, bondé seulement de petits enfants, qui avaient dû y rester évidemment enfermés pendant plusiers jours, sans soins et sans nourriture; il y en avait de morts, d'autres étaient devenus fous.

Et même en exil le poing russe continuait à peser sur les malheureux. Tandis qu'on permettait aux autres nationalités d'organiser des secours pour leurs compatriotes réfugiés, de faire des collectes, d'arranger des écoles et des asiles pour les enfants, cela était défendu pour les Ukrainiens. Les Russes d'un côté, les Polonais de l'autre prenaient bien soin de ne laisser apparaître aucune trace de l'organisation nationale: les évacués de Galicie étaient confiés aux comités polonais, ceux de l'Ukraine aux comités russes.

Ce n'est évidemment qu'un trait d'horreur à ajouter aux atrocités qui ont accompagné la guerre mondiale, un souffle dans le tourbillon, mais il fallait constater que, profitant des circonstances exceptionnelles et de l'abolition des garanties constitutionnelles,

les Russes et les Polonais ont fait tout leur possible,
pour annéantir le mouvement ukrainien.

XL.

La révolution. Proclamation de la République Ukrainienne.

L'auteur qui, durant ces pénibles années, a parcouru l'Ukraine, s'est trouvé au milieu des réfugiés
et des évacués, qui a été arrêté et exilé lui-même,
se voit obligé de souligner que, malgré tout l'acharnement que l'on mettait à supprimer le mouvement
ukrainien, ses partisans ne perdirent pas courage.
Tous ces gens avaient à subir de terribles épreuves:
les soldats étaient contraints de faire une guerre
fratricide pour des buts qui leur étaient parfaitement
étrangers; les prisonniers, les évacués, les exilés,
arrachés du pays natal, avaient à endurer une vie
insupportable, et, malgré tout, tous étaient convaincus que les persécutions n'arriveraient pas à
étouffer l'énergie nationale, que, au contraire, le
régime vermoulu, qui asservissait les nations et les
classes sociales, approchait de sa fin, qu'il fallait
s'attendre à des changements radicaux et s'y préparer.

La révolution arriva. Elle commença vers le début
de mars à Pétersbourg, avec la participation efficace
des Ukrainiens qui avaient préparé le soulèvement,
dans un des régiments territoriaux de la garde. La
nouvelle de cet évènement et de la chute du tza-
risme fut accueillie en Ukraine comme un appel depuis
longtemps attendu à la liberté. Quoique les organisations eussent été supprimées, la presse annéantie,
les patriotes dispersés, la population ukrainienne
se mobilisa extrèmement vite pour accomplir la
révolution.

Toutes les étapes reconnues nécessaires par le travail consciencieux des intellectuels, des guides de
la pensée nationale et annoncées au peuple par les
orateurs populaires, furent franchies l'une après

l'autre, à l'étonnement général, avec ordre et discipline, comme si tout eût été arrangé d'avance.*

Les partis qui s'étaient créés avec les premiers
battements de la vie ukrainienne, de 1905 à 1907,
s'étaient étiolés sous la réaction qui suivit et avaient
disparu. Ce fut un groupe d'intellectuels, comprenant des gens de plusieurs partis et connu sous le
nom de »Société des progressistes ukrainiens«,
l'union des sociétés des étudiants et quelques autres
organisations ukrainiens de Kiev qui prirent maintenant l'initiative de créer une représentation nationale.
Avec le concours de diverses groupes locaux, on
installa à Kiev, le 20 mars (nouveau style) 1918, sous
le nom de Rada Centrale, le nouvel organe national,
qui fut reconnu comme tel par la population ukrainienne, dès que la nouvelle de sa formation se fut
répandue dans le pays. Son premier acte fut d'organiser à Kiev une grande manifestation nationale
pour le premier avril suivant. Une foule immense se
réunit sur la place Sainte Sophie et cette assemblée
prit la résolution que l'on commençât tout de suite
à organiser l'autonomie de l'Ukraine et que le gouvernement provisoire de Russie eût à reconnaître
cette autonomie dans le cadre le plus large possible,
s'il voulait attacher le peuple ukrainien aux intérêts
du nouveau régime.

Ensuite la Rada Centrale convoqua un congrès
national afin de procéder à de nouvelles élections qui
lui donneraient le caractère d'une véritable représentation du peuple ukrainien entier habitant sur le
territoire de la Russie. Ce congrès se tint du 19 au
21 avril; malgré les difficultés des communications, il
s'y trouva des délégués de toutes les parties de
l'Ukraine, notamment un grand nombre de paysans
et de soldats (près de 900 mandataires munis de
pleins-pouvoirs). La nouvelle Rada Centrale fut composée: des délégués des provinces, de ceux des organisations militaires, paysannes et ouvrières, des re-

---

* Nous n'esquissons ici la révolution qu'en traits généraux;
on en trouvera les détails exposés dans plusieurs ouvrage spé-
ciaux.

présentants des partis politiques et des sociétés nationales qui avaient travaillé à l'éducation du peuple.

Le programme de ce conseil était d'abord purement politique; il s'agissait d'organiser l'autonomie du pays dans ses limites ethnographiques et de fédéraliser la Russie. Toutes les questions qui auraient pu briser la bonne entente entre les partis et les classes furent provisoirement écartées. Cependant, un mois plus tard, comme le pouvoir central de Russie prenait des mesures qui tendaient à la centralisation des richesses du pays, la Rada dut élargir son programme et y inscrire certains principes économiques, sur lesquels il fallut s'entendre, qui devaient surtout sauvegarder les intérêts matériels de l'Ukraine et assurer le libre développement des classes ouvrières.

Cependant ce n'était pas cela qui absorbait le plus les forces politiques de la nation: l'organisation de l'armée sur les bases de la nationalité passa tout à coup au premier plan et donna une nouvelle impulsion à l'activité publique par l'entrée en ligne de l'élément militaire. C'était d'ailleurs bien naturel que ce fût dans l'armée, où se trouvait alors la partie la plus active de la population* et où les formations militaires donnaient plus de facilité pour s'organiser en masse, que le mouvement national trouvât le plus sûr écho. Il n'en reste pas moins remarquable que les soldats ne furent point du tout pris au dépourvu et qu'ils surent sur le champ énoncer clairement leurs réclamations: formation de nouvelles unités militaires purement ukrainiennes; retrait des contingents déjà versés dans l'armée, pour en former des unités séparées.

Ce qui donna le branle à cette action ce fut la création, déjá entamée sous Nicolas II, de légions nationales polonaises et cela justement, par un défaut de sens qui équivalait à une provocation, sur le territoire même de l'Ukraine. Les sphères militaires ukrainiennes de leur côté, en s'appuyant de cet exemple, réussirent à obtenir l'autorisation d'organiser un régiment de cosaques avec les volontaires de leur

---

* On estime qu'il y avait alors dans l'armée environ 4 millions d'Ukrainiens.

216

pays qui n'étaient pas soumis au service. A cet appel
firent écho des milliers de leurs compatriotes déjâ
rassemblés à Kiev dans les camps de répartition et
qui declarèrent ne vouloir marcher à l'ennemi que
sous les couleurs nationales. Les autorités militaires
et les organisations locales russes, défavorables aux
Ukrainiens (un de leurs leaders ne les avait-il pas
menacés des »baïonettes révolutionnaires«?) firent
battre la générale et par leur manque de tact dans
la circonstance rendirent la situation encore plus
tendue.

L'émotion s'empara de l'armée. Les délégations
arrivèrent l'une après l'autre à la Rada Centrale
et le congrès militaire, convoqué pour le 5 mai, réunit
les représentants de près d'un million de soldats. Le
mouvement ukrainien était devenu une force très
réelle. D'autre part, l'armée formulait des réclamations politiques d'une manière très énergique et exigeait que la Rada prît des mesures décisives et immé-
diates pour les satisfaire.

Ce conseil pour remplir les voeux de ses mandants
envoya à Pétersbourg une nombreuse délégation afin
de soutenir auprès du gouvernement central les réclamations, qui avaient du reste été déjà présentées aux
autorités par l'organisation ukrainienne de cette ville.
On exigeait que le gouvernement manifestât clairement son attitude au sujet de la question ukrainienne,
qu'il reconnût formellement au pays son droit à
l'autonomie la plus large, admise du reste dans le
traité de 1654 avec la Russie et ensuite iniquement
violée par les Romanoff. L'Ukraine devait rentrer en
possession de ses droits, de même qu'on avait restitué
à la Finlande sa constitution violée et même reconnu
l'indépendance de la Pologne, si l'on voulait conserver
les sympathies et obtenir l'aide du peuple ukrainien.

Le gouvernement nomma une commission spéciale,
pour délibérer sur ces réclamations avec les envoyés
de Kiev. Puis se fondant sur l'avis des spécialistes,
le conseil des ministres, dans les derniers jours de mai,
à l'unanimité des voix, par conséquent avec le consentement des ministres socialistes aussi bien qu'avec

celui de ses membres appartenant aux partis bourgeois, refusa d'admettre les demandes de la Rada.
Il exprimait en même temps le doute que cet organe
pût être considéré comme le représentant de l'opinion
publique ukrainienne.

La nouvelle de cette décision arriva à Kiev au moment où venait de se réunir dans cette ville un grand
congrès de députés paysans, envoyés par des milliers
de communes. À peu près en même temps, on apprenait
que le ministre de la guerre venait d'interdire le deuxième congrès militaire que l'on avait convoqué pour
le 4 juin, afin de laisser le temps aux unités du front,
qui n'avaient pu être représentées au premier congrès, d'envoyer leurs délégués. L'attitude du gouvernement souleva l'indignation dans l'assemblée paysanne. Elle reconnut la Rada Central comme pouvoir suprême du peuple, choisit dans son sein un certain nombre de membres — deux par départements
(ouiezd) — pour y siéger et se sépara, après avoir
formulé ses réclamations dans la forme la plus caté-
gorique.

Le congrès militaire, qui se réunit en dépit de la
prohibition, se montra d'autant plus énergique que le
peuple devenait plus impatient de cette sorte de tutelle russe. Cette assemblée qui comprenait les représentants de plus d'un million et demi d'hommes, constituait une force morale encore plus considérable
que le premier congrès. Les délégués, rassemblés sur
la place Sainte Sophie, au nombre de plusieurs milliers, prêtèrent serment de ne point quitter Kiev avant
que les droits de l'Ukraine aient été assurés. Ils exigèrent de la Rada qu'elle prit en main elle-même
l'organisation de l'autonomie, puisque l'attitude du
gouvernement ne laissait place à aucun espoir. Et,
comme l'avaient fait les paysans, ils élurent un certain nombre de délégués pour prendre part aux travaux de ce conseil suprême. L'assemblée ainsi accrue
de nombreux collaborateurs (le congrès des ouvries y
envoya encore un mois plus tard ses délégués) prit
un tout autre caractère et se vit obligé de prendre en
considération les voeux si clairement exprimés du

peuple et, dans son premier universal* du 10 (23) juin,
elle proclama le principe que »dorénavant le peuple
ukrainien se chargeait lui-même d'arranger sa propre
vie«. Elle y faisait appel aux populations et à toutes
les autorités de l'Ukraine, pour qu'elles collaborassent
étroitement avec elle, qu'elles remplaçassent par des
élections les personnes hostiles; elle proclamait la
nécesité d'un impôt national, dont le rendement servi-
rait à couvrir les dépenses nécessitées par l'organisation du pays; enfin, toutes les nationalités étaient en-
gagées à s'entendre pour pouvoir coopérer à l'établissement du nouveau régime de liberté.

Cet universal fit une grande impression sur les
masses, en dépit de sa modération et du ton prudent
de ses prescriptions; mais c'était la parole d'un pouvoir nouveau. On crut y entendre la voix de la volonté
nationale; même ceux qui récemment encore affir-
maient que la Rada Central n'exprimait la volonté de
personne et que le mouvement ukrainien n'était que la
chimère de quelques intellectuels. Cette impression ne
fit que s'accentuer lorsque, quelques jours plus tard, la
Rada nomma son organe exécutif, »le Secrétariat général«. La population salua de ses acclamations ce nouveau pas an avant vers l'autonomie et même il trouva de la sympathie dans les cercles allogènes, qui virent
d'un bon oeil la formation d'un pouvoir pouvant remplacer le mécanisme gouvernemental, qui donnait déjà
des signes non équivoques de paralysie avant-coureurs
d'une catastrophe.

Cela donna à réfléchir à Pétersbourg, surtout après
la grandiose manifestation arrangée dans cette ville
par les soldats et ouvriers ukrainiens qui s'y trouvaient
alors. Les ministres socialistes reconnurent la nécessité de faire des concessions sincères et définitives:
le 28 juin arrivèrent à Kiev les ministres Kerensky

---

* Ce terme ancien désignait une proclamation destinée à la
population entière. Il fut accapté par la Rada pour ses manifestes les plus importants qui contenaient des déclarations de
principes. Il y en eut 4 en tout, promulgués les 10. VI, 3. VII,
7. XI 1917 et 9. I 1918 ancien style. Le nouveau calendrier fut
introduit en Ukraine le 1 mars 1918.

(parti socialiste révolutionnaire), Tsereteli (socialiste démocrate) et Terechtchenko (du parti constitutionnel démocratique) pour s'entendre sur la question. Ils apportaient un projet reconnaissant de fait l'autonomie de l'Ukraine, comme celle que le Caucase méridional avait déjà obtenue, mais à titre d'exception, car les ministres exigeaient que les Ukrainiens renonçassent à leur idée de refondre l'empire sur les bases d'un système fédératif.

Ils posaient, en outre, comme condition que la Rada se transformât d'organe national en organe général du pays, c'est-à-dire, qu'elle reçût dans son sein les représentants des organisations non-ukrainiennes. C'était déjà en train de s'accomplir. Les groupes allogènes révolutionnaires de Kiev, qui s'étaient d'abord montrés si méfiants et quelques fois si hostiles, avaient changé d'attitude sous l'influence des évènements, particulièrement après la publication de l'universal de juin. Ils voulaient bien se rapprocher de la Rada et collaborer avec elle, surtout — et c'était une condition inéluctable pour quelques-uns d'entre eux — si elle était reconnue par le gouvernement de Russie. Les ministres trouvèrent l'entente en bonne voie et virent, après s'être informés des deux côtés, que la question ne présentait aucune difficulté.

Ils proposèrent au bureau de la Rada et au Secrétariat général d'élaborer ensemble une déclaration, contenant les principes fondamentaux d'une autonomie de fait pour l'Ukraine, qui serait publiée en même temps par le gouvernement de Pétersbourg et par la Rada de Kiev. Ils n'insistèrent pas pour faire renoncer les Ukrainiens à leurs idées fédéralistes, ce à quoi ceux-ci se seraient formellement refusés. Mais ils pressaient les pourparlers pour aboutir immédiatement à une entente définitive au sujet de l'autonomie, car ils se flattaient, à tort d'ailleurs comme les évènements l'ont prouvé, de mettre devant un fait accompli ceux de leurs colègues dont ils redoutaient l'opposition. Le Sécrétariat général reconnut la valeur de ce motif et fit adopter à la hâte par la Rada la déclaration élaborée en commun.

Mais dans le conseil des ministres l'affaire ne passa pas si facilement: les constitutionnels démocrates s'y opposèrent avec acharnement et en fin de compte donnèrent leur démission. Ce ne fut qu'après leur sortie que le cabinet, composé maintenant des seuls socialistes, put adopter l'entente et, le 3 juillet, la déclaration ministérielle et l'universal de la Rada furent publiés en même temps.

La dite déclaration contenait la déclaration de reconnaissance de la Rada Centrale, complétée des représentants des groupes allogènes, comme organe suprême révolutionnaire de l'Ukraine. Le Secrétariat général, comprenant également un certain nombre de membres non-ukrainiens, devait servir au gouvernement général d'organe exécutif pour administrer ce pays; sa compétence serait fixée en détails par un statut à établir par la Rada Centrale.

Cette dernière assemblée, en effet, en conformité avec les principes promulgués, accueillit les délégués des organisations allogènes dans son sein et en mit aussi dans la Petit Rada qu'on venait d'élire. Le comité qui portait ce nom était chargé de toutes les fonctions de l'assemblée principale pour le temps où celle-ci ne siégeait pas, car il aurait été difficile de la convoquer à l'époque des travaux des champs. De sorte que cet organe concentrait tous les travaux entre ses mains, en faisait le rapport et remettait les questions les plus importantes aux assemblées générales qui se réunissaient environ chaque mois pour de courtes sessions. En se basant sur le dernier recensement qui accusait une proportion d'environ 24% de non-ukrainiens dans les frontières strictement ethnographiques et comme il n'était pas possible de fixer sur le champ les frontières politiques, on décida d'accorder 30% en chiffre rond des sièges aux allogènes. C'est là-dessus que l'on forma le complément de la Petite Rada,* le Secrétariat géneral fut égale-

---

* Elle comprenait en tout 58 membres: 40 ukrainiens et 18 allogènes, dont 14 représentants des conseils des paysans, des ouvriers et des soldats, 34 délégués des partis (6 seulement des partis non-socialistes). Le bureau avait été élu par la Rada

ment refondu et l'on se mit à élaborer le »Statut du pouvoir suprême en Ukraine«.

Après de longs débats il fut adopté à l'u n a n i-m i t é, le 16 juillet, par la Petite Rada. Cette manifestation de l'accord de tous les représentants, en votant »la première constitution de l'Ukraine«, comme on disait alors, souleva l'enthousiasme général. Ce fut un des plus beaux moments de cette année mémorable. On y vit les commencements d'un régime stable, consolidant en Ukraine les conquêtes de la révolution. Les principaux points de cette constitution étaient les suivants: Le Secrétariat général de la Rada Centrale de l'Ukraine constitue l'organe suprême du pouvoir dans le pays. Il est nommé par la Rada Centrale, est responsable devant elle et doit être confirmé dans ses fonctions par le gouvernement provisoire de Russie. Tous les organes administratifs de l'Ukraine lui sont soumis. Il transmet au gouvernement central pour être ratifiés les projets de lois discutés et adoptés par la Rada Centrale. Toutes les lois du gouvernement provisoire entrent en vigueur dès le jour de leur publication en langue ukrainienne dans le »Messager officiel de l'Ukraine«.

Cependant le statut, si favorablement accueilli en Ukraine, ne fut pas ratifié par le gouvernement de Russie et dès lors s'accuse le conflit entre Kiev et Pétersbourg qui ira tous les jours en s'envenimant jusqu'à ce qu'il aboutisse à la séparation complète.

Le moment était grave en Russie: le parti de l'extrême gauche ou bolchéviste, avait voulu profiter de ce que les ministres bourgeois étaient sortis du cabinet pour s'emparer du pouvoir. Le cabinet socialiste avait réussi à fair échouer le soulèvement, mais il était tombé lui-même entre les mains de la bourgeoisie. L'offensive en Galicie imposée par Kerensky sous

---

centrale au système nominatif et personnel. Cette dernière assemblée, une fois complétées, comptait 702 membres qui se partageaient en groupes dont les principaux étaient: délégués du conseil des paysans (212), du conseil des ouvriers (100), du conseil de soldats (158), des conseils locaux des ouvriers et des soldats (dans le 50), député des provinces (50), représentants des partis socialistes (100).

la dictée des alliés à l'encontre de toutes les règles du
bon sens, aboutit à un désastre, où s'effondra le dernier reste de discipline qu'il pouvait encore y avoir
dans l'armée et, en même temps le prestige du gouvernement révolutionnaire. Les éléments bourgeois
revenus dans le cabinet, avaient des idées tout autres
sur une série de questions, notamment sur celle de
l'Ukraine et, ils ne se croyaient pas obligés par la déclaration du 3 juillet. Après de longs ajournements que
l'insistance des secrétaires généraux ne parvenait pas
à raccourcir, le conseil des ministres, sans tenir compte
du »statut«, présenté à sa ratification, publia, le 4
août, sa propre »Instruction provisoire au Secrétariat
général«, après avoir négligé de s'entendre soit avec
les secrétaires, soit avec la Rada. C'était détruire l'entente construite avec tant de peines.

La dite »Instruction« limitait les pouvoirs du secrétariat général à cinq provinces au lieu de dix. Elle excluait de son ressort la guerre, la justice, le ravitaillement, les voies de communications, les postes et
télégraphes et, pour ce qu'elle lui laissait, elle ré-
servait le droit au gouvernement central d'intervenir directement dans les affaires d'importance
exceptionnelle. Elle remettait à plus tard de régler
les rapports mutuels entre le secrétariat et le gouvernement central, comme si elle voulait considérer
comme nuls et non avenus les accords précédents et
elle fournissait à plaisir les sujets de malentendus,
qui auraient pu faire de l'autonomie un terme vide
de sens.

L'indignation provoquée fut partagée de toute la
population. Ne divisait-elle par arbitrairement le
territoire ukrainien? Ne brisait-elle pas l'unité nationale? Pourquoi séparer le gouvernement de Charkov
de celui de Poltava, de ceux de Kiev et de Podolie,
ceux de Kherson et de Cathérinoslav? C'était
une absurdité pour quiconque connaissait l'état
des choses. A la session de la Rada Centrale, qui
siégeait à ce moment, »l'Instruction« fut l'objet de
critiques acerbes de la part des secrétaires et des
réprésentants. Cependant le secrétariat général con-

seilla à l'assemblé de ne pas se montrer intrasigeante
et la majorité se laissa convaincre. Après avoir donné
carrière à ses justes critiques, elle décida de présenter pour le moment à l'approbation du gouvernement de Moscou un secrétariat général investi
des fonctions déterminées par »l'Instruction« et de
se servir de ce que l'on avait obtenu pour organiser le pays sur une nouvelle base. Quant aux
questions principales il fallait s'apprêter à pouvoir les
résoudre favorablement à l'assemblée constituante
de toute la Russie et à la Constituante de l'Ukraine,
qui devaient être toutes deux convoquées dans le
plus bref délai.

Les hommes politiques qui se trouvaient au gou-
vernail ne voulaient pas se laisser prendre à la provocation que la bourgeoisie russe cachait sous la forme
de »l'Instruction«, ils désiraient éviter la lutte ouverte
et décisive qui aurait suivi la rupture. D'ailleurs, les
nouveaux membres de la Rada s'y seraient opposés,
les représentants des partis russes, des israélites et
même une partie de la démocratie ukrainienne, notamment le parti socialiste démocrate, pas très nombreux, mais influent, qui étaient de cet avis. C'était, en
effet, le moment du triomphe de la réaction en Russie, alors que la bourgeoisie, les capitalistes et la
grande industrie faisaient sentir leur influence à
»l'assemblée d'état«, convoquée à Moscou à cette
époque, et que quelques membres du cabinet, y compris des socialistes, préparaient avec le général Korniloff la dictature militaire. La démocratie ukrainienne
se tenait loin de cette activité réactionnaire, mais, à
cause même de cela, elle hésitait à entrer ouvertement
en lutte avec le gouvernement.*

Pour donner un contre-poids à la haine que lui portait la bourgeoisie russe, elle chercha amitié et sou-

---

* Cette abnégation devait coûter cher à l'Ukraine, qui
en restait, du reste, sous une impression pénible. A ce moment
je priai la Rada Centrale de me décharger du poste de président que j'occupais depuis sa formation. Mais, les partis ex-
primèrent le désir que je restasse de peur de jeter l'alarme
dans la population. Malgré l'épuisement de mes forces, j'ai obéi
et je suis resté à mon poste — u s q u e  a d  f i n e m.

224

tien chez les autres peuples de l'empire ayant soif de liberté et tâcha de les unir sous la bannière du fédéralisme et de la démocratie. Nos compatriotes se refusèrent de particiter au conseil prétendu »démocratique«, qui avait été convoqué pour le milieu de septembre, dans l'espoir de donner au gouvernement russe coalisé l'appui populaire, pour qu'il pût continuer dans ses tendances centralistes et réactionnaires. Mais, vers la même date (8—15 septembre) on réunit à Kiev le »Congrès des peuples«, pour célébrer la venue prochaine de la fédération.

L'idée en était venue au congrès national ukrainien du mois d'avril. On sait que le principe d'une fédéralisation de tous les peuples de l'empire, devenus libres et autonomes, avait été, dès 1846, un des axiomes politiques de la démocratie ukrainienne. Il avait été repris et clairement exposé par la fraction ukrainienne à la première Douma et encore au début de la révolution. C'est pourquoi le congrès d'avril avait chargé la Rada Centrale de convoquer à Kiev toutes les nationalités intéressées. Par suite des circonstances les convocations n'avait pu être lancées qu'au mois d'août, de sorte que l'on ne se réunit qu'une semaine avant »le conseil démocratique« ci-dessus mentionné. Le moment était, en effet, bien choisi pour déclarer u r b i e t o r b i que le seul moyen de sauver la Russie de la décomposition et d'une ruine certaine, c'était de la fédéraliser. Un remède salutaire s'il avait pu être appliqué à temps.

L'état des esprits pendant le congrès fut des plus francs et même enjoué. C'était la première assemblée de ce genre, quoiqu'on en eût déjà parlé avant la guerre. Les peuples suivants y étaient représentés: les Estoniens, les Lettons, les Lithuaniens, les Polonais, les Blancs-Russes, les Ukrainiens, les Roumains de la Bessarabie, les Tartares de la Crimée, les Géorgiens, les Turcs de l'Azerbaïdjan et les Israélites. Des partis russes, seuls les socialistes révolutionnaires envoyèrent leurs délégués pour marquer que le fédéralisme était inscrit à leur programme, mais ils ne prirent pas une part active aux travaux du congrès. Les cosaques, en

revanche, y déployèrent un zèle des plus méritoires.
Toutes leurs douze armées y avaient envoyé leurs
représentants, qui insistèrent sur leur caractère national distinct du peuple russe et exigèrent que leurs
desiderata fussent traités sur le même pied que ceux
des autres peuples de la Russie.*

L'assemblée décida à l'unanimité qu'il était nécessaire de présenter les revendications suivantes:
réorganisation d'une république fédérative russe,
comprenant les états autonomes formés sur les territoires nationaux, et les groupements politiques et
autonomes exterritorialisés des nationalités ne possédant pas de territoire distinct, notamment les
istraélites; participation des représentants des nationalités à la conférence de la paix; convocation d'assemblées nationales chargées de régler les rapports
des états fédérés avec le pouvoir central et d'organiser l'administration intérieure de ces pays.

Ces résolutions furent transmises au gouvernement
de la Russie par son représentant au congrès et envoyées par une délégation nommée à cet effet au
»Conseil démocratique«. Ce dernier leur fit un accueil
des plus défavorables. Il paraît que Kerensky les reçut
avec plus de sympathie: il les proposa à la délibera-
tion du conseil des ministres, mais la majorité se prononça contre la fédération et réduisit la question à une
»autonomie culturelle«. Ce furent les socialistes révolutionnaires russes qui, après avoir manifesté à Kiev
leur solidarité, firent tous leurs efforts pour faire
échouer cette affaire.

Le centralisme l'emportait. Le bloc gouvernemental, pensant que le »Conseil démocratique« con-
soliderait sa position, passablement ébranlée par
l'attentat de Korniloff, crut se trouver en état de re-

---

* Il faut noter que leurs délégués venaient du front et non
de l'intérieur du pays et qu'ils représentaient l'opinion de la
partie la plus démocratique et la plus avancée des intellectuels
cosaques. Quand les hommes politiques ukrainiens, dans leurs
efforts postérieurs, voulurent s'appuyer sur elle, ils ne récol-
tèrent que des déboires.

226

tirer les concessions qu'on avait été obligé de faire,
surtout à l'Ukraine.

L'autonomie de ce pays n'avait pas été réalisée,
même dans les modestes limites fixées par l'instruction du 4 août. L'administration centrale continuait de
diriger les affaires sans se soucier du Secrétariat
Général; on ne mettait pas de fonds à sa disposition,
on ne tenait compte ni de ses rapports, ni de ses réclamations; on avait soin de lui mettre partout des bâtons dans les roues, pour le discréditer aux yeux de la
population, en démontrant son impuissance. Le sénat
russe, cette relique de l'ancien régime, que l'on avait
oublié au milieu du fracas révolutionnaire, se rap-
pela au souvenir du peuple en refusant de promulguer
l'instruction du 4 août et lui ôtant ainsi toute valeur
légale. Enfin le gouvernement osa soulever la question
de l'existence légale de la Rada et du Secrétariat général. Ce dernier avait présenté à la Rada Centrale le
programme de ses travaux, dans lequel il mentionnait
entre autre les travaux préparatoires pour la convocation de l'assemblée Constituante de l'Ukraine. Le
gouvernement de Kerensky y trouva le prétexte
d'un procès politique contre les organes en question.
Il chargea le procureur général de Kiev d'instruire
l'affaire et de prendre les mesures coercitives appro-
priées. Quant aux secrétaires généraux, ils furent
mandés à Pétersbourg »aux fins d'instructions«, mais
en réalité pour que l'on pût facilement les appré-
hender.

Cependant le gouvernement ne se rendait pas
compte des changements profonds apportés en Ukraine
par six mois de révolution. Tandis que sa propre autorité devenait de plus en plus vacillante, celle de la
Rada ne faisait que s'accroître, car la vie ukrainienne
se concentrait vers Kiev et abandonnait le gouvernement russe. Il n'inspirait plus de confiance à personne.
Sa politique astucieuse et maladroite à l'égard des
nationalités avait ouvert les yeux des neutres et rem-
pli d'indignation la population ukrainienne. Au congrès des soldats (le troisième) rassemblé à cette
époque à Kiev (le 20 octobre) en même temps que la

session de la Rada, il fut décidé de considérer la dernière ordonnance du gouvernement de la Russie
comme un c a s u s  b e l l i, de rompre définitivement
avec lui et d'engager ouvertement la lutte. On comptait sur l'appui de l'armée, qui était certain, et sur
celui de la population, qui était très probable. Toutefois les secrétaires généraux, fidèles à leur tactique
de ne laisser aucune prise au reproche, proposèrent
qu'il serait mieux d'essayer encore une fois de s'entendre. Malgré le mécontentement soulevé par leur
proposition, ils se rendirent à Pétersbourg, où ils
apprirent à leur arrivée, qu'on leur avait déjà préparé
leurs appartements dans la prison. Mais il n'y avait
plus personne pour les y mettre: le gouvernement
venait d'être renversé par le second soulèvement bolchéviste.

Il se passa alors plusieurs semaines pendant lesquelles la République russe se trouva dans un état
d'anarchie complète et tomba en pièces. A Pétersbourg les bolchéviks, en possesion du pouvoir, organisèrent leur gouvernement, mais à l'armée et dans
les provinces la situation resta longtemps confuse. On
espérait que le gouvernement de coalition se rétablirait
bientôt, aussi ne se pressait-on pas de reconnaître
le conseil des commissaires bolchévistes. D'un autre
côté, on montrait une certaine réserve à l'égard de la
restauration, car l'on craignait, le passé était là pour
le dire, que le triomphe de la coalition n'amenât une
réaction encore plus terrible. Dans les pays allogènes,
anciennement annexés à l'empire russe, on essayait
de parer à l'un et à l'autre danger: considérant ce
qui se passait à Pétersbourg comme une affaire
d'importance locale et purement »russe«, on se hâta
d'organiser la vie territoriale afin de prévenir l'anarchie et la guerre civile.

Les évènements qui se déroulèrent à Kiev sont
caractéristiques à cet égard. Les autorités militaires,
espérant profiter de la situation critique pour écraser
d'un seul coup le bolchévisme et le mouvement ukrainien qu'ils dénonçaient comme son complice, mobilisèrent tout ce qui se trouvait sous la main: régiments

228

de cosaques, volontaires tchéco-slovaques, les pupilles
des écoles militaires. Alors les Ukrainiens consti-
tuèrent un bloc révolutionnaire, sous le nom de »Comité de sauvegarde de la révolution«, qui réunissait
toutes les organisations de gauche, ukrainiennes et
non ukrainiennes, y compris les bolchéviks, et qui se
proclama détenteur suprême du pouvoir sur tout le
territoire de l'Ukraine. La contre-révolution centraliste devait par là échouer. Son attaque contre les
conseils d'ouvriers et de soldats ne réussit qu'à faire
arrêter les autorités militaires, qui furent expulsées
de la ville. Kiev et les autres centres importants de
l'Ukraine repassèrent sous le pouvoir du Secrétariat
général.

Mais cet état de fait devait être établi en droit. Le
Secrétariat général ne pouvait continuer à exister
en tant qu'organe d'un gouvernement central qui
n'existait plus. Il fallait qu'il se constituât lui-même
comme gouvernement de l'état ukrainien. Déjà vers
la fin du mois d'octobre le congrès militaire s'était pro-
noncé assez clairement en ce sens, mais cela ne satis-
faisait pas les partis. Ils ne croyaient pas qu'il fallût
se borner à une proclamation de simple forme, ou,
pour mieux dire, à déclarer restaurée la république
ukrainienne abolie par les Romanoff. Ils voulaient, en
même temps, bien marquer le caractère démocratique
et socialiste de cette nouvelle république et formuler
les principes fondamentaux de son programme social,
ce qui demandait une entente entre les partis. On y
arriva cependant et les nouvelles directives furent
exposées tout au long dans le IIIème universal adopté
et promulgué par la Rada Centrale le 7 (20) novembre 1917.

Cette loi fondamentale établissait une »République
ukrainienne du peuple« en union fédérative avec la
République russe; elle fixait à grands traits les limites
de son territoire. Elle abolissait le droit de propriété privée sur toutes les terres susceptibles d'être
cultivées, introduisait la journée de travail de huit
heures, proclamait le principe du contrôle de l'état
sur la production, enfin elle promettait que tous

les moyens seraient employés pour terminer la guerre aussitôt que possible.

Tout en remettant à la Constituante de toute la Russie et à celle de l'Ukraine le soin d'arrêter en détail les formes de l'organisation de l'état, elle fixait les élections pour cette dernière assemblée au 27 décembre (anc. style) et la convoquait pour le 2 janvier (anc. style).

Cet universal passa à une grande majorité des voix; seules quelques fractions russes s'abstinrent de voter. Il fut accueilli avec une profonde satisfaction par la population ukrainienne. Dorénavant la vie nationale allait pouvoir se développer librement sans être entravée par la politique russe encore aveuglée par la vieille tradition centralisatrice. L'Ukraine désirait d'abord régler ses rapports avec Pétersbourg, en reconnaissant les soviètes comme le gouvernement de la Russie, au sens strict du mot (c'est-à-dire le pays et l'état des Grands-Russes) et lui proposer de former une fédération en commun avec les autres pays qui s'étaient formés en états distincts et qui voudraient en faire partie. Le Secrétariat général, chargé de cette mission par la Rada, entama des pourparlers dans ce but, mais on se heurta à l'attitude intransigeante des soviètes, qui proclamaient bien »le droit des peuples à disposer d'eux-mêmes, voire jusqu'à la séparation complète«, mais qui ne voulaient entendre parler de l'applicaton de ce principe que lorsque tout le territoire de la Russie et les administrations locales auraient adopté en pratique le régime bolchéviste. Le but de la révolution n'était-il pas la transformation sociale? Toutes tendances nationales, toute opposition à leurs principes leur semblaient des manoeuvres contre-révolutinnaires. Il n'était pas possible de s'entendre.

Mais en ayant exclusivement en vue les réformes socialistes, les soviètes oubliaient que la situation des autres peuples de la Russie n'était pas la même que pour les Grands-Russes. Pour ceux-ci la question nationale ne se posait pas, rien ne menaçait leur indépendance, tandis que les personnages res-

ponsables qui tenaient en main la destinée des autres
nations ne pouvaient faire autrement que de se servir
de cette révolution pour leur assurer l'indépendance
politique et la plénitude de leurs droits. Et comme
ces peuples venaient à peine de se débarrasser du
joug russe, ils étaient très sensibles à toutes les in-
jonctions qui leur venaient de l'ancienne capitale de
leurs oppresseurs et ils se cabraient facilement sous
les ordres venant de ce côté-là, qu'ils aient été donnés
par des bourgeois, des partisans de la constitution
ou des bolchéviks, surtout lorsqu'il s'agissait de leurs
affaires intérieures. Les soviètes manquaient donc de
prudence, et leur ardeur socialisatrice les emportait;
d'où des conflits inévitables avec les peuples fortement
pénétrés de l'idée nationale.

La courte période pendant laquelle les Ukrainiens
s'allièrent aux bolchéviks pour repousser la réaction,
où les partisans des soviètes siégèrent à la Rada
Centrale, se termina le jour où cette assemblée dés-
approuva le soulèvement bolchéviste de Pétersbourg
et refusa d'adopter le principe des conseils. Les soviètes la vouèrent aux gémonies, la dénoncèrent
comme bourgeoise et contre-révolutionnaire et entreprirent contre elle une violente campagne dans le
prolétariat et dans l'armée. A cet égard, l'Ukraine
se trouvait dans une situation pénible. Les grandes
villes, déjà très dénationalisées par suite de la politique de l'ancien régime, que nous avons rapportée,
avaient été inondées pendant la guerre d'une masse
de prolétaires étrangers, qui avaient dû être évacués
des régions industrielles de l'ouest menacées par la
guerre. Ces déracinés, encore irrités par les conditions anormales de la vie sur un sol étranger, obéis-
saient volontiers aux appels à la violence des bolchéviks et se chargeaient d'imposer leurs principes
radicaux à la population locale, dont ils combattaient
le nationalisme soi-disant contre-révolutionnaire,
appuyés par la force armée bolchéviste.

Cette force armée était représentée par les unités
militaires de l'ancien front russe. Une énorme partie
du territoire ukrainien était compris dans la zone du

front ou des services d'étapes, de sorte qu'il s'y trouvait en dépit de la désorganisation d'énormes masses de troupes nonukrainiennes. Dès que les rapports se tendaient entre Kiev et Pétersbourg, ces unités étrangères devenaient une menace pour les Ukrainiens. Lorsque les soviètes voulurent les rappeler, les troupes ukrainiennes leur barrèrent le chemin, les désarmèrent de peur qu'elles ne se livrassent à quelque attentat en passant par Kiev et les firent sortir ainsi du pays. Ce fut là un nouveau sujet d'irritation.

Les soviètes trouvèrent encore un autre prétexte pour se plaindre, dans l'attitude de l'Ukraine envers les cosaques du Don. Les pays du Don étaient regardés à cette époque comme la plus formidable citadelle de la réaction antibolchéviste. A Pétersbourg on aurait bien voulu en venir à bout à l'aide des Ukrainiens, qui se récusèrent et s'attirèrent de nouveaux reproches. De leur côté, les pays du Don en appelaient aux principes de l'indépendance, du fédéralisme, de la solidarité entre les peuples de l'ancienne Russie contre le centralisme des Grands-Russiens. Voulant rester neutre dans ce conflit, le gouvernement ukrainien ne laissa pas passer les troupes bolchévistes en marche vers le Don, mais il n'avait aucune raison d'arrêter les cosaques de ce pays qui rentraient chez eux en quitant le front. On vit là la preuve d'une alliance avec la réaction.

On en arrivait à une guerre ouverte, qui pouvait devenir d'autant plus funeste à l'Ukraine qu'il se trouvait, comme nous l'avons vu, sur son territoire des éléments tout disposés pour les soviètes. La paralysie qui avait frappé l'industrie, l'arrêt du travail dans les mines et encore plus la désagrégation du front avaient innondé le pays d'une masse de gens arrachés à leurs conditions habituelles d'existence, inquiets et travaillés par la propagande. Ils ne rentraient point dans leurs foyers — cela eut été du reste assez difficile et ils n'auraient probablement pas pu s'y nourrir — ils s'amassaient dans les villes, dans les gares de chemin de fer, se dispersaient dans les villages et répandaient l'insécurité. La propagande bolchéviste trouvait en eux si non des adeptes du moins des agents bénévoles et inconscients qui portaient les calomnies, lancées contre le gouvernement ukrainien, jusque dans le fond des campagnes.

Dans la population ukrainienne elle-même, dans les partis s'élevaient des doutes. Ne vaudrait-il pas mieux engager le mouvement national dans la voie du bolchévisme? Le système des conseils n'avait pas été inventé par les bolchéviks, ils se l'étaient seulement habilement adapté; ne pourrait-on pas l'accommoder aux circonstances de la vie ukrainienne, en donnant, par exemple, voix prépondérante aux paysans? La Rada Centrale elle-même était-elle autre chose qu'un soviète unifié d'ouvriers, de soldats et de paysans, avec prépondérance de ce dernier élément? Ne serait-il pas logique d'organiser au-dessous d'elle des conseils locaux et de remettre à ces corps élus tout la pouvoir?

Telles étaient les idées qui devaient reparaître avec beaucoup plus de force un an plus tard, après la chute de l'hetman, mais pour lors elles n'était partagées que par une minorité. Car, à la première apparition qu'il fit en Ukraine, le bolchévisme était fortement teinté d'un impérialisme grand-russien qui effrayait d'autant plus les gens conscients de leur nationalité, qu'ils venaient à peine de secouer le joug de Pétersbourg.* Suivre leurs directions cela semblait retourner sous la domination russe. Et ce n'était pas seulement le sentiment des intellectuels, mais aussi des gens du peuple dont les dispositions cadraient parfaitement de par ailleurs avec les tendances bolchévistes. »Camarades russes,« disaient-ils, »nous vous prions de ne pas vous immiscer dans nos

---

* Un exemple caractériste est celui du leader bolchéviste ukrainien, Al. Neronovytch, qui presque seul avait défendu les principes soviétistes à la Rada Centrale. Pendant l'occupation de Kiev par les bolchéviks, il se rangea de leur côté, mais après quelques semaines il s'aperçut qu'il était impossible pour un nationaliste ukrainien de collaborer avec eux. Il les quitta et se rendit au front à l'armée ukrainienne, où le commandant le fit fusiller — pour bolchévisme!

affaires; nous, bolchéviks ukrainiens, nous travaillerons à atteindre notre but — mais nous vous en prions ne vous mêlez pas de nos affaires.« Ces paroles, on les a entendues bien des fois dans les meetings d'alors sortir de la bouche de nos soldats et de nos ouvriers. Il faut connaître ces dessous psychologiques si l'on veut comprendre l'acharnement avec lequel les socialistes ukrainiens ont lutté contre les bolchéviks russes à la fin de 1917.

Les organisations soviétistes de Kiev, composées en grande partie de russes et d'israélites, voulurent s'emparer du pouvoir et convoquèrent pour le commencement de décembre les délégués des conseils de soldats et d'ouvriers, espérant que cette assemblée déciderait de nouvelles élections pour la Rada Centrale et qu'ainsi le gouvernement ukrainien serait renversé. Mais »l'Union des paysans« fit venir ses délégués à Kiev pour assister au congrès, afin que la volonté de tous les travailleurs soit exprimée. Les paysans, en participant au congrès, assurèrent la victoire de la Rada et de son gouvernement national. Les incitateurs bolchévistes, après s'être convaincus de leur insuccès, quittèrent la ville pour se rendre à Charkov. Là ils organisèrent à grand bruit une conférence qu'ils intitulèrent »Congrès des ouvriers des régions du Donets et de Kryvy-Rih, des soviètes des soldats et d'une partie des paysans«. Cette conférence élut, le 13 (26) décembre, un comité central exécutif qui s'arrogea le rôle »d'organe du pouvoir élu par toute l'Ukraine« en face de la Rada Centrale et opposa ses »secrétaires du peuple« au Secrétariat général. Les soviètes de Pétersbourg le reconnurent comme gouvernement de l'Ukraine. Tout cela avait l'air d'une farce, mais bientôt des troupes composées de matelots, de soldats et de tout un ramassis d'individus se ruèrent sur Charkov sous le prétexte d'aller faire campagne sur le Don. Leur arrivée encouragea les éléments locaux favorables aux bolchéviks, la population fut terrorisée, la garnison ukrainienne, après avoir tenu quinze jours, fut contrainte de se rendre et la ville devint la base d'opération non point contre

les pays réactionnaires du Don, mais pour faire la
conquête de l'Ukraine, ou, pour mieux dire, s'emparer de ses voies ferrées. En même temps, les
unités militaires du front, travaillées par l'agitation
bolchéviste, s'avancèrent dans le pays. A Kiev même
une propagande intense excita la population et les
troupes contre la Rada Centrale, leur conseillant de
rester neutres dans la lutte qui se déchaînait entre
cette assemblée, qu'ils qualifiaient de »bourgeoise«,
et le gouvernement bolchéviste de Charkov.

La Rada se trouva dans une situation des plus
sérieuses. Grâce à ces manœuvres bolchévistes on
ne put élir la constituante de l'Ukraine, à qui devaient
être remis tous les pouvoirs et qui aurait dû trancher
les questions vitales intérieures et extérieures, comme
la réforme agricole et la question de savoir si l'U-
kraine resterait complètement indépendante ou si
elle entrerait dans une fédération et qui·composerait
cette fédération.

Après que les démarches du Secrétariat général
pour réunir en une fédération toutes les républiques
formées sur le territoire de l'ancienne Russie eurent
échoué contre le mauvais vouloir de la Russie soviè-
tiste (les autres états ne pouvaient se décider à
prendre sur soi de former une fédération sans sa
participation), l'Ukraine vivait de fait en république
indépendante et ne l'était-elle pas d e j u r e, puisque
la fédération n'existait pas? Cela fut mis en relief
à la fin de la VIIIme session de la Rada Centrale, au
mois de décembre. Pendant ce temps elle avait été
reconnue déjà par les puissances centrales et même
par le gouvernement russe des Soviètes à la conférence de Brest-Litovsk, le 30 décembre (ancien style).

Si la fédération n'existait pas en réalité, on ne
manquait pas d'en appeler, au besoin, au principe fédératif, ce qui amenait de terribles imbroglios dans la
pratique. Ainsi les puissances de l'Entente avaient
reconnu la République Ukrainienne (la France
d'abord, ensuite l'Angleterre, au mois de décembre),
mais en supposant que l'Ukraine était prête à parti-

ciper à la fédération de Russie, de sorte qu'elles en
tiraient des conséquences défavorables pour les droits
souverains de ce pays. Le gouvernement des soviètes,
de son côté, après avoir admis le principe de »la libre
disposition des peuples jusqu'à la séparation complète«, déclarait, une autre fois, en se basant sur le
principe fédéraliste, qu'il fallait unifier le prolétariat
russe et ukrainien. Il présentait la guerre qu'il menait contre l'Ukraine comme une lutte politique intes-
tine et derrière cette formule se retranchaient les
neutralistes de toutes les catégories.

Cette situation compliquée fut le sujet de longues
et violentes discussions, au milieu desquelles l'idée se
fit jour qu'il fallait rejeter tout compromis, s'opposer
énergiquement aux prétentions bolchévistes, remettre
les projets de fédérations à des temps plus favorables et, pour éviter toutes complications aussi bien
intérieures qu'extérieurs, proclamer solennellement la
République Ukrainienne, souveraine et indépendante.
Le 9 (22) janvier, jour où aurait dû se réunir l'assemblée constituante, fut la date de cet arrêt de
principe. Les prescriptions de détail furent exposées
dans le IV universal promulgué quelques jours après
et portant la date de l'arrêt.

La République Ukrainienne constituait »l'état souverain, tout-à-fait indépendant et libre du peuple
ukrainien«; le Secrétariat général était transformé
en un »Conseil des ministres du peuple«; il était chargé de mener à conclusion l'oeuvre de paix entamée
par le pacte conclu sur le front occidental et de délivrer l'Ukraine de l'invasion bolchéviste. L'Universal
proclamait, en outre, la démobilisation de l'armée;
il chargeait le pouvoir exécutif de prendre des mesures pour la reconstruction des pays dévastés et les
précautions nécessaires pour passer à l'état de paix;
il établissait un programme de réformes sociales ba-
sées sur les principes exposés dans le troisième Universal et, enfin, il remettait le règlement définitif
des questions politiques et sociales à une assemblée
constituante qui serait convoquée aussitôt que les
circonstances le permettraient.

C'est à cela qu'aboutit, en fin de compte la renaissance politique de l'Ukraine — à la proclamation de la complète indépendance. Nous ne continuerons pas ici à esquisser les évènements qui la mènent à sa réalisation, car, au moment critique où nous posons la plume, il n'est pas encore permis d'enrégistrer des conclusions définitives. Cette proclamation qui se détache comme un point saillant de la mêlée encore confuse servira de borne au présent ouvrage.

Nous nous contenterons de dire encore un mot de l'acte d'unification du territoire ukrainien, proclamé un an plus tard, l'acte de réunion de la Grande Ukraine issue de l'empire russe et des pays occidentaux qui dépendaient de l'Autriche-Hongrie. La guerre mondiale mit chacune des deux parties du territoire ukrainien dans des camps opposés, plaça des armes dans les mains de ses enfants et les invita à une lutte fratricide, sous les drapeaux russe ou autrichien, qui leur étaient tout-à-fait étrangers. Ce furent justement la Galicie et la Bukovine d'un côté, la Podolie, la Volhynie et les pays de Kholm, de l'autre, qui, pendant tout le temps que durèrent les hostilités, furent le champ de bataille, où se heurtèrent les nations, écrasant tout sous leurs pas, semant la misère et la haine. Qu'elle pénible situation pour nos nationaux? La pitié que soulevaient leurs souffrances physiques et surtout l'esclavage moral où les avait réduit le mépris que l'on avait eu pour leur nationalité, stimulèrent puissamment les Ukrainiens chargés de conclure l'armistice. Le traité de Brest-Litovsk réunissait de fait les deux parties de l'Ukraine. La défaite des puissances centrales et la proclamation par les alliés du droit des peuples de l'empire des Habsbourg de disposer d'eux-mêmes semblaient rendre possible une déclaration formelle à cet égard.

Les délégués des organisations nationales de l'Ukraine occidentale réunis à Léopol, le 15 octobre 1919, nommèrent un »Conseil national ukrainien«, composé des anciens députés de cette nationalité au parlement autrichien, à la diète locale de Galicie, à celle de Bukovine et de délégués des divers partis politiques. Ce conseil devait prendre le pouvoir dans l'Ukraine occidentale, qui devenait »République ukrainienne occidentale« indépendante.

Le désir général de la population d'être réunie immédiatement à la Grande Ukraine ne pouvait, pour le moment, être satisfait, car ce dernier pays gémissait alors sous l'occupation des troupes allemandes, ou pour parler officiellement, sous le gouvernement de leur homme de paille, l'hetman Skoropadsky. Pouvait-on se placer volontairement sous un tel joug? D'ailleurs les insurrections et les guérillas ne faisaient-elles pas prévoir la chute prochaine de ce régime? Aussi le conseil national, en prenant le pouvoir en main, décida de remettre l'unification à un moment plus opportun et d'organiser en attendant le pays en une république indépendante. Mais ce travail d'organisation fut paralysé par une offensive polonaise déclenchée ce même mois de Peremychl, tandis que la population polonaise se soulevait à Léopol et que la Roumanie, conformément à son traité secret avec la Pologne, faisait occuper par ses troupes la Bukovine.

Mais en ce moment la grande poussée populaire brisa les chaînes que les Allemands avaient imposées à la Grande Ukraine. Au milieu du mois de décembre, après avoir été longtemps assiégé dans Kiev, l'hetman Skoropadsky fut contraint d'abdiquer et de s'enfuir. La République Ukrainienne du peuple était restaurée. Rien ne s'opposait plus à l'union des territoires, les circonstances exigeaient même que tous les Ukrainiens se rassemblassent sous le drapeau national pour défendre le sol de la patrie attaqué de tous les côtés, par la Pologne, la Roumanie, la Russie soviétiste et la Russie réactionnaire sous la protection des baïonnettes françaises. Le 3 janvier, le Conseil National adopta une déclaration unissant à jamais la République Ukrainienne Occidentale à la République démocratique ukrainienne, pour en faire partie en tant que »territoire occidental«, conservant son administration intérieure séparée jusqu'à l'adoption d'une constitution générale pour toute l'Ukraine.

Cet acte d'union fut également publié solennellement, le 22 janvier suivant, sur la place Sainte Sophie, à Kiev.

Les pays ukrainiens d'au delà les Carpathes (l'Ukraine Subcarpathique) étaient censés compris dans cette déclaration; la population des parties orientales penchait surtout de ce côté. Mais, sous l'impression des graves évènements qui agitaient l'Ukraine, la majorité préféra se résoudre à adopter la solution proposée par les gens du pays émigrés en Amérique et sanctionnée par le Conseil suprême à Paris, de se réunir à la République Tchéco-Slovaque, sous la garantie d'une large autonomie. C'est dans ce sens que se prononça, au mois de mai 1919, la Rada Centrale, composée des délégués des organisations locales, réunis à Ujhorod. Le peuple se prononcera dans la diète qu'il élira directement.

En revanche, la décision postérieure du Conseil suprême des alliés, soumettant la Galicie Orientale à l'administration polonaise, a soulevé immédiatement des protestations unanimes de la population ukrainienne. Cette décision n'a jamais été ratifiée par le peuple, qui considérait comme nul et non avenu tout ce qui pourrait être fait dans ce sens.

# Principaux événements par ordre chronologique.[1]

839 Ambassade russe à la cour de l'empereur de Byzance, Théophile.

860 Expédition des Russes contre Constantinople.

909 Premier traité d'Oleg avec Byzance.

944 Traité d'Igor; mention de l'église St. Elie à Kiev. Expédition des Russes dans le Caucase.

959 Olga envoie une ambassade à l'empereur d'Allemagne.

983* Vladimir le Grand enlève aux Polonais l'Ukraine Occidentale.

988* Les Russes reçoivent le baptême sous le règne de Vladimir.

1037 Jaroslav édifie la nouvelle ville de Kiev et sa cathédrale.

1068 Les Coumanes attaquent les pays ukrainiens; soulèvement des Kiéviens contre leur prince.

1085* L'Ukraine Occidentale se sépare sous le pouvoir des fils de Rostislav.

1097 Congrès des princes à Lubtché: arrêt concernant le droit patrimonial des princes.

1103—1111 Expéditions des princes contre les Coumanes.

1110* Rédaction définitive de la chronique de Kiev.

1120* »Le Droit Russe« est soumis à une rédaction plus complète.

1146—1154 La grande guerre au sujet du trône de Kiev.

1169 Kiev est dévasté par Andrée de Souzdal.

1187* La chanson de geste sur l'expédition d'Igor.

1199* Fin de la dynastie de Galicie et commencement de l'état de Galicie-Volhynie.

1203* Deuxième dévastation de Kiev.

1220—1224 Première incursion des Tartares.

1240 Dévastation de Kiev par la horde de Batou.

1245 Bataille près de Iaroslav. — Consolidation de l'état de Galicie-Volhynie.

1253 Danilo est couronné roi.

1289 Fin de la chronique de Volhynie.

1299 Le métropolite de Kiev transporte sa résidence dans les pays du nord.

1303 Organisation de l'archevêché de la »Petite-Russie« pour les pays de Galicie-Volhynie.

---

[1] Pour les premiers siècles nous n'avons, en général, que peu de dates certaines; force nous est de nous en tenir à ce que nous donnent occasionnellement les sources.

* L'astérisque signifie que la date n'est qu'approximative.

1340 Première expédition ugro-polonaise pour s'emparer de l'Ukraine Occidentale.

1349 Le roi Casimir s'empare de la Galicie.

1360* Olguerd occupe l'Ukraine Orientale.

1366 Casimir s'empare de la Volhynie.

1372—1387 La Galicie sous la domination hongroise.

1385 Traité de Krevo; union dynastique de la Lithuanie et de la Pologne.

1393—1394 Vitovte enlève les terres ukrainiennes à leurs princes.

1399 Bataille de Vorskla.

1413 Réglement des rapports polono-lithuaniens à Horodlo; les orthodoxes sont écartés des affaires en Lithuanie.

1415 Séparation de la hiérachie ecclésiastique des pays ukrainiens des pays moscovites.

1430 Les Polonais s'emparent de la Podolie Occidentale.

1434 Introduction formelle du droit polonais en Ukraine Occidentale.

1435 Défaite de Svitrigaïl et du parti ukraino-blanc-russien.

1440—1452 Les derniers temps de la domination de Svitrigaïl en Volhynie.

1454—1470 Siméon Olelkovitch, dernier prince de Kiev.

1481 Conspiration des princes ukrainiens et blancs-russes contre le Gr. d. de Lithuanie.

1482 Dévastation de l'Ukraine par le Khan de Crimée Mengli-Heraï.

1490 Soulèvement ukrainien en Galicie, sous la direction de Moukha.

1491 La première bible pour l'Ukraine est imprimée à Cracovie.

1492 Premières mentions des cosaques de Kiev et de Tcherkassy.

1503 La Moscovie s'empare des pays de Tchernyhiv.

1507 Soulèvement de Michel Hlinsky en Ukraine Orientale.

1509 Concile de Vilna; essais de réorganisation de l'église orthodoxe.

1529 »Le Statut Lithuanien« (première rédaction).

1539 Restauration de l'évêche orthodoxe à Léopol.

1540* Réformation de la confrérie de Léopol.

1552 Demétrius Vychnevtsky bâtit la forteresse de Khortytsia.

1559 Incorporation à la Pologne de la Pidlachié, de la Volhynie, des pays de Bratslav et de Kiev (diète de Lublin).

1570 Première charte de l'immunité cosaque.

1574 Publication de »l'Apôtre« à Léopol.

1578 La prétendue réforme de l'organisation cosaque par Batory.

1580 La bible d'Ostrog.

1584—5 La lutte à propos de la réforme du calendrier.

1586 Réformation de la confrérie de Léopol et nouvelle organisation des confréries.

1590 Conjuration des évêques pour l'union des églises.

1591—1593 Soulèvement des cosaques sous la direction de
Kossinsky.

1595—1596 Guerres des cosaques contre le gouvernement polonais sous la directon de Loboda et Nalyvaïko.

1596 Concile de Breste et proclamation de l'union des églises.

1601 L'armée des cosaques est reconnue de nouveau.

1613—1616 Grandes expéditions maritimes des cosaques.

1615 Fondation de la Confrérie de Kiev et création dans cette
ville d'une imprimerie et d'une école.

1620 Restauration de la hiérarchie orthodoxe, sous le protectorat des cosaques.

1621 Guerre de Khotine.

1625 Guerre des cosaques contre la Pologne et arrêt concernant les cosaques.

1627 Commencement de l'Académie de Mohila à Kiev.

1630 Guerre de Peréïaslav entre les cosaques et les Polonais.

1632 Compromis religieux; reconnaissance de l'église orthodoxe; Pierre Mohila — métropolite.

1635 Soulèvement des cosaques, sous la direction de Soulyma.

1637 Soulèvement des cosaques, sous la direction de Pavliouk.

1638 Campagne au delà du Dniéper (Ostrianin-Hounia).

1647—48 Soulèvement de Chmelnytsky.

1648 Défaite de l'armée polonaise près de Jovti-Vody, de Korsoun et de Pylavtsi — armistice avec les cosaques.

1649 Deuxiéme guerre polono-ukrainienne; l'entente de Zboriv. Proclamation de l'union des églises en Ukraine au delà des
Carpathes.

1650—51 Troisième guerre avec la Pologne et entente de Bila-
Tzerkva.

1653 L'assemblée d'état de Moscou décide de prendre l'Ukraine
sous la protection de la Moscovie.

1654 Traité de Péreïaslav et »les pactes de Bohdan Chmelnytsky«.

1655 Première campagne ukraino-suédoise contre la Pologne.

1657 Deuxième campagne ukraino-suédoise; mort de Chmelnytsky.

1658 Guerre de l'Ukraine contre la Moscovie; union de Hadiatch entre l'Ukraine et de la Pologne.

1659 Deuxième traité de Péreïaslav avec la Moscovie.

1660 Rupture avec la Moscovie et renouvellement de l'union
de Hadiatch; division de fait de l'Ukraine en deux parties:
celle de la rive gauche du Dniéper et celle de la rive droite.

242

1665—66 L'Ukraine accepte le protectorat de la Horde de Crimée et de la Turquie (Dorochenko).

1667 La Moscovie et la Pologne se partagent l'Ukraine (armistice d'Androussov).

1668 Soulèvement de l'Ukraine de la rive gauche contre la Moscovie; l'unification de l'Ukraine par Dorochenko.

1672 Expédition des Turcs pour porter secours à Dorochenko. Les Turcs occupent la Podolie (entente de Boutchatche). »Les pactes de Hloukhiv« de l'Ukraine de la rive gauche avec la Moscovie.

1674 L'Ukraine de la rive droite se soumet à Samoïlovitch (au protectorat de la Moscovie).

1676 Capitulation de Dorochenko. »Expulsion« des Ukrainiens des pays de la rive droite; ils sont chassés vers les pays de la rive gauche.

1680 Conjuration des évêques de Galicie à propos de l'union des églises.

1681 Traité de la Turquie avec la Moscovie (la frontière — le Dniéper).

1683 Restauration de l'organisation des cosaques dans les pays de la rive droite (les colonels Paliy, Samuss et autres).

1685 L'église ukrainienne passe sous le pouvoir du patriarche de Moscou.

1686 »La paix éternelle« de la Pologne avec la Moscovie, par laquelle la première renonce à Kiev.

1687 Pactes de Kolomak, à propos de l'élection de Mazeppa, confirmation des droits de la noblesse cosaque sur les terres qu'elle avait occupées.

1689 Paliy expulse les seigneurs polonais de l'Ukraine de la rive droite.

1692—96 Soulèvement de Petryk contre la domination moscovite et contre la noblesse cosaque.

1699 Le gouvernement moscovite confirme les droits de l'académie de Kiev.

1700 L'évêque Choumliansky proclame l'union des églises dans le diocése de Léopol.

1704 Mazeppa occupe l'Ukraine de la rive droite; exil de Paliy.

1708 L'Ukraine s'allie avec Charles XII; terreur moscovite en Ukraine. La confrérie de Léopol adopte l'union des églises.

1709 La Sitche s'allie aux Suédois; bataille de Poltava.

1710 La constitution est élaborée à propos de l'élection d'Orlyk.

1711 Guerre moscovito-turque; la Moscovie est contrainte de rennoncer à l'Ukraine.

1712 Expédition d'Orlyk dans Ukraine de la rive droite.
1714 La Moscovie évacue l'Ukraine de la rive droite.

1720 Le gouvernement moscovite interdit la langue ukrainienne.

1722 Formation du »Collège de la Petite Russie«.

1723 Première abolition de l'hetmanat.

1724 Mort de P. Poloubotok.

1727 Restauration de l'hetmanat (D. Apostol).

1728 »Les articles décisifs« (la nouvelle constitution de l'Ukraine).

1730 Instruction de l'hetman aux tribunaux.

1732 Abolition de l'organisation cosaque en Ukraine Slobidska; »la Nouvelle Serbie« en Ukraine.

1734 Deuxième abolition de l'hetmanat. Retour des cosaques Zaporogues à leur Sitche. Le mouvement des haïdamaks dans l'Ukraine de la rive droite.

1743 Codification du »droit d'après lequel on rend la justice chez le peuple petit-russien«. Restauration de l'organisation cosaque en Ukraine Slobidska.

1747 Restauration de l'hetmanat (élection de fait de C. Rozoumovsky en 1750).

1750 Soulèvement des haïdamaks dans l'Ukraine de la rive droite.

1760 Mouvement contre l'union des églises à Marmaroch.

1763 Prohibition faite aux paysans de changer de domicile.

1764 Abdication de C. Rozoumovsky et dernière abolition de l'hetmanat.

1767 Les mandats ukrainiens pour »la Commission du code«.

1768 Mouvement »des Kolii«.

1772 Incorporation de l'Ukraine Occidentale à l'Autriche.

1774 Incorporation de la Bukovine à l'Autriche.

1775 Dévastation de la Sitche Zaporogue.

1778 Nouvelle Sitche sous le protectorat du sultan.

1780 Introduction en Ukraine de l'administration ordinaire de l'empire.

1783 Le gouvernement russe abolit l'organisation cosaque en Ukraine et organise »l'Armée de la Mer Noire«. Complet asservissement des paysans.

1784 Fondation de l'université de Léopol avec les chaires »ruthènes«.

1785 Les cosaques Zaporogues s'installent à Banate.

1786 Confiscation des domaines ecclésiastiques et nouvelle réglementation des monastères.

1791 Mission des frères Kapniste auprès des gouvernements européens.

1792 Les cosaques Zaporogues obtiennent des terres aux pays de Kouban.

1793 Incorporation de l'Ukraine de la rive droite à la Russie.

1795 Dernier partage de la Pologne — incorporation à la Russie du reste des terres ukrainiennes qui étaient encore restées à la Pologne.

1798 Publication de »l'Enéïde« de Kotlarevsky.

1804 Fondation de l'université de Charkov.

1815 Nouveau partage des terres ukrainiennes par le Congrès de Vienne.

1818 »La grammaire petite-russienne« de Pavlovsky.

1819 Débuts du nouveau théâtre ukrainien (»Natalka Poltavka« de Kotlarevsky).

1833 Les nouvelles de Kvitka.

1834 Fondation de l'université de Kiev.

1837 La »Roussalka Dnistrovaïa«.

1840 Le »Kobzar« de T. Chevtchenko.

1846 »La Confrérie de Cyrille et de Méthode« à Kiev.

1848 »Le Conseil Principal Russe« et »l'Assemblée des savants russes« à Léopol. Abolissement du servage dans l'Ukraine Occidentale.

1861 Abolissement du servage dans l'Ukraine Orientale.

1861—62 La revue »Osnova« à Pétersbourg. Mouvement populaire dans la Galicie.

1873 Fondation de »la Section du Sud-Ouest de la Société Géographique« à Kiev et de la »Société de Chevtchenko« à Léopol.

1874 Le congrès archéologique à Kiev.

1876 Décret du tzar contre la langue ukrainienne.

1878 La »Hromada« de Genève.

1880 Premières assemblées populaires en Galicie (origine de parti »populaire«).

1881 Les représentations théâtrales ukrainiennes sont permises sous condition.

1882 La »Kievskaïa Starina«.

1889 Commencement du parti radical en Galicie.

1890 »L'entente« du parti populaire de Galicie avec le gouvernement autrichien.

1892 »Les mémoires de la Société de Chevtchenko«.

1894—95 La chaire d'histoire de l'Ukraine et la demande d'une université ukrainienne à Léopol.

1898 Transformation de fait de la Société de Chevtchenko en une Académie des sciences. »Le messager des sciences et des lettres«.

1899 Le postulat de la reconnaissance de la langue ukrainienne, à propos du congrès archéologique de Kiev.

1900 »Le parti Révolutionnaire ukrainien« en Grande Ukraine.

1901 »L'Ukraine Indépendante«.

1903 Démonstrations à Poltava pendant l'inauguration du monument de Kotlarevsky.

1905 Commencements de la presse ukrainienne en Grande Ukraine.

1906 Fin de la prohibition de la langue ukrainienne. La fraction ukrainienne de la Douma d'Etat.

1907 »La Société Ukrainienne des Sciences« à Kiev. Les »Prosvita«.

1908 Le gouvernement russe retourne à la politique de persécutions à l'égard de la vie nationale ukrainienne (arrêt du sénat).

1910 Fermeture de la Société »Prosvita« à Kiev.

1914 Occupation de la Galicie par les troupes russes; le mouvement ukrainien est réprimé.

1917 mars le 7 (20) Organisation de la Rada Centrale.

— juin le 10 (23) Le premier Universal. La Rada Centrale prend le pouvoir.

— juillet le 3 (13) Le gouvernement russe proclame l'autonomie de l'Ukraine.

— novembre le 7 (20) »La République Ukrainienne Populaire«.

1918 janvier le 9 (22) Proclamation de l'indépendance de la »République Ukrainienne Populaire«.

— janvier le 15 (28) Soulèvement des bolchéviks à Kiev.

— janvier le 26 (10 mars) Conclusion de la paix entre l'Ukraine et les puissances centrales. Les Allemands commencent à occuper l'Ukraine.

— avril le 29. Les Allemands dissolvent la Rada Centrale et établissent le gouvernement de l'hetman.

— octobre le 15. »Le Conseil National«. L'Ukraine Occidentale organise »la République Ukrainienne Occidentale« indépendante.

— novembre le 15. Les Polonais commencent une offensive en Galicie Orientale. A Kiev »le Conseil National« de la Grande Ukraine élit le Directoire pour l'organisation du soulèvement contre l'hetman et les Allemands.

— décembre le 14. Kiev est pris par les troupes ukrainiennes; abdication de l'hetman.

1919 janvier le 3. La République Ukrainienne Occidentale se joint à la République Ukrainienne Populaire.

# Listes des princes
# et des hetmans de l'Ukraine.

### Liste des princes de Kiev.

| | |
|---|---|
| 1. Oleg reigna jusqu'en | 913 ou 914* |
| 2. Igor | 914—946* |
| 3. Olga, régente | 946—960* |
| 4. Sviatoslav, fils d'Igor | 960—972* |
| 5. Iaropolk, fils de Sviatoslav | 972—979 |
| 6. Vladimir, fils de Sviatoslav | 979—1015 |
| 7. Sviatopolk, fils de Vladimir | 1015—1019 |
| 8. Iaroslav, fils de Vladimir | 1019—1054 |
| 9. Iziaslav, fils de Iaroslav | 1054—1068 |
| 10. Vseslav, prince de Polotsk | 1068—1069 |
| 11. Iziaslav (9)[1] pour la seconde fois | 1069—1073 |
| 12. Sviatoslav, fils de Iaroslav | 1073—1076 |
| 13. Iziaslav (9) pour la troisième fois | 1076—1077 |
| 14. Vsévolod, fils de Iaroslav | 1077—1093 |
| 15. Sviatopolk, fils d'Iziaslav | 1093—1113 |
| 16. Monomaque, fils de Vsévolod | 1113—1125 |
| 17. Mstislav, fils de Monomaque | 1125—1132 |
| 18. Iaropolk, fils de Monomaque | 1132—1139 |
| 19. Viatcheslav, fils de Monomaque | 1139 |
| 20. Vsévolod, petit-fils de Sviatoslav (12) (des princes de Tchernyhiv) | 1139—1146 |
| 21. Igor, frère de Vsévolod (20) | 1146 |
| 22. Iziaslav, fils de Mstislav (17) | 1146—1149 |
| 23. Georges (Iouryi), fils de Monomaque | 1149—1150 |
| 24. Iziaslav (22) pour la deuxième fois | 1150 |
| 25. Georges (22) pour la deuxième fois | 1150 |
| 26. Iziaslav (22) et Viatcheslav (ensemble) | 1150—1154 |
| 27. Rostislav, frère d'Iziaslav (22) | 1154 |
| 28. Iziaslav, petit-fils de Sviatoslav (12) (dynastie de Tchernyhiv) | 1154—1155 |
| 29. Georges (23) pour la troisième fois | 1155—1157 |
| 30. Iziaslav (28) pour la deuxième fois | 1157—1158 |
| 31. Rostislav (27) pour la deuxième fois | 1159—1161 |
| 32. Iziaslav (28) pour la troisième fois | 1161 |
| 33. Rostislav (27) pour la troisième fois | 1161—1167 |
| 34. Mstislav, fils d'Iziaslav (22) | 1167—1169 |
| 35. Hlib, fils de Georges (23) | 1169—1171 |
| 36. Vladimir, fils de Monomaque (16) | 1171 |
| 37. Roman, fils de Rostislav (27) | 1171 |
| 38. Michel (Mikhalko), fils de Georges (23) (dynastie de Souzdal) | 1172 |
| 39. Rurik, fils de Rostislav (27) | 1173 |

---

[1] Le chiffre entre parenthèses indique le numéro sous lequel le prince est mentionné pour la première fois dans cette liste; — * signifie que la date est probable mais pas certaine.

Liste des princes de Galicie et de Galicie-Volhynie.

18. Danilo (12), pour la deuxième fois . . . . . 1211—1212
19. Mstislav le Muet, des princes de Volhynie . . . 1212—1213
20. Volodislav, boïar de Galicie . . . . . . . 1213—1214
21. Koloman, prince de Hongrie . . . . . . . 1214—1219
22. Mstislav Oudatny (le Vainqueur), des princes de
    Kiev-Smolensk . . . . . . . . . . . . 1219
23. Koloman (21), pour la deuxième fois . . . . 1219—1221*
24. Mstislav (22), pour la deuxième fois . . . . 1221*—1227
25. André, prince de Hongrie . . . . . . . . 1227—1230
26. Danilo (12), pour la troisième fois . . . . . 1230—1232
27. André (25), prince de Hongrie, pour la deu-
    xième fois . . . . . . . . . . . . . . 1232—1233
28. Danilo (12), pour la quatrième fois . . . . . 1233—1235
29. Michel et son fils Rostislav, des princes de
    Tchernyhiv . . . . . . . . . . . . . . 1236—1238
30. Danilo (12), pour la cinquième fois . . . . . 1238—1264
31. Lev (Léon), fils de Danilo (12) . . . . . . 1264—1300*
32. Georges, fils de Léon (31) . . . . . . . 1300*—1308*
33. Léon, fils de Georges (32) . . . . . . . . 1309*—1323
34. Georges-Boleslav, des princes de Mazovie . . . 1325—1340
35. Lubart, des princes lithuaniens . . . . . . 1340—1349

Liste des hetmans de l'Ukraine du XVI au XVIII
            siècle.[1]

Démétrius Vychnevetsky . . . . . . . . . . 1550—1563
Bohdan Rougynsky . . . . . . . . . . . . 1575—1576
Chakh . . . . . . . . . . . . . . . . . 1576—1577
Lucyen Tchornynsky . . . . . . . . . . . 1578
Samuel Zborovski . . . . . . . . . . . . 1581
Michel et Kirik Rougynsky . . . . . . . . . 1585
Zacharie Koulaga, Bohdan Mikochynsky, Lucien
    Tchornynsky . . . . . . . . . . . . . 1586
Voïtikh Tchanovitsky . . . . . . . . . . . 1590
Christophe Kossinsky . . . . . . . . . . . 1591—1593
Grégoire Loboda (par intervalles) . . . . . . . 1593—1596
Bohdan Mikochynsky, l'été de . . . . . . . 1594
Théodore Poloouss, printemps de . . . . . . 1595
Mathieu Chaoula, commencement de . . . . . 1596
Krempsky et Christophe Netchkovsky, l'été de . 1596
Ignace Vassylevytch . . . . . . . . . . . 1596—1597
Tychon Baïbouza et Th. Poloouss . . . . . . 1598
Samuel Kichka . . . . . . . . . . . . . . 1600—1602
Gabriel Kroutnevytch (par intervalles) . . . . . 1602—1603
Jean Koutskovytch . . . . . . . . . . . . 1602

---

[1] Le pouvoir de l'hetman (voir note p. 88) ne s'est développé
que peu à peu dans le cours du XVI siècle; seulement à la fin
de ce siècle son caractère politique apparut clairement. C'est
pourquoi nous ne commençons la liste qu'avec D. Vychnevetsky
et nous n'y insérons que les chefs cosaques les plus importants
de cette époque.

| | |
|---|---|
| Jean Kossyi | 1602—1603 |
| Grégoire Izapovytch | 1606 |
| Zborovsky, Olevtchenko, Kalenyk Andrievitch | 1609—1610 |
| Grégoire Tyskynevytch | 1610 |
| Pierre Sahaïdatchny (par intervalles) | 1614*—1622 |
| Démétrius Barabach | 1617 |
| Jacques Borodavka | 1619—1621 |
| Olifer Holoub | 1622—1623 |
| Michel Dorochenko (par intervalles) | 1623—1625 |
| Grégoire Savytch Tchorny (le Noir), Kalenyk Andrievytch | 1624—1625 |
| Pyrsky, Zmaïlo | 1625 |
| M. Dorochenko | 1625—1628 |
| G. Tchorny, Jean Soulyma | 1628 |
| G. Tchorny | 1629—1630 |
| Taras Fédorovytch | 1630 |
| Timothée Orendarenko | 1630—1631 |
| Jean Petrajytsky-Koulaha | 1631—1632 |
| André Didenko, T. Orendarenko | 1632—1633 |
| Jean Soulyma | 1635 |
| Basile Tomylenko | 1636—1637 |
| Sava Kononovytch, Pavluk Bout, Démétrius Hounia | |
| Jacques Ostrianyn, D. Hounia | 1638 |

| | |
|---|---|
| Bohdan Chmelnytsky | 1648—1657 |
| Jean Vyhovsky | 1657—1659 |
| Georges Chmelnytsky | 1659—1663 |
| Paul Teteria, de l'Ukraine de la rive droite du Dniéper | 1663—1665 |
| Jean Broukhovetsky, de l'Ukraine de la rive gauche | 1663—1668 |
| Opara, Soukhovienko, de la rive droite | 1665—1668 |
| Pierre Dorochenko | 1665—1676 |
| Damian Mnohohrichny, de la rive gauche | 1668—1672 |
| Michel Khanenko, de la rive droite | 1669—1674 |
| Jean Samoïlovytch | 1672—1687 |
| Jean Mazeppa | 1687—1709 |
| Jean Skoropadsky | 1708—1722 |
| (Philippe Orlyk | 1710—) |

| | |
|---|---|
| Daniel Apostol | 1727—1734 |

| | |
|---|---|
| Cyrille Rozoumovsky | 1750—1764 |

# Index des chapitres de la grande histoire de l'Ukraine par M. Hruchevsky.

Tome IV, deuxième édition de 1907, p. 538.

I. Occupation des territoires ukrainiens par la Lithuanie et la Pologne; la Lithuanie rassemble les territoires ukrainiens; la guerre à cause de la Galicie-Volhynie et réunion au Grand Duché de Lithuanie des pays de Tchernyhiv, de Kiev et de Podolie.

II. Les territoires ukrainiens sous la domination lithuano-polonaise au tournant des XIV et XV siècles: la Pologne et la Hongrie se disputent la Galicie; union dynastique de la Lithuanie avec la Pologne et opposition contre l'incorporation du Grand Duché par les Polonais: changements dans l'organisation et l'état politique du Grand Duché de Lithuanie.

III. Les territoires ukrainiens sous la domination lithuanopolonaise au XV siècle. Les événements à la mort de Vitovte; l'époque de Casimir et du grand-duc Alexandre; affaiblissement de l'union; la situation nationale, l'irredenta ukrainienne.

IV. Changements dans les steppes ukrainiennes et sur les rivages de la Mer Noire. La formation de la horde de Crimée et les dévastations tartares.

V. Réunion des territoires ukrainiens à la Pologne — l'affaire de l'union au XVI siècle et réunion des territoires ukrainiens à la Pologne en 1569.

Tome V, première édition de 1905, p. 687.

I. Aperçu général de l'évolution sociale et politique des pays ukrainiens sous le régime lithuano-polonais (XIV—XVII siècles).

II. L'évolution de la structure sociale: la noblesse foncière, formation de la classe des nobles et des magnats sur les terres ukrainiennes.

III. Les paysans — leurs diverses classes, restrictions des droits personnels, la corvée et son histoire.

IV. La bourgeoisie, l'élément ukrainien dans les villes. Le clergé noir et blanc (séculier).

V. L'administration civile: les restes de l'ancien schéma russe et leur dépérissement, introduction en Ukraine de l'organisation et du système administratif polonais; formation de cette organisation aux XVI et XVII siècles. Organisation municipale. Organisation des campagnes.

VI. Organisation religieuse: état du clergé au XV—XVI siècles, les relations de l'église orthodoxe et de l'état en Pologne et dans le grand-duché de Lithuanie, organisation intérieure et les moeurs; désorganisation de l'église orthodoxe au XVI siècle.

VII. Création de l'église uniate: essais de l'union au XIV et XV siècles, efforts dans ce but dans le seconde moitié du XVI siècle et son exécution vers 1590. Le concile de Beresté en 1596, attitude de la société à son égard.

Tome VI, de la première édition 1907, p. 670.

1. Vie économique des territoires ukrainiens aux XIV—XVII siècles: le commerce du XIV au XVI siècle, son organisation; réglementation gouvernementale; organisations des métiers; décadence de la vie urbaine.

II. Exploitation agricole paysanne du XIV au XVII siècles:
le vieux système d'exploitation; formes d'industrie fondées sur
le système agricole.

III. La civilisation et la vie nationale; les nationalités et les
éléments nationaux dans la noblesse, la bourgeoisie et la classe
paysanne.

IV. Les moeurs et la civilisation: traditions nationales et
religieuses dans la société ukrainienne, la vie intellectuelle
et les moeurs.

V. Le mouvement intellectuel et religieux en Ukraine au XVI
siècle, la renaissance nationale et les commencements de la
lutte intellectuelle et nationale, le mouvement des confréries.

VI. La lutte pour et contre l'union après sa proclamation;
polémiques littéraires et luttes politiques, oppression administrative et la débacle des orthodoxes dans les premières décades
du XVII siècle.

Tome VII, de la première édition 1909, p. 638.

I. Ukraine méridionale de l'est aux XV et XVI siècles.

II. Commencement de l'organisation des cosaques ukrainiens.

III. Croissance et perfectionnement des organisations cosaques
dans les avant-dernières décades du XVI siècle.

IV. Premières guerres des cosaques.

V. L'Ukraine orientale et les organisations cosaques sur le
seuil du XVII siècle. Importance sociale des organisations
cosaques.

VI. Les conditions politiques dans les premières décades du
XVII siècle et leur influence sur le développement de la co-
saquerie.

VII. Les organisations cosaques au service des aspirations
nationales ukrainiennes. Le mouvement civilisateur de Kiev et
la résurrection de la hiérarchie orthodoxe.

Tome VIII, de la première édition en trois parties, 1913—7,
page 802.

I. Sous la devise de la loyauté (1626—1628).

II. Conflit et guerre de 1630.

III. L'interrègne et la »satisfaction des orthodoxes«, les affaires
religieuses en 1630—40.

IV. Les affaires cosaques de 1632 à 1637.

V. Guerres de 1637—38.

VI. Le »calme d'or« 1638—1647; colonisation de l'autre côté du
Dniéper.

VII. »Causes et origine des guerres de Chmelnytsky«.

VIII. Chmelnytsky et le soulèvement de 1648.

IX. A la recherche d'un compromis (été de 1648).

X. Guerre d'automne et armistice d'hiver (1648).

XI. Les nouveaux plans ukrainiens et la rupture définitive avec
la Pologne. La guerre de 1649.

XII. La paix de Zboriv et son imposibilité.

Appendice: Les sources historiques de l'époque de Chmelnytsky et sa littérature.

# Errata.

p.   8,          au lieu de  Dereylianes  lire :   Dérevlianes.
„   21 l. 34         „           1034         „     vers 1035.
„   22 „ 36          „        Tchernihiv     „     Tchernihov (Tcher-
                                                   nihiv, prononciation
                                                   moderne : Tcherny-
                                                   hiv).
„   23 „ 17          „        Tamatarkha     „     Tamatarque.
„   28 „ 28          „        Touro-Pinsk    „     Tourov-Pinsk.
„   33 „             „        Lvov           „     Lvov (prononciation
                                                   moderne : Lviv.)
„    „  „            „        Halyth         „     Halytch (pron. mod.)
„    „  „            „        Mechyboche     „     Mejyboje.
„   51 „  7          „        1408           „     1401.
„   87 „ 14          „        Dachkevytch    „     Dachkovytch.
„  154 „  7          „        Oujhorod       „     Uzhorod (Oujhorod).

———

# TABLE DES MATIÉRES.

# INSTITUT SOCIOLOGIQUE UKRAINIEN

Siège principal à Kiev

Bureau à l' étranger à Prague

(Letna, rue Dobrovski 28 II.)

Prix 6 fr. 50 c.

(valeur française)